Minerva Shobo Librairie

# 基礎から学ぶ
# 障害児保育

小川英彦

[編著]

ミネルヴァ書房

# まえがき

　厚生労働省雇用均等・児童家庭局長より2013（平成25）年8月8日に「指定保育士養成施設の指定及び運営の基準について」が出された。この中で，障害児保育の「教科目の教授内容」として，以下のような目標が明示されている。

1．障害児保育を支える理念や歴史的変遷について学び，障害児及びその保育について理解する。
2．様々な障害について理解し，子どもの理解や援助の方法，環境構成等について学ぶ。
3．障害のある子どもの保育の計画を作成し，個別支援及び他の子どもとのかかわりのなかで育ち合う保育実践について理解を深める。
4．障害のある子どもの保護者への支援や関係機関との連携について理解する。
5．障害のある子どもの保育にかかわる保健・医療・福祉・教育等の現状と課題について理解する。

　これらの5つからは，「障害児保育の理念」「障害児の理解と援助」「障害児保育の実際」「家庭や関係機関との連携」「現状と課題」というキーワードを導くことができる。本書の構成は，これらのキーワードを基にしている。さらに，本書における学生の到達目標として，下記の点を考慮した。

1．障害児問題について，今日までの時代の特徴点を知ることができる。また，障害，発達の理解を知ることができる。（知識）
2．障害児保育の今日的な動向について，自分の興味・関心を深めることができる。（態度）
3．実際の指導・援助について，学ぶことができる。（技能）

i

ところで，保育所や幼稚園では，1990年代後半から「気になる子ども」という言葉が使われるようになってきた。昨今，「発達障害」が，新聞紙上やテレビなどでも取り上げられるようになってきているが，その背景には，子どもにとって育ちにくい社会，保護者にとって育てにくい社会へと変化していることが関係しているように思われる。
 以上の園での子どもたちのSOSに応じていくと同時に，保護者の支援をしていくことが急務となっている。子どもと保護者に寄り添い，心を通わせていくという保育課題を考えさせられる。
 保育士養成校では，時代の社会の多様なニーズに合わせた質の高い授業を行っていく必要がある。将来，保育士や幼稚園教諭になろうとする学生たちが，保育士養成校でやりがいを感じながら学び，園で働き続けられること，園はより良い人材が確保できることを願っている。
 最後に，本書は障害児を念頭に置いて執筆しているものの，健常児の保育との共通性もいくつかあると指摘しておきたい。同じ一人の人間を支援するための普遍的などちらにも必要な内容と方法が存在する。一方，障害ゆえに特殊的な内容と方法も存在する。障害児保育は保育の原点に相当するとも理解できよう。
 これら普遍性と特殊性をもちあわせているのが障害児保育なのである。

2017年2月

編　者

# 目　次

まえがき

## 第1章　障害児保育の理念 …………………………………… 1

**1**　障害児保育の意義 …………………………………… 1

**2**　障害児の理解 ………………………………………… 3

**3**　障害児保育の目的 …………………………………… 5
　　（1）基本的生活習慣の確立　5
　　（2）話しことばの基礎を培う　6

**4**　障害児保育に関する理念の近年の動向 …………… 8
　　（1）分離保育　8
　　（2）統合保育　9
　　（3）ノーマライゼーション　10
　　（4）インクルージョン　11

## 第2章　障害児保育の歴史的変遷 …………………………… 15

**1**　先　駆　期――戦前～1950年代 …………………… 15
　　（1）戦前の盲学校及び聾啞学校予科　15
　　（2）三木安正と「愛育研究所」「保育問題研究会」　16
　　（3）1950年代の障害児保育　18

**2**　萌　芽　期――1965～1973年 ……………………… 19
　　（1）S. A. カークの活動　19
　　（2）自由契約施設及び幼児グループ・心身障害児通園事業　20
　　（3）保育所・幼稚園での障害乳幼児の受け入れと中央児童福祉審議会　22

**3**　転　換　期①――1974～1990年 …………………… 23
　　（1）障害児保育事業実施要綱での制度化　23

　　　　（2）通園施設の整備 25
　　　　（3）大津市「大津方式」 26
　　4　転　換　期②――1991年～現在……………………………………………28
　　　　（1）「併行通園」の制度化 28
　　　　（2）障害児支援の強化と特別支援教育 29

## 第3章　障害の概念………………………………………………………35

　　1　保育所・幼稚園の子どもに多くみられる障害の種類と特徴…………35
　　　　（1）脳性麻痺 36
　　　　（2）ダウン症候群 36
　　　　（3）自閉症スペクトラム 37
　　　　（4）ADHD（注意欠陥多動性障害） 38
　　　　（5）LD（学習障害） 39
　　　　（6）反応性愛着障害 40
　　2　支援者の視点 …………………………………………………………41
　　3　障害のとらえ方………………………………………………………43
　　　　（1）一般的な障害の概念 43
　　　　（2）ICIDHによる障害のとらえ方 43
　　　　（3）ICFによる障害のとらえ方 44
　　4　事例にみるICFモデルに基づく支援計画………………………46
　　　　（1）事例概要――自閉症のAちゃん 46
　　　　（2）Aちゃんの支援計画 48
　　　　（3）結　　果 49

## 第4章　障害児保育をめぐる法律・制度………………………………53

　　1　戦前における対応……………………………………………………53
　　　　（1）明治期における対応 53
　　　　（2）大正期における対応 56
　　　　（3）昭和前期における対応 57
　　2　児童福祉法の成立以降における対応………………………………58
　　　　（1）児童福祉六法 58

（2）児童憲章　61
　　　（3）発達障害者支援法　62
　　　（4）障害幼児を対象とした福祉制度　63
　　　（5）児童福祉施設　63
　3　子どもや障害児に関する法の国際的な動向 …………………………66
　　　（1）児童の権利に関するジュネーヴ宣言　66
　　　（2）児童権利宣言　66
　　　（3）児童の権利に関する条約　67
　　　（4）サラマンカ宣言　68
　　　（5）障害者の権利に関する条約　69

## 第5章　発達の理解 …………………………………………………73
　1　発達とは ………………………………………………………………73
　　　（1）「発達」の考え方　73
　　　（2）発達の原則　75
　　　（3）発達に影響する要因　78
　2　発達の過程 ……………………………………………………………80
　　　（1）発達段階　80
　　　（2）発達の質的転換期　84
　3　個人の発達の保障 ……………………………………………………85
　　　（1）発達の能動性　85
　　　（2）発達の最近接領域　87

## 第6章　発達障害児の生活 …………………………………………91
　　　――「気になる子ども」を理解する

　1　生活の中での気になる言動 …………………………………………91
　　　（1）周りとの違いが気になり始める時期　91
　　　（2）保育現場における葛藤　92
　　　（3）集団生活に見る悪循環　93
　2　子どもを理解するということ ………………………………………94
　　　（1）自他の感情状態に対する客観的なとらえ方　94

（2）問題とされる事態に対するとらえ方　95
        （3）理解に際しての客観性とは　97
    3　支援を必要とする子どもと，その保護者に対するサポート……… 99
        （1）親密な第三者としての保育者　99
        （2）アタッチメントと基本的信頼感　100
        （3）わが子に寄り添いきれない母親　101
        （4）二次障害を発生させないために　106
        （5）保護者支援としてのカウンセリングマインド　107

第7章　発達障害児と音楽・造形・運動あそび……………………… 111
    1　音楽あそび……………………………………………………… 111
        （1）音に気づく・音と出合う　111
        （2）コミュニケーションを楽しむ　113
        （3）手や指の発達を促す　114
        （4）障害の特性に応じた支援──過敏性を考慮する　115
    2　造形あそび……………………………………………………… 115
        （1）色との出合いを大切にする　116
        （2）形との出合いを大切にする　117
        （3）素材との出合いを大切にする　118
        （4）障害児への配慮──素材・指導方法の工夫　119
    3　運動あそび……………………………………………………… 120
        （1）落ち着きを求めて　120
        （2）自己肯定感をもち始めて　121
        （3）信頼関係の築き　122
        （4）他の子どもと遊ぶ楽しさ　122
        （5）運動あそびを楽しむための保育者の援助　123

第8章　障害児保育の実際──保育所・幼稚園において…………… 125
    1　要求を言葉にのせて生き生きとした保育所生活を ……………… 125
        ──つながる保育を目指して
        （1）保育の中での個別支援　125
        （2）療育機関との連携　130

　　　　（3）クラス集団づくり　131
　　　　（4）加配保育士との連携　132
　　　　（5）つながる保育を求める大切さ　132
　　2　多様な価値観を認められる集団づくり………………………………134
　　　　（1）3歳児クラスのYちゃん　134
　　　　（2）4歳児クラスのYちゃん　135
　　　　（3）子ども一人一人に応じる大切さ　141
　　3　重度の自閉症児――園全体での援助…………………………………142
　　　　（1）新しい環境での姿　142
　　　　（2）安心できる居場所づくり　144
　　　　（3）基本的生活習慣を目標に　145
　　　　（4）行事や生活空間の広がり　147
　　　　（5）子ども同士の育ち合い　150
　　4　基本的生活習慣の確立――要求の育ちの中での社会性の育ち………152
　　　　（1）入園児の実態　152
　　　　（2）基本的生活習慣の習得・関わり・指導援助　153
　　　　（3）社会性の育ち　157
　　　　（4）お互いの共通理解を築く　159

## 第9章　障害児の保護者への支援……………………………………163

　　1　なぜ保護者支援が必要なのか――愛着形成と保護者の心の安定………163
　　2　保護者と子どもの気持ち……………………………………………164
　　　　（1）保護者にとっての子どもの障害のとらえ方の変化　164
　　　　（2）子どもにとっての保護者の受容とは　165
　　3　支援の実際……………………………………………………………166
　　　　（1）保護者への直接的支援――「気づきと築きのプロセス」へ　166
　　　　（2）子どもと保護者・家庭への同時支援――ソーシャルワークの活用　170
　　　　（3）家庭と地域社会への同時のアプローチ　172
　　　　　　　――地域社会や周辺との関係性構築の支援
　　　　（4）保育施設等での運営による支援　175
　　4　地域における他機関等との「縦横連携」の重要性……………………177

## 第10章 園内での職員同士の協働 …………………………… 183

1 子ども理解のための協働 …………………………… 183
　　──障害児のもつそれぞれの世界を知るために
2 クラス担任と障害児担当保育士との連携 …………………………… 185
3 サポーターの育成 …………………………… 186
4 園全体での取り組み──事例検討会・個別の指導計画の活用 …………………………… 188

## 第11章 幼保小・地域との連携 …………………………… 191

1 発達の連続性を考慮した地域連携 …………………………… 191
　　（1）支援者の視点から見えてくるもの　191
　　（2）子どもの視点から見えてくるもの　193
　　（3）親・きょうだいという家族の視点から見えてくるもの　194
2 保育におけるソーシャルワーク …………………………… 195
　　（1）ソーシャルワークの重要性　195
　　（2）ジェノグラムやエコマップを活用した問題の整理　196
　　（3）幼保小連携におけるソーシャルワーク実践に向けた意義と課題　198
　　　　──B市の事例から
3 地域の社会資源 …………………………… 200
　　（1）保健所・市区町村保健センター　200
　　（2）児童発達支援センター　200
　　（3）児 童 館　201
　　（4）子育て支援センター　201
　　（5）社会福祉協議会　201

## 第12章 専門性向上のための研修 …………………………… 205
　　──スーパービジョン・コンサルテーション

1 発達障害児を保育する上で保育者が抱える困難性 …………………………… 205
　　（1）保育者は発達障害児のどのような行動を問題ととらえているのか　205
　　（2）なぜ集団適応が難しい行動を問題ととらえる傾向にあるのか　207
　　（3）保育者が発達障害児を支援・援助する上で抱える困難性　207
　　（4）発達障害児を保育する上での保育者の専門性とは　208

## 2 専門性向上のための研修やコンサルテーションの現状と課題 ……… 209
(1) 研修の種類と所内（園内）・所外（園外）研修のメリット・デメリット　210
(2) コンサルテーションの課題　212
(3) 発達障害児を保育する上での保育者の専門性とは　214

## 3 研修やコンサルテーションを上手く活用するための「保育カンファレンス」 …………………………………………… 215
(1) 保育カンファレンスとは　215
(2) 保育カンファレンスのポイント　215
(3) 保育カンファレンスの実際　217
(4) 保育カンファレンスを終えて　218

# 第13章　ライフステージをふまえた特別支援教育 ………………… 223

## 1 特別支援教育の理念 ……………………………………………………… 223

## 2 特別支援教育を行う体制の整備と取り組み ………………………… 224

## 3 接続期での特別支援教育 ………………………………………………… 227
(1) 小1プロブレムの理解　228
(2) 実態把握——全教職員による共感的な子どもの見方の共有　229

## 4 教育内容での幼保小の接続 ……………………………………………… 233

# 第14章　保健・医療・福祉・教育との関連からみた障害児保育 ………………………………………………………… 239

## 1 保育・医療・行政と家庭の連携・協力で子どもの育ちを支える ……… 239
(1)「支援期間」と「支援範囲」の視点　239
(2) インクルーシブ保育・教育の視点　240
(3) 障害・疾病の「発症時期」「発症頻度」と「発見の場」の視点　241

## 2 保育所・幼稚園の対応 …………………………………………………… 243
(1) 保育所での障害児保育　243
(2) 幼稚園での障害児保育　244
(3) 気になる子どもをめぐって　245

## 3 医療・療育の対応 ………………………………………………………… 247

　　　　（1）周産期・新生児医療の進歩による成果とそれにともなう課題　247
　　　　（2）周産期・新生児医療の進歩の後に生じた課題　248

**4　行政の対応** ……………………………………………………………………… 248
　　　　（1）母子保健関連施策　248
　　　　（2）未受診妊婦と児童虐待　249

**5　福祉領域の対応（日中活動支援）** ………………………………………… 250
　　　　（1）障害児の日中活動の現状　250
　　　　（2）障害児の日中活動の課題　251

**6　インクルーシブ保育・教育の推進**——これからの障害児保育の方向性‥ 252
　　　　（1）多様性を尊重する保育　252
　　　　（2）医療的ケア児に向けた支援レベルの向上　253

あとがき
索　　引

# 第1章　障害児保育の理念

## 1　障害児保育の意義

　2008（平成20）年の厚生労働省「保育所保育指針」の第4章の「障害のある子どもの保育」には，次のように書かれている。

　「(ア)　障害のある子どもの保育については，一人一人の子どもの発達過程や障害の状態を把握し，適切な環境の下で，障害のある子どもが他の子どもとの生活を通して共に成長できるよう，指導計画の中に位置付けること。また，子どもの状況に応じた保育を実施する観点から，家庭や関係機関と連携した支援のための計画を個別に作成するなど適切な対応を図ること。
　(イ)　保育の展開に当たっては，その子どもの発達の状況や日々の状態によっては，指導計画にとらわれず，柔軟に保育したり，職員の連携体制の中で個別の関わりが十分行えるようにすること。
　(ウ)　家庭との連携を密にし，保護者との相互理解を図りながら，適切に対応すること。
　(エ)　専門機関との連携を図り，必要に応じて助言等を得ること。」

　また，同年の公布の文部科学省「幼稚園教育要領」の第3章第3節の「障害のある幼児の指導」には，次のように書かれている。

　「(2)障害のある幼児の指導に当たっては，集団の中で生活することを通して全体的な発達を促していくことに配慮し，特別支援学校などの助言又は援助を活用しつつ，例えば指導についての計画又は家庭や医療，福祉な

どの業務を行う関係機関と連携した支援のための計画を個別に作成することなどにより，個々の幼児の障害の状態などに応じた指導内容や指導方法の工夫を計画的，組織的に行うこと。」

2014（平成26）年の内閣府・文部科学省・厚生労働省「幼保連携型認定子ども園教育・保育要領」の第3章の「特に配慮すべき事項」には，次のように書かれている。(3)

「6　障害のある園児の指導に当たっては，集団の中で生活することを通して全体的な発達を促していくことに配慮し，適切な環境の下で，障害のある園児が他の園児との生活を通して共に成長できるよう，特別支援学校などの助言又は援助を活用しつつ，例えば指導についての計画又は家庭や医療，福祉などの業務を行う関係機関と連携した支援のための計画を個別に作成することなどにより，個々の園児の障害の状態などに応じた指導内容や指導方法の工夫を計画的，組織的に行うこと。」

前述の記述を比べてみると，共通する事項がいくつかあることに気づかされる。今日的な障害児保育を行う意義を導くことができよう。それは，①障害の状態をあらかじめとらえること，②一人一人に応じた指導をすること，③個別指導と集団指導を行うこと，④指導内容や指導方法を工夫すること，⑤家庭や関係機関と連携すること，⑥障害児や健常児の発達を促すことである。

統合保育や分離保育の場においては，一人一人の障害の種類や程度を的確に把握して，その状態は多様であること，発達してきた過程を理解することが重要になってくる。この多様さに応じた一人一人に合った内容や方法を検討して，適切な指導を行う必要がある。

子どもとの関わりにおいては，個に応じた関わりと集団の中の一員としての関わりの両輪を大事にしながら，指導していくことになる。

今日では，個別の指導計画が立てられるようになっているが，これは，指導の目標や内容，配慮事項などを記した計画である。さらに，個別の教育支援計画は，幼児期から学齢期，青年期までのライフステージで一貫した指導を行う

ために，家庭や保健センター，医療機関，児童福祉施設などの関係機関と連携し，さまざまな面からの取り組みを示した計画である。

　障害児保育の重大な援助において，保護者支援が不可欠である。園での障害児の様子や生き生きしてきた姿を伝えることで，園と家庭の双方が，子どもをより深く理解できるようになる。また，保護者の悩みや苦労を理解して信頼関係を形成することにもつながる。

　地域には，障害児にかかわる専門機関がある。たとえば，園や学校や児童福祉施設のほかに，保健センター，病院，福祉事務所や児童相談所などがあり，それぞれに専門性を有している。障害児保育を一層広めるには，専門機関からの適切なアドバイスを取り入れながら進めていくことが必要となる。連携とは，専門性を発揮し，いまだ不十分な点を補完することではなかろうか。

　統合保育において，障害児にとっては，今はたとえ同じことができなくても，同じ時空間を共有していること自体に意味があって，集団の中で育ちあうことに大きな意味があるといえる。一方，健常児にとっては，社会にはいろいろな人が一緒に生活していて，自分一人ではできないことは他の人に手伝ってもらい，助け合いながら生きていくのだという理解につながる。

## 2　障害児の理解

　障害児をどう理解するかは，その指導を行う上での前提になる。換言すれば，いかなる子ども観，保育観をもっているかは，指導の展開や発展に大きな影響を与えるといえよう。障害児の理解こそ，実践の基底をなしているのである。

　子どもの立場に立ち「ニーズ」をとらえることが，特別支援では重要である。この視点は，発達途上にある幼児期は，一人一人が気になる存在であるととらえる保育者にもとめられる視点でもある。一人一人違うニーズや個性をもつことを前提にして，目の前の子どもたちに応じた支援を追求するという幼児教育の原点に立ち戻ることが，発達障害児を含め，すべての子どもにとってよりよい保育につながる。

　長年の障害児保育の実践の積み重ねの中で，次の3つの側面から理解することが有効であると認められている。

第1に，障害を軽減・克服したいというニーズをもつ子どもたちである。
　第2に，発達したいというニーズをもつ子どもたちである。
　第3に，生活を豊かにしたいというニーズをもつ子どもたちである。
　ここでは，次の場面から子どもをどう理解したら実践が進むのかという点を考えてみたい。

--- Episode 1 ---

　Aちゃんは，自閉症スペクトラムと3歳児健診において医師から診断された。保育所に入園して2年目になり，今は年中組である。
　Aちゃんは，紙きれへのこだわりが非常に強い。いつも手には紙きれが握りしめられているといってもいい。そんな日々が続く中で，担任のS先生は，ある時，紙きれを強引に取ってしまった。すると，Aちゃんは，自分の腕をがぶっと歯型がつくくらいに噛んでしまった。
　紙きれに夢中になって，Aちゃんの気持ちがまったくといっていいほど外に向かっていかないという感じさえする。
　Aちゃんとの関係がつかず悩んでいたS先生は，連絡帳で家庭ではどのような様子なのかを聞いてみる。
　なんとか今の状態を変えたいのだが，どのような方法が適しているのかと，S先生は悩み続けている。

　まず，障害の視点からの理解が必要となる。すなわち，自閉症スペクトラムと診断されていることから，①社会性の障害，②コミュニケーションの障害，③こだわりという「3つ組」がみられるという見方である。
　次に発達の視点からの理解が必要となる。特に，認識の面では，外界の世界になかなか向いていかないという見方である。
　最後に生活の視点からの理解が必要となる。紙きれは，園生活のどういう時に握りしめられているのか。さらに，家庭生活ではどのようなのかといった生活を全体的にみる見方である。
　こだわりは障害だから仕方がないといった見方ではなく，どのような因果関係があるのか考えることが大切になってこよう。Aちゃんにとって，紙きれが心の杖のような支えとなっているとみるならば，強引に取り上げることなく，そのこだわりにつき合っていくのがよい。そして，何らかの不安を抱えている

からこそ，絶えず持ち続けるという見方もできよう。

---
**Episode 2**

　クラスの教室から遊戯室に，集団で次のあそびに移ろうとする時，H君はなかなか部屋から出ることができず，他の子どもたちが行ってしまった後，一人ぼっちになってしまった。

　また，給食の時間になると，H君は食缶を取りに行くことができなくなって，その場に立ち止まっていた。

---

　H君には，なかなか移動できない行動を，見通す力が育っていない，切り替える力が弱いという見方ができよう。

　発達面で，○○の力が育ちそびれているという理解である。気になる行動をとらえる基本的な理解として，障害があるからもたらされるという考えに終始するのではなく，気になる行動の中に発達への要求をくみとり，発達それ自体を促すことで，そうした行動を軽減，変化させることになる。ここには，障害と発達の相関性に着目する見方が求められよう。

　とかく，障害児には問題行動と呼ばれる行動があるものの，対症療法ではなく，もちろん罰を与えるといったものでもなく，子どもにどのような力を培ったならば，その行動を変えることができるかといった視点が重要になってくる。これこそ，保育や教育における本質的な子ども理解である。

## 3　障害児保育の目的

　ここでは，一人一人の個別の目標はあるのだが，幼児期全般にわたっての不可欠となる二大目的について述べることとする。なお，本節では知的障害児を対象とする。

### （1）基本的生活習慣の確立

　知的障害の特徴として，適応行動の困難が挙げられる。適応行動とは，食事，排泄，衣服の着脱，睡眠等の日々の生活をする上で欠かすことができない活動の事である。言い換えれば，自力でこうした活動ができない状態にいることに

なる。身辺自立の困難という表現と同じである。それでは基本的生活習慣が本人にどのような意味があるのであろうか。

第1に、生活をしやすくなるということである。他人の介助なしに自分でできることが増えるにつれて、日常生活を送りやすくなる。

第2に、からだ全体をしっかりさせるということである。一例として、ボタンをとめる時には、ボタン穴を見ながら指先で通すという目と手の協応動作ができる力をつける。

第3に、順序を考えて行動するということである。たとえば、手を洗ったら食事をするといった見通す力をつける。

ところで、基本的生活習慣を確立させるための支援のポイントとして次の4点がある。

1つ目に、一人一人の個別の目標を明らかにすることである。個々の障害児に現在必要と思われる課題が問われる。排泄では小便と大便ではどうなのか、食事ではスプーンか箸か等を検討する。

2つ目に、課題が明確化したら、実際の支援場面において、手伝いすぎない、待つことの必要さを検討する。ここでは、自分から課題に取り組もうとする意欲を大切にしたいため、自分でできる、少し手伝う、全部手伝うといった指導の見極めをしていくことになる。

3つ目に、集団の中での模倣とか認め合いをしながら、要求や達成感の内面の充実を大切にして、障害児と指導者、障害児と他の子どもたちといった関係、園ならではの集団の教育力を発揮していくことを検討する。

4つ目に、障害児の一日の生活全体から、子どもをまるごととらえる観点に立って、園と家庭との連絡を密にすることを検討する。園と家庭が同じ方法で基本的生活習慣の確立にあたることが、障害児に混乱を生じさせることなくスキルの向上にもつながる。

（2）話しことばの基礎を培う

ことばは、どのような役割があるのであろうか。

第1に、コミュニケーションの手段である。自分の思いをことばに託して相手に伝達する。

第2に，思考の手段である。手紙を書くという行為は頭の中で文意を考えている。

　第3に，行動を調整する時の手段である。たとえば，「ヨイショ！」と言って立ち上がること等である。

　以上のようにことばを培うことは，単にコミュニケーション力をつけるためだけではなく，考える力や行動力を育てることにもなっていることに注意しなければならない。特に，認識面に弱さをもつ知的障害児に諸能力をつけていく際の重要な基幹の働きをなしていると理解できる。

　ところで，話しことばの基礎を培うための支援のポイントとして次の4点がある。

　1つ目に，感情の交流である。コミュニケーションの最も原初的な形態は，感情のレベルの交流である。視線を合わせる，快や楽しさといった感情を伝え合う，モノを指さしてあれをとってほしいという要求を伝えることもある。こうした交流が毎日の生活や遊びの中で密になされることで，ことばの獲得へとつながっていく。

　2つ目に，手指の操作性を高めることである。幼児教育や障害児保育でよく使われる素材として粘土がある。粘土で形づくることは，何をつくり上げようかというイメージをふくらませながら，手指をしっかりと使うと，大脳皮質，中でもことばをつかさどる中枢は，手指と深い関係があって，手指で生じた感覚は，ここに伝達され刺激することになる。手指の働きを高めることが，ことばの獲得にとって，非常に大切となる。

　3つ目に，足腰の力を強くすることである。園に登園する知的障害児の歩行をみると，ふらふらと不安定に歩いている姿を見かけることがある。これまでの実践の中で，歩行がしっかりとしてきて，安定してくるにつれて，語彙が増えてくるといった報告が多数なされていることを再確認したい。

　4つ目に，さまざまな生活体験をさせることである。日々の生活の中で，実際に行動して多くの体験を重ね，それをことばと結びつけて理解することによって，子どもがことばをわかるようになる。生活的概念と科学的概念を行き来することで，ことばをより定着させて，わがものにすることができる。これが，認識力の向上へとつながる。

## 4 障害児保育に関する理念の近年の動向

### (1) 分離保育

　分離保育とは，障害児のみを対象とする。分離保育の展開として，一つは特殊教育諸学校幼稚部（現・特別支援学校幼稚部）がある。ただ，1950年代から1960年代を通じて，その設置が行われるものの，全国的には，幼稚部は十分に設置されていない状況であった。1972（昭和47）年に「特殊教育諸学校幼稚部学級設置10年計画」が出されてはいるが，1970年代になってもその在籍児数は十分に増加していない。つまり，障害児保育の主要な担い手とはなりえなかったのである。

　もう一つが，療育施設が公的に保障されている点に注目できる。厚生省は1972（昭和47）年に「心身障害児通園事業実施要綱」を策定している。その目的は，「市町村が通園の場を設けて心身に障害のある児童に対し通園の方法により指導を行ない，地域社会が一体となってその育成を助長すること」である。そして対象は，「精神薄弱，肢体不自由，もう，ろうあ等の障害を有し，通園による指導になじむ幼児」である。この要綱によって，就学前の障害児も通園制の療育施設に通うことが可能になって，また，市区町村で差はあるものの地域に療育施設が設置されるようになった。しかし，実際の受け入れをみると，重度の障害児は療育施設へ，軽度の障害児は保育所や幼稚園へという障害の程度による水路付けが行われていたのである。

　2012（平成24）年4月1日に児童福祉法が改正され，知的障害児通園施設，難聴幼児通園施設，肢体不自由児通園施設，重症心身障害児（者）通園事業，児童デイサービスが，障害児通園支援として統合された。障害児通園支援とは，児童発達支援，医療型児童発達支援，放課後デイサービス，保育所等訪問支援のことである。

　登場した児童発達支援センターや児童発達支援事業とは，障害児や何らかの支援を必要としている子どもに対して，専門的な指導を行う機関である。すなわち，地域のセンター的役割を有している。

　ここでは，障害児が通園することを通して，一人一人の障害に応じた支援，

個別の指導や小集団での療育活動，専門的な訓練等，さまざまな支援を受けることができる。同時に，保護者への支援も行われており，日々の子育て上の悩みへの相談，具体的な育児方法等の家族支援もなされている。

さらに，児童発達支援センターは，園に在籍する子どもの中に，入園前にこのセンターに通っていたり，入園後も併行通園として，時にセンターに通ったりしている子どもがいる。こうした現況から，園の先生が最も身近で，多くの連携をとっている機関となっている。

### （2）統合保育

統合保育とは，障害児と障害のない子どもを対象として一緒に保育することである。統合保育の展開として，1950年代から1960年代には，ほんのわずかな園ではあるものの私立幼稚園で障害児の受け入れがなされたり，1970年代には，障害児をもつ親たちが自主グループを結成して，障害児が通える園を設立したりしている。

1974（昭和49）年には文部省が「心身障害児幼稚園助成事業補助金交付要綱」（公立幼稚園用）と「私立幼稚園特殊教育費国庫補助金制度」を実施した。しかし，障害児を受け入れたとき，障害児のための保育を行うことがよいとされ，分離保育の形式がとられた。幼稚園での障害児に対する理解は，まだまだ乏しいものであった。

一方，保育所の障害児保育については，1973（昭和48）年に東京都児童福祉審議会が厚生省に「当面する児童問題について」（答申）を提出した。また，同年，中央児童福祉審議会が「当面すべき児童福祉対策について」（中間答申）の中で，「障害児と健常児を共に保育すること」つまり統合保育の必要性を提言した。これらを踏まえて，厚生省は1974（昭和49）年に「障害児保育事業実施要綱」を実施した。ただ，特定の保育所を指定し，対象となる障害児が「おおむね4歳以上」で「障害の程度が軽い」とされていたため，十分な支援が行えないという声があった。

その後，1978（昭和53）年になると，「保育所における障害児の受け入れについて」の通知を出し，受け入れ条件を緩和した。これにより，障害児を受け入れる保育所は指定方式から一般方式に，年齢は3歳児未満でも可能になり，程

度は中程度まで拡大され，そして，補助金制度ではなく，保育士の人数加算という変更がなされた。

　この変更によって，障害児を受け入れる保育所は大幅に増加した。1970年代には障害児保育が制度的に位置づけられたのである。

　統合保育は，健常児の子ども集団の中に，1名から数名の障害児を共に保育しているゆえに，意義が両者にあると言えよう。障害児の発達に，従来不足しがちだったごく普通の生活環境が，障害児の発達を促進する刺激となっている。一方，健常児にとってもいたわりの心，助け合いの心が育つ，自分と違った他者の存在を知ることにもなる。さらに，保育者にとっては，発達をもう一度見直す・確認する契機になったり，子ども理解をいっそう深めたりすることになる。保育内容・方法の改善や子どもを仲立ちとして親と保育者の協働，地域で支えることなどにつながっている。

### （3）ノーマライゼーション

　1970年代を転換期とみるとすると，わが国では1974（昭和49）年頃に知的障害分野で徐々に用いられるようになったノーマライゼーションの理念に注目できよう。

　この理念は，1950年代のデンマークに淵源をもつ。当時のデンマークでは，知的障害者は巨大施設に隔離されていた。これに対して親たちが処遇改善を求めた運動が，この理念が生まれた契機となった。この運動はその後，"ノーマライゼーションの父・生みの親"と称せられるバンク－ミケルセン（N.E. Bank-Mikkelsen）の「知的障害者の生活を可能な限り通常の生活状態に近づけるようにすること」という定義に結実している。また，ほぼ同時期に"ノーマライゼーションの育ての親"と称せられるスウェーデンのニィリエ（B. Nirje）によって「社会の主流となっている規範や形態にできるだけ近い，日常生活の条件を知的障害者が得られるようにすること」という考えに発展した。以上の2人の提唱者の生活原理を再構成して，理論化・体系化したのがヴォルフェンスベルガー（W. Wolfensberger）である。彼は「少なくとも平均的な市民と同じ生活状態を可能にするため」とし，1960年代後半からアメリカにおいて紹介し，世界的に普及させた。

この理念は，国連でも「知的障害者の権利宣言」(1971年)，「障害者の権利宣言」(1975年)，「国際障害者年行動計画」(1980年)，「障害者に関する世界行動計画」(1982年) 等において基本理念として位置づけられた。わが国でも「国連・障害者の十年」(1983-1992年) に呼応して，具体的な取り組みが開始され，1995年に策定された「障害者プラン」では，地域における生活という柱立てがなされている。

理念の主な特徴は，①人間として尊重される，②平等と機会均等が保障される，③地域社会の中で権利が実現される，④人間らしくより豊かに生活するためのQOL（生活の質）が保障される，の4点である。

元来，ノーマライゼーションは，知的障害者のために広まった考えであったが，最近ではグループホームの地域での展開に見られるように高齢者を含めたすべての福祉分野で重視される原理と言えよう。さらに，関連した考えとして，建物や交通手段等にあるさまざまな障壁（バリア）の解消をめざす「バリアフリー」，障害があっても誰もが利用・参加できる普遍的な環境づくりを目指す「ユニバーサル・デザイン」が挙げられる。今後，園では，こうした環境整備をさらに充実させていくという課題があると思われる。

### (4) インクルージョン

障害児保育・教育と通常の保育・教育の制度的な一体化を意味する用語として，統合（インテグレーション）がある。統合とは，A（障害児）とB（健常児）を分け隔てなく一緒に保育するという意味がある。これに対して，子どもを障害の有無で2つに分けるのではなく，一人一人固有の個性やニーズをもつ子どもととらえ，各々に必要な支援を個別に行っていく考えがある。ノーマライゼーションの理念の普及を踏まえる考えでもあろう。

以上の考えに基づき行われるようになってきているのがインクルージョンである。インクルージョンとは「包括」を意味する。

ところで，1994年にスペインのサラマンカにおいて，ユネスコとスペイン政府によって「特別ニーズ教育に関する世界大会」が開催され，その中で「特別なニーズ教育における原則，政策，実践に関するサラマンカ宣言ならびに行動要綱」が採択され，新たな教育のあり方が提言された。このサラマンカ宣言の

キーワードがインクルージョンである。それは，特別な教育的ニーズのある子どもだけではなく，すべての子どものためにという着眼である。この宣言の第53条には，幼児期の教育としてインクルージョンを認識すべきと明記されている。

今，園にいる子どもたちを見渡すと，障害児以外に，不登園，不安が強い，アレルギー，病弱，外国籍，被虐待など多様な子どもたちがいるのが実態である。インクルージョンは簡潔にいうと，万人のための園にしなくてはならないという発想であり，それゆえに，通常の保育や教育自体を変えていこうとする点でインテグレーションとは異なる。

包括的な保育・教育とは，すべての子どもたちに開かれた教室，保育施設，制度を意味する。包括的な保育・教育の下では，すべての子どもたちが参加することが保障されている。これを実現させるためには，それぞれの子どもたちがもつ多様なニーズを考慮して，すべての子どもたちが園生活のすべての部分に関わることができるよう，保育者，園，制度が変わらなければならない。

この理念の特徴は，①すべての子どもたちは，教育を受ける権利をもっている。②障害の有無，国籍，貧困などを理由に，排除や差別をしてはならない。③子どもが学校に適応するのではなく，学校が子どもの必要に応じる。④子どもたちの違いは，問題ではなく重要性や多様性の源である。⑤さまざまなニーズや発達の支援に取り組むことにある。

この考えでは，現状では排除されている集団も含めて，すべての子どもたちが主流の保育制度の中に参加し，そこで効果的に保育されるようになることを目指す行程になる。保育の原理は，一人一人の子どもの理解から支援を考えることが出発点になる。そう考えると，障害児のニーズを探ることと，一般的な子どもの内面を理解した上で保育を検討することは一致するのである。障害児が存在することが当たり前の園生活ということになる。

詩人の金子みすゞは『私と小鳥と鈴と』の中で，「みんなちがって　みんないい」という一節をうたった。クラスには色々な子どもたちがいて当たり前，その子どもたちに配慮ができる雰囲気があること，保育者にはさまざまな特別なニーズに関する知識と力量，細やかな計画が求められる時代が一歩ずつ近づいている。インクルージョン保育は，これからの保育を支え，切り拓く崇高な

理念であることを確認したい。

**注**
(1) 平成29年告示では，9頁に同様の記載がある。
(2) 平成29年告示では，12頁に同様の記載がある。
(3) 平成29年告示では，12〜13頁に同様の記載がある。

**参考文献**
浅井春夫監修，中山正雄編著『児童養護の原理と実践的活用』保育出版社，2004年。
伊藤嘉子・小川英彦『障害児をはぐくむ楽しい保育——子どもの理解と音楽あそび』黎明書房，2007年。
小川英彦・川上輝昭編著『障害のある子どもの理解と親支援——親と教師のために』明治図書出版，2005年。
厚生労働省『保育所保育指針解説書』2008年。
柴崎正行編著『障がい児保育の基礎』わかば社，2014年。
内閣府・文部科学省・厚生労働省『幼保連携型認定こども園教育・保育要領』2014年。
文部科学省『幼稚園教育要領解説』2008年。
水野恭子「障害児保育の歩みとこれからの障害児保育実践に向けて」愛知教育大学幼児教育講座『幼児教育研究』第16号，2015年。

---

**学びのポイント**
- 分離保育と統合保育のそれぞれの長所・短所を比較してみよう。
- 幼児期の健常児の保育の目的をまとめてみよう。

**さらに考えてみよう・みんなで議論してみよう**
- 保育所実習や施設実習などの実習体験を通して，分離保育と統合保育の場の様子を発表しよう。
- ノーマライゼーションの提唱者であるデンマークのバンク‐ミケルセンやアメリカのヴォルフェンスベルガーの定義を調べてみよう。

# 第2章　障害児保育の歴史的変遷

## 1　先駆期——戦前～1950年代

### (1) 戦前の盲学校及び聾唖学校予科

　戦前において，就学前の障害児を対象とした幼児教育・保育（以下，保育）については，主に「盲児」「聾唖児」と呼ばれた視覚障害，聴覚障害，言語障害児を対象とした実践が知られている。それは盲学校及び聾唖学校（聾学校）において，「初等部」（おおよそ現在の特別支援学校小学部に該当する）の「準備教育」を行う場として「豫科（予科）」が設置されたことによるものである。この「豫科（予科）」設置は「盲・聾教育関係者の請願運動」と「文部省関係者の努力」[1]により1923（大正12）年8月「盲学校及聾唖学校令」（勅令第375号）「第七條」において「盲学校及聾唖学校二豫科」を置くことが規定され，同月「公立私立盲学校及聾唖学校規程」（文部省令第34号）も制定されたことによるものである。この盲学校及聾唖学校令を受け幼児を対象とした「豫科（予科）」の設置が1924（大正13）年4月から可能となったのである。

　その結果，盲児に関しては，1924（大正13）年に文部省より私立盲学校認可を受けた「横浜訓盲院」や1927（昭和2）年「官立東京盲学校」（現・筑波大学附属視覚特別支援学校）等に「初等部豫科」が設置された。また聾唖児においても，盲学校及聾唖学校令に先駆けて1916（大正5）年「京都市立盲唖院聾唖部幼稚部」の設置が見られ，盲学校及聾唖学校令制定以降も1928（昭和3）年「東京聾唖学校予科」等が設置された。また1926（大正15）年には「京都盲唖保護院」において「京都聾口話幼稚園」と「幼稚園」の名称を用いた就学前教育の場が創設されている。

　盲学校予科に関しては，「東京盲学校初等部豫科」の1927（昭和2）年～1943（昭和18）年在籍児が毎年度2～10名で，年齢は4～9歳で6歳が最も多かった

ため,「全体的に過年児の率」が高く「実質的にも指導内容に初等部の準備学習」を求められる状況であった。しかし,「豫科規程」では「談話, 直観, 手技, 遊戯並二体操, 唱歌トス」とした「保育科目」が設定され,「保母ハ初等部予科幼児ノ保育ヲ掌ル」と「保母」の配置が規定される等(2), 幼児教育・保育との関連性がみられた。

聾唖学校予科に関しては, 1910～1930年代の大正から昭和初期にかけ, 従来の「手話法」や「筆談法」ではなく,「口話法」を重視した教育方法による実践が取り組まれていった。東京聾唖学校教諭川本宇之介等により普及が進められた「口話法」では, 乳幼児期からの発音指導がその後の発音発語に大きく関わっていくため, 聴覚障害のある乳幼児の指導の充実を図るための予科設置が求められていったのである。そして内容に関しては, 東京聾唖学校予科の保育科目も観察, 談話, 手技だけでなく遊戯が設定されていた。

したがって盲学校, 聾唖学校問わず, 戦前の予科における障害乳幼児に対する保育においても, 遊びが重要視されており, この遊びの重要性は今日まで一貫して継承されていることに注目する必要がある。

## (2) 三木安正と「愛育研究所」「保育問題研究会」

わが国の戦前の知的障害児（当時は「白癡」「癡愚」「愚鈍」や「精神薄弱」等といわれていた）を中心とした保育実践に携わった中心人物として三木安正が挙げられる。三木は1936（昭和11）年3月に東京帝国大学文学部心理学科を卒業し, 同年4月から東京帝国大学大学院に進学し, 東京大学医学部脳研究室研究生として, 犯罪心理学や優生学研究を行っていた吉益脩夫に師事しながら, 障害幼児とその保護者への知能検査や相談支援に携わった人物である。また三木は吉益と名古屋大学の精神科医村松常雄が実施した1937（昭和12）年度の東京市の不就学児童調査に携わり(3), 就学前児童に多数の「知的障害」等の疑いのある児童が含まれている実態を踏まえて, その支援の充実を図った戦前・戦後の障害児保育の牽引者の一人である。

この三木が中心となり戦前の障害児保育実践に携わったのが「愛育研究所」の「異常児保育室」である。1934（昭和9）年昭和天皇からの「本邦児童及母性ニ対スル教化並ニ養護ニ関スル諸施設ノ資」（御沙汰書）として下賜された御

内帑金を基に創設された「恩賜財団母子愛育会」により，1938（昭和13）年11月に母子保健に関する科学的研究を行うための「愛育研究所」が開設された。愛育研究所は愛育医院とともに外来診療等を行う「保健部」と精神発達や「異常児」等について研究を行う「教養部」から組織された。この教養部第三研究室として設置されたのが「異常児保育室」である。

この教養部第三研究室は「知恵遅れの幼児に関する研究部門」であり，同時に異常児保育室において「精神薄弱幼児」に保育実践を行う場でもあった。具体的な実践内容としては「異常児保育室」では積み木，滑り台，人形遊び，油粘土，お絵描き，絵本読み聞かせ等の「子どもに遊具や教材」を用いて，「遊びに誘い込」む保育が行われていた。戦前の愛育研究所異常児保育室は戦火が広がる1944（昭和19）年11月に閉鎖されるものの，まさに戦前日本における「保育実践の科学的研究の先駆的試み」であり，戦後の障害児保育実践に大きな影響を及ぼした。また保育実践が記録された『異常児保育の研究』も，戦後の重要な参考資料として障害児保育実践に活用されていくことになった。したがって戦前の愛育研究所異常児保育室での実践が戦後日本の知的障害児保育の先駆的実践となっている。

また三木は東京大学医学部脳研究室での教育相談や不就学児童調査等を通じて，障害児を家庭や保育所，幼稚園等での生活と結びつけて支援を考える必要があること，教育学，心理学，社会学，医学等の複数の学問領域から総合的に援助する必要があることを重要視していた。そのため1936（昭和11）年から城戸幡太郎，津守真等と「保育問題研究会」において「第三部会（困ツタ子供ノ問題）」を組織し，障害幼児支援の理論及び実践研究等に取り組んでいく。戦後も保育問題研究会は「保育を科学に」するを掲げ，現在も「全国保育問題研究協議会」として障害児保育実践研究等に取り組んでいる。また城戸は北海道大学教授等を務め「北大幼児園」等で，津守はお茶の水女子大学教授等を務め「学校法人愛育学園愛育養護学校」等で障害児保育実践と理論に携わっており，保育問題研究会における戦前の実践及び研究の蓄積が戦後の「科学的な」障害児保育実践の基盤となっていくのである。

## （3）1950年代の障害児保育

　戦後初期から1950年代の障害児保育は，教育行政政策・施策下において「特殊教育」制度として特殊教育諸学校下で整備が進められていった。しかし戦前同様に障害の種類ごとに，その整備には大きな進度差が見られた。まず戦前の視覚障害，聴覚障害児教育を継承しながら「専門性」を実践や運動の中で蓄積させてきた視覚障害，聴覚障害教育は，戦後直後から義務制実現へ向け，盲学校，聾学校の教員で組織された「全国盲学校教員組合」「全国聾唖学校職員連盟」を中心に「日本教職員組合特殊学校部」として盲聾教育義務制促進運動を展開していった。その結果，1948（昭和23）年度から，盲学校，聾学校では学年進行での義務制実施が行われたため，1950年代後半から幼稚部の設置も進められていった。

　知的障害，肢体不自由，病弱に関しては養護学校義務制が実現せず，全国的に養護学校設置整備が進まなかったため，幼稚部に関しても設置はほとんどなされなかった。その中でたとえば知的障害に関しては主なものとして，1949（昭和24）年愛育研究所「異常児保育室」が「特別保育室」として再開された事例，また「特別保育室」から1955（昭和30）年社会福祉法人恩賜財団母子愛育会「愛育養護学校」幼稚部や1964（昭和39）年「家庭指導グループ」へと展開がなされていった事例，京都白川学園「鷹ケ峰保育園」で「特殊保育部」として障害児の集団保育が試みられる事例等，一部の教育・福祉施設等で先駆的な取り組みがなされた程度であった。

　以上のように，戦前から1950年代の障害児保育はごく限られた障害児を対象とした先駆的な実践であり，支援の場は限定的であった。しかしながら，この先駆的実践においても遊びが重要視されており，障害児保育における遊びの重要性は今日に至るまで変わらず貫かれているのである。そして，その中の限られた実践中で「保育問題研究会」等で研究がなされ，実践と研究（理論）の双方向からよりよい障害児保育のあり方が議論され，追及されてきたのである。このような実践と研究（理論）が進められたことが，1960年代以降の障害児保育の基盤となっていったのである。

## 2 萌芽期──1965～1973年

### (1) S.A. カークの活動

　アメリカイリノイ州立イリノイ大学（University of Illinois）教授で同大学の特殊教育研究所長を務めた教育心理学者カーク（S. A. Kirk）は，アメリカにおける障害児の知能測定と教育方法の研究の第一人者である。カークらはアメリカにおいて言語能力から個人の認知機能を検査するITPA（Illinois Test of Psycholinguistic Abilities）を作成し，精神薄弱児への知能検査を実施することでより適切に一人一人の発達特性等を把握し，それに基づいた教育，支援に取り組んでいた。なお，このITPAは後に三木安正らによって「日本版改訂ITPA」が作成され，学習障害（Learning Disabilities：LD）児等の支援にも用いられることになる。

　このITPA等を利用して精神薄弱幼児の支援にも携わっていたカークが1965（昭和40）年に来日し，日本においてアメリカでの研究と実践について講演会を行った。講演会は1965（昭和40）年にNHKとNHK厚生文化事業団の共催により11月3日～16日の間に東京・仙台・名古屋・大阪・福岡の5都市で実施された。また翌年にはこの講演内容が出版され，多くの精神薄弱児教育関係者や保護者らに広められた。講演会でカークは精神薄弱児をもつ保護者への支援の必要性，親の運動の成果，就学前幼児を対象とした実践施設，早期教育の有用性等を述べるとともに，精神薄弱児であっても特別な教育課程で教育を行うことでその能力を最大限に発達させることができるという「教育可能性（educable）」を指摘した。さらに精神薄弱児においても障害のない子どもと同様に教育を受ける権利があり，その教育のあり方について考えていかなければならないことを述べたのである。

　このようなカークの「教育可能性（educable）」や精神薄弱児の教育の権利への言及は特に障害児をもつ保護者に与えた影響は大きく，障害幼児の支援に取り組む動きが加速していく。具体的には全国各地で「親たちによる，あるいは学生等のボランティアによる精神薄弱幼児の指導」が行われるようになっていく。カークは，これまで1963（昭和38）年のそれまでの精神薄弱や自閉症と異

なる障害に対する名称として,「学習障害（LD)」を提唱したことでよく知られているが,わが国における精神薄弱幼児の教育にも大きな影響を与えたのである。

### （2）自由契約施設及び幼児グループ・心身障害児通園事業

わが国ではカークの講演会に前後して，1960～1970年代にかけ民間の自由契約施設，保護者の自主グループ等の「幼児グループ」が各地で創設されていった。1960～1970年代前半における「精神薄弱児通園施設」は対象が「6歳以上18歳未満」「就学猶予・免除された者」等の規定があり，そのため乳幼児は支援対象とされていなかった。こうした中で「精神薄弱児通園施設」に類して障害乳幼児の通所訓練等を行っていたのが自由契約施設である。たとえば1963（昭和38）年大阪市「今川学園キンダーハイム」や1965（昭和40）年新潟市「ロータリー松波学園」，1967（昭和42）年横浜市「青い鳥愛児園」，1968（昭和43）年神戸市立「ひまわり学園」等の支援機関では，保護者と施設の契約に基づき，幼児を対象とした通所訓練を行っていた。同じく東京都渋谷区では1953（昭和28）年10月に日本社会事業短期大学（当時）に開設された「附属児童相談室」が1965（昭和40）年2月に「附属特殊児童相談室（いたる学園)」に発展し，世田谷区でも日本社会事業大学助教授であった石井哲夫が「財団法人嬉泉子どもの生活研究所」を創設している。日本社会事業大学と関係をもつこの2つの施設では支援方法や成果を報告書等を通じて全国に発信し，障害乳幼児の支援方法等を広めていく役割を果たしていった。

また精神薄弱児等をもつ保護者らによる支援の取り組みも行われていった。たとえば大阪府では「大阪府精神薄弱者育成会」が大阪府の委託事業として「在宅精神薄弱幼児」及びその保護者の集団指導訓練として1965（昭和40）年2月より「ポニーの学校」事業を行っている。この事業は「就学前または施設入所前の低年齢児について，児童相談所の精密判定に基づき，年齢，精神薄弱の程度，環境習熟度，身体的条件等を考慮して5～7名のグループづくりを行い，これを週1回保護者とともに通園せしめ，4カ月間継続実施する」ものである。[11] 1967（昭和42）年8月時点で実施しているグループ数は5グループで幼児22名，場所は児童相談所の遊戯指導室に必要な設備を設けて行われている。この取り

組みは1966（昭和41）年2月の堺市（堺市児童相談所にて実施）をはじめ，大阪府精神薄弱者育成会の各自治体支部に広がっていった。

東京都内でも1960年代後半頃から保護者が行政に創設を働きかける，あるいは市区町村の「手をつなぐ親の会」（精神薄弱児をもつ親の会）会員等が「子育てサークル」的な活動を始める等，保護者が幼児グループ開設に携わる動きが見られるようになっていった。さらに1970年代に入るとこのような幼児グループへ各自治体によって公的支援がなされ，公立化するといった支援の充実も見られるようになっていく。それまで居住地域から離れた遠くの支援機関に通うことに伴う負担を軽減し，生活の場でもある地域で支援が受けられるケースが増加しはじめていくこととなった。今日の障害児支援における「地域支援」に相通じる考えに基づく支援が徐々にではあるものの，取り組まれ始めたのである。

前述の大阪ポニーの学校や東京の幼児グループ等の取り組みは都市部のみならず，福井県鯖江市の福井県精神薄弱者育成会鯖江支部による「ポニー教室」等，地方部でも確認でき，全国的な展開が見られはじめるようになる。

このような自由契約施設及び幼児グループによる障害乳幼児支援の動きは，国による「心身障害児通園事業」事業化により加速していくこととなる。心身障害児通園事業は「心身障害児通園事業について」（昭和47年児発第545号厚生省児童家庭局長通達）及び別紙「心身障害児通園事業実施要綱」に基づく事業であり，精神薄弱児通園施設または肢体不自由児通園施設を利用することが困難な地域において，精神薄弱，肢体不自由等の通園による指導になじむ幼児を対象として，20名を利用定員の標準とした通園事業である。この心身障害児通園事業は精神薄弱児通園施設等と異なり，障害種が限定されていなかったため，対象児数が少なく精神薄弱児通園施設等の設置が困難な比較的小規模な自治体でも事業実施が可能なケースが多く，障害乳幼児支援の場を創出する上で有効な方法の一つとなっていった。また国の心身障害児通園事業の認可はなされていないものの，同事業に類似した小規模の通園事業を行う自治体等もあり，それらは「類似事業」と呼ばれている。この心身障害児通園事業等はその後，1998（平成10）年度の「障害児通園（デイサービス）事業」，2003（平成15）年度「児童デイサービス事業」，そして2012（平成24）年度「児童発達支援事業」へと展

開している。

　この時期の障害乳幼児支援は，支援の重要性を認識した支援関係者や保護者の働きにより新たな支援の場が設けられ，その支援の場が増えていったと考えることができる。この支援の場は生活の場でもある地域での支援が重視され，こうした地域での支援の充実が児童発達支援事業へと引き継がれてきているのである。

## （3）保育所・幼稚園での障害乳幼児の受け入れと中央児童福祉審議会

　1960年代にわが国では池田勇人内閣による「人づくり」政策下での文教政策，施策による保育所，幼稚園拡充整備振興が図られていく。池田内閣の下では保育所，幼稚園の拡充整備による幼児教育の振興を図り，将来の日本及び日本の経済成長を支える人材育成が期されたのである。

　第2次池田内閣時に示された「第一次幼稚園振興計画（7カ年計画）」(1963-1970年）では趣旨の中で，「人間形成の時期は幼児期」にあることが示され，「将来の日本を担うに足る国民の育成」のために重要であることが記されている。つまり高度経済成長の下将来の人材育成の観点から幼児教育が重要視され，幼稚園の整備振興が図られるようになったのである。また同時期の1963（昭和38）年に文部省初等中等教育局長・厚生省児童局長共同通知「幼稚園と保育所との関係について」の中で，幼稚園の振興計画を強く打ち出したことも幼稚園整備を発展させた要因の一つであると考えられる。

　さらに第2次佐藤栄作内閣では「保育所緊急整備五カ年計画」が示され，日本各地で保育所も整備拡充された。これは高度経済成長下で女性（当時は婦人と呼ばれた）の雇用者数の増加が生じ，それに伴い保育所の設置要求が高まったことが大きな要因であった。また1970年代にかけ，保育所の設置だけでなく，乳児保育（零歳児保育），病児保育，夜間保育，延長保育（保育時間の延長）等の多様な保育形態へのニーズがさらに高まっていく。こうしたニーズの一つとして，障害児保育の要求も高まっていったのである。つまり社会における婦人労働者の増加と育児の社会化といった変化に応じる形で戦後日本では1960～1970年代にかけ保育所の整備拡充が進められていき，その中で障害児保育の要求も顕在化していったのである。

こうした障害児保育に関する要求が顕在化する中で，厚生省でも中央児童審議会で障害児保育のあり方に関する議論が進められた。その結果が中央児童審議会中間答申「当面推進すべき児童福祉対策について」（1973〔昭和48〕年11月），同審議会答申「今後推進すべき児童福祉対策について」（1974〔昭和49〕年11月）として示された。

　「今後推進すべき児童福祉対策について」では心身障害児に関して，「個人の尊厳にふさわしい処遇」の保障を指摘し，「障害の治療・軽減」，「障害児の人間形成，障害児を取り巻く生活諸条件の整備」という基本方針が唱えられている。そして，その基本方針に基づき早期発見・早期療育を充実させることが，重要課題に挙げられている。答申を受けた厚生省の対応が，1974（昭和49）年の「指定保育所方式」による保育所での障害児保育事業の実施と，次項で述べる通園施設の対象年齢通知の廃止である。

　このように1965（昭和40）～1973（昭和48）年までの萌芽期には，障害乳幼児支援の重要性の認識が社会で広まり，支援関係者や保護者の働きにより新たな支援の場が拡充していった。さらに1970年代には保育要求の一つとして障害児保育が顕在化し，1970年代後半にはその要求が障害乳幼児の受け入れという形で保育所において対応されるようになる。これらの支援の場の発展には，国の心身障害児通園事業，障害児保育事業化が大きな役割を果たしたといえる。つまり障害乳幼児支援の展開は，支援関係者や保護者の働きと行政の政策との関連性の中で，わが国の障害乳幼児支援が展開してきたと考えられる。

## 3　転換期①——1974～1990年

### （1）障害児保育事業実施要綱での制度化

　1974（昭和49）年12月厚生省より「障害児保育事業の実施について」（昭和49年児発第772号厚生省児童家庭局長通知）及び別紙「障害児保育事業実施要綱」が出され，保育所における障害児保育事業が始められた。

　同事業では「障害児保育事業は保育に欠ける程度の軽い心身障害を有する幼児（以下「障害児」という）を保育所に入所させ一般の幼児（以下「一般児」という）とともに集団保育することにより健全な社会性の成長発達を促進するなど

障害児に対する適切な指導を実施することによって，当該障害児の福祉の増進を図ること」が目的とされ，対象児童は「障害児保育事業の対象となる児童はおおむね4歳以上の精神薄弱児，身体障害児等であって，原則として障害の程度が軽く集団保育が可能で日々通所できるもの」と規定された。つまり，「おおむね4歳以上の精神薄弱児，身体障害児等」で「障害の程度が軽く集団保育が可能」な幼児を対象とした，障害児保育事業の制度化がなされたのである。

しかし，この1974（昭和49）年の要綱に基づく障害児保育事業は，前述のように対象が「4歳以上」と限定されていたこと，さらに障害児保育事業を行う保育所を指定して助成する「指定保育所方式」が採られていたこと等制限があった。そのため保育所で障害児保育を実施するにあたり制度設計が不十分との声が保育所から出されたことにより，1978（昭和53）年に「保育所における障害児の受け入れについて」（昭和53年児発第364号厚生省児童家庭局長通知）が示され，1974（昭和49）年の通知は廃止された。

「保育所における障害児の受け入れについて」では3歳児未満児の入所可能，「一般的に中程度まで」の障害児の受け入れ等の対象拡大が図られるとともに，「指定保育所」方式から，障害児の在籍児数等に応じて助成を行う「加算方式」へと改められた。この「中程度」の障害児の受入れ等の規定は，1980年代以降も「保育所における障害児の受け入れについて」（昭和55年児発第92号厚生省児童家庭局長通知）等へと引き継がれていく。

そして国が示した障害児保育事業実施要綱に基づき，都道府県，市区町村で保育所における障害児保育に係る体制整備が進められていく。国の基準に該当する障害児保育以外にも各地方自治体で独自に障害児保育に関する要綱が定められたり，障害児の「入所枠」の確立，拡充を行う園が増加したりと，制度整備がなされていく。その結果，全国的に障害乳幼児を受け入れ，障害児保育を実施する保育所が増加していく。表2-1のように1970年代後半に制度ができて以降，障害児保育実施保育所数，受け入れ障害児数ともに増加していった。以上のように，1970年代に保育所における障害児保育に関する国の助成制度が整備され，1980年代には保育所での障害児保育が広まっていくのである。

表2-1　全国保育所における障害児保育実施保育所数と該当障害児数の変遷

| 年　度 | 実施保育所数 | 障害児数 | 備　考 |
|---|---|---|---|
| 1974 | 18 | 159 | |
| 1975 | 26 | 263 | |
| 1976 | 40 | 390 | |
| 1977 | 47 | 507 | |
| 1978 | 595 | 1,107 | 53年度に限り経過的措置として指定保育所へも助成した。指定38ヶ所308名，新方式557ヶ所799名 |
| 1979 | 1,258 | 1,882 | |
| 1980 | 1,674 | 2,471 | |
| 1981 | | 2,618 | |
| 1982 | 2,328 | 3,447 | |
| 1983 | 2,576 | 3,711 | |
| 1984 | 2,721 | 3,848 | |
| 1985 | 2,984 | 4,251 | |
| 1986 | 2,916 | 4,132 | |
| 1987 | 3,217 | 4,599 | |
| 1988 | 3,589 | 5,113 | |
| 1989 | 3,415 | 4,868 | |
| 1990 | 3,779 | 5,341 | |

出所：田中謙「戦後日本の障害乳幼児支援の展開過程における福祉行政の動向――保育所に焦点を当てて」『教育経営研究』2(1)，2016年，36頁。

## （2）通園施設の整備

1970年代には保育所での障害児保育事業だけでなく，精神薄弱児通園施設，肢体不自由児通園施設（肢体不自由児施設通園部を含む），難聴幼児通園施設の三通園も整備されていった。

まず精神薄弱児通園施設は1957（昭和32）年児童福祉法改正（昭和32年法律第78号）により制度化されたが，制度化当時は「精神薄弱児通園施設」の対象児童は厚生省児童家庭局長通知（1957〔昭和32〕年6月20日）により，原則として満6歳以上の中程度の精神薄弱のある児童で，就学義務の猶予及び免除を受けているものとされた。そのため乳幼児は支援対象とならなかった。精神薄弱児

通園施設が就学前の精神薄弱幼児を支援対象とするのは，1974（昭和49）年の児童家庭局長通知（昭和49年児発第164号）により，前述の満6歳以上の年齢制限と，就学義務の猶予及び免除の要件を撤廃するという方針が示されて以降である。

　次いで肢体不自由児通園施設はもともと肢体不自由児施設において「肢体不自由児施設の通園児童に対する療育について」（昭和38年発児第122号）が通知されたことにより通園部門（肢体不自由児施設通園部）が設置された。その後1969（昭和44）年に児童福祉法改正（昭和44年法律第51号）により，児童福祉施設最低基準（現・児童福祉施設の設備及び運営に関する基準）（昭和23年厚生省令第63号）に規定され，独立した児童福祉施設の一つとして肢体不自由児通園施設が制度化された。

　3番目に難聴幼児通園施設は1975（昭和50）年に児童福祉施設最低基準に規定され，「難聴幼児通園施設の設置及び運営の基準について」（昭和50年発児第123号）で制度化がなされた。

　さらに1979（昭和54）年には「心身障害児総合通園センターの設置について」（昭和54年児発第514号厚生省児童家庭局長通知）が出されたことにより，都道府県，指定都市，中核市又は概ね人口20万人以上の市では精神薄弱児通園施設，肢体不自由児通園施設，難聴幼児通園施設のうち2つ以上を設置することが可能な心身障害児総合通園センターを設置して相談，検査，診断，療育指導等を総合的に行う通園体系を整備する地方自治体も見られるようになっていった。

　この精神薄弱児通園施設，肢体不自由児通園施設（肢体不自由児施設通園部を含む），難聴幼児通園施設の3種類の通園施設等が整備されたことにより，わが国では障害種に応じた通園体系が整備されたのである。そして心身障害児総合通園センターの設置により，特に大都市等では中核的な支援機関を整備して，「地域療育システム」等を構築する動きが生じていったのである。

### （3）大津市「大津方式」

　また，この時期になると障害乳幼児支援に関する先駆的地域がいくつか見られるようになる。その代表例が滋賀県大津市である。大津市の支援の特徴は，早期発見のための乳幼児健診制度等の母子保健体制整備を進め，障害の早期支

援のシステム整備を他の地域に先んじて確立してきた点にある。このシステム等は，その後多くの他の地方自治体や地域のモデルとなっていった。

　まず大津市の乳幼児健診制度は同市のシステムの中で「障害の発見から療育・保育につなぐ流れの中の最初の出会いの役割」を担っている。この健診制度において障害乳幼児に関心が向けられ始めるのは1958（昭和33）年からであり，「それまでの病気予防と栄養補給に比重をおいた消極的な健診」から，「『健やかさ』の中身として身体ばかりでなく，心にも焦点を当てるようと精神発達面の相談・指導を導入」することで「社会的子育ての窓口となるような健診」へと「大きな転換」を図ったのである。具体的には大津市衛生課が，滋賀県立近江学園や京都大学精神発達研究グループ，大津市医師会の協力を得て，精神発達に関する調査内容項目を加えたことである。翌1959（昭和34）年には，大津市，大津市医師会，大津市助産婦会，滋賀県小児医会，近江学園，京都大学，滋賀県立大津保健所，大津市社会福祉協議会等で構成される「大津市乳幼児健康管理委員会」を設置し，同委員会で乳幼児健診の精度を高める検討も行うようになった。

　さらに1965（昭和40）年には出生児一人一人の健康状態を記録するための「乳幼児管理票」の作成や，健診時期の見直し等の充実策を採用し，1971（昭和46）年には乳幼児健診の拠点となる「大津市民健康センター」が創設された。センターには小児科医，歯科衛生士，発達相談員等の専門職員が常勤配置され，これにより，「統一した基準と総合的で一貫したチームワークで乳幼児健診に臨むことができるようになった」という。こうした一連の乳幼児健診の制度改正を経て，全国の関心を集めた「障害乳幼児対策・1974年大津方式」（通称「大津方式」）が確立される。

　「大津方式」の特徴は，4カ月，10カ月，2歳，2歳6カ月，3歳6カ月と段階的に乳幼児健診を実施し，それぞれの時期において目的をもって継続的に体系的な健診を実施する体制を構築したことである。「大津方式」によるこの体系的な健診制度は翌1975（昭和50）年の早期対応に結びついていく。大津市では，1973（昭和48）年には「保育元年」として全国に先駆けて市内のすべての障害幼児の受け入れを療育機関や保育所で始め，1975（昭和50）年には「障害乳幼児対策・1975年大津方式」で，医療機関，療育機関，保育所，幼稚園等

が連携し，出生から小学校段階就学までの一貫した発達支援が可能になっていくのである。つまり大津市では，1973（昭和48）年には「保育元年」としてすべての障害幼児の早期対応を始め，「障害乳幼児対策・1975年大津方式」の確立で，1970年代半ばには健診による早期発見から保育所等での早期対応という一貫した支援体制が確立していったのである。

　1974（昭和49）～1990（平成2）年までの発展期には障害児保育実施の保育所，幼稚園が増加するとともに，精神薄弱児通園施設，肢体不自由児通園施設，難聴幼児通園施設，心身障害児総合通園センターの制度化がなされたことにより，心身障害児通園事業，類似事業も合わせて多様な障害乳幼児支援の場が整備されていった。そのことにより，それぞれの地域特性に応じて多様な支援の場を組み合わせ，体系的な支援体制の構築を図る地方自治体がみられるようになってきた。その中で特に注目されたのが滋賀県大津市の「大津方式」であった。そして大津市のような先進的な地方自治体の取り組みは他の地域に情報発信がなされ，各々の地域での支援体制の構築の際の参考となっていったのである。

## 4　転 換 期②——1991年～現在

### （1）「併行通園」の制度化

　1990年代に入ると，障害児保育を実施する保育所，幼稚園がますます増加し，精神薄弱児通園施設，肢体不自由児通園施設，難聴幼児通園施設の設置数も全国的に増加していく。その中で，保育所，幼稚園に入所し統合保育を受けながらも，精神薄弱児通園施設等の療育機関で専門的な支援を併せて受けたいという保護者の要求が高まってくる。

　また1990年代には自閉症，広汎性発達障害，注意欠陥多動性障害（ADHD），アスペルガー症候群等の発達障害（当時は「軽度発達障害」等とも称された）のある乳幼児への支援に関心が高まっていくとともに，その支援の必要性が叫ばれるようになっていく。これらの発達障害のある乳幼児は保育所，幼稚園での保育と療育機関で療育の双方を受けることで，より一層の発達が望める可能性が高いことが療育機関の職員等から報告されるケースが増加していった。そのため療育機関の職員等から保育所，幼稚園と療育機関の双方に通う「併行通園」

が可能な体制の構築が望まれるようになる。

　こうした状況を受け、厚生省は1998（平成10）年に「保育所に入所している障害をもつ児童の専門的な治療・訓練を障害児通園施設で実施する場合の取扱いについて」（児保第31号厚労省障害保健福祉部障害福祉課長・児童家庭局保育課長連名通知平成10年11月30日）を出し、保育所に入所しながら障害児通園施設（三通園）でのサービスも利用可能な並行通園が可能となった。今日では幼稚園、認定こども園の在籍児も条件を満たせば保育所入所児同様に並行通園が可能である。

　また2009（平成21）年には「『保育所に入所している障害をもつ児童の専門的な治療・訓練を障害児通園施設で実施する場合の取り扱いについて』の一部改正について」（平成21年雇児発第0331001号厚生労働省雇用均等・児童家庭局保育課長通知兼障障発第0331005号厚生労働省社会・援護局障害保健福祉部障害福祉課長通知）により、「児童デイサービス」（現・児童発達支援事業）に関しても同様に並行通園が可能であると示された。

　このような通知に基づき併行通園が可能となったことにより、保育所、幼稚園等で保育を受けながら療育機関で言語訓練やソーシャルスキルトレーニング（SST）等を受けることが可能となった。一方で障害乳幼児にとって2カ所への通所（環境の変化）にかかわる負担や、保護者の送迎等にかかわる負担が生じること、あるいは保育所、幼稚園での生活や遊び等が分断されてしまう可能性が生じること等の課題があることが指摘されている。今日においても、これらの課題の克服は十分なされておらず、保育所、幼稚園と療育機関、行政等で連携して改善に取り組んでいくことが求められている。

## （2）障害児支援の強化と特別支援教育
### 1）障害児支援の強化

　1993（平成5）年12月6日に厚生省中央児童福祉審議会心身障害児（者）合同部会での「障害児施設体系の見直し」議論が始まり、1996（平成8）年3月29日の厚生省児童福祉審議会は「障害児の通園施設の在り方について」を意見具申した。「障害児の通園施設の在り方について」では、「現在の障害種別に分けられた通園施設体系は専門性の高い指導を提供するという点では大きな意義

があった」と評価したものの，「障害種別が違えば身近なところで療育が受けられない弊害」「重複する障害児等に対する処遇体制が十分整備されていない」「心身障害児通園事業（児童デイサービス事業）や重症心身障害児通園モデル事業などとの役割分担が明確でなく通園施設のもつ専門的な療育機能が地域療育の質の向上に活かされていない」等の課題を指摘し，三通園を「機能統合」，つまり障害種別の機関から障害の種類を問わない「一本化」する方向性が提示された。

　この方向性は，2005（平成17）年「障害者の日常生活及び社会生活を総合的に支援するための法律（障害者自立支援法）」（平成17年法律第123号）の制定を経て，2008（平成20）年3月から7月まで11回にわたって厚生労働省において「障害児支援の見直しに関する検討会」が催され議論がなされた。そして2008（平成20）年7月22日に出された「障害児支援の見直しに関する検討会報告書」において「障害種別による区分をなくし，多様な障害の子どもを受け入れられるようにしていく通所施設の一元化の方向で検討していくべきである」こと，「障害児通園施設が複数の市町村ごとに設置され専門的療育の機能を果たしているとともに，児童デイサービスが各市町村ごとに設置され地域に密着した療育機能を果たしていることを踏まえ，一元化の在り方について検討していくことが必要である」ことが示された。

　この報告書等を受け，「障がい者制度改革推進本部等における検討を踏まえて障害保健福祉施策を見直すまでの間において障害者等の地域生活を支援するための関係法律の整備に関する法律（障害者総合支援法）」（平成22年法律第71号）が制定され，「障害児支援の強化」として「児童福祉法を基本として身近な地域での支援を充実」させるため，「障害種別等で分かれている施設の一元化」が示された。同法を受け児童福祉法が改正され，障害児通園施設及び児童デイサービス等は児童発達支援に再編され，「児童発達支援センター」「児童発達支援事業」が制度化された。

　2）特別支援教育

　幼稚園における特別支援教育に関しては，2005（平成17）年12月8日の中央教育審議会答申「特別支援教育を推進するための制度の在り方について」の中で「幼児段階での早期発見・早期支援が重要であること」が指摘され，「幼稚

園及び保育所との連携を考慮しながら，幼児段階における特別支援教育の推進の在り方についても検討が必要」なことが示された。そして「学校教育法等の一部を改正する法律」（平成18法律第80号）の制定に伴い学校教育法が改正され，2007（平成19）年4月1日から特別支援教育が制度化された。

特別支援教育の制度化に伴い2008（平成20）年3月に告示された幼稚園教育要領で，障害幼児については必要に応じた「個別の教育支援計画」「個別の指導計画」の作成，障害の状態等に応じた指導内容・方法の工夫等を計画的，組織的に行うことが記された。さらに2008（平成20）年7月に文部科学省設置「特別支援教育の推進に関する調査研究協力者会議」において「幼稚園，小学校，中学校，高等学校及び特別支援学校等における特別支援教育の推進体制の整備」「乳幼児期から学校卒業後までの一貫した支援」等の検討の必要性が示され，翌2009（平成21）年2月調査研究協力者会議発表「特別支援教育の更なる充実に向けて（審議の中間とりまとめ）――早期からの教育支援の在り方について」で幼稚園に関して「実態把握」「校内委員会の設置」「特別支援教育コーディネーターの指名」等の基本的な体制整備を早急に図ること，「私立幼稚園を含む各幼稚園における障害のある幼児に対する指導力の向上や支援の充実等，幼稚園における特別支援教育を推進していくことが強く求められる」と述べられた。

このように幼稚園における特別支援教育の体制整備の重要性が指摘され，「校内委員会の設置」「特別支援教育コーディネーターの指名」等が推し進められているものの，2008（平成20）～2015（平成27）年度の「特別支援教育体制整備状況調査」の結果では，小学校，中学校に比べて幼稚園は依然として体制整備に遅れがみられる状況にある。幼稚園における特別支援教育は小学校，中学校，高等学校，大学等一貫した教育支援体制を構築していく上で重要な第一歩となるため，より一層の充実が求められている。

注
(1) 文部省『学制百年史　記述編』文部省，1972年。
(2) 高見節子・猪平眞理「盲学校における幼児教育の歴史と今後の課題――国立の盲学校における『初等部予科』からの発展をふまえて」『日本保育学会大会研究論文

集』(54), 2001年, 374-375頁。
(3) 吉益脩夫・村松常雄「昭和12年度東京市不就學兒童の精神醫學的調査」大泉溥他著『障害児実態調査の戦前と戦後』クレス出版, 2010年.
(4) 恩賜財団母子愛育会五十年史編纂委員会編『母子愛育会五十年史』社会福祉法人恩賜財団母子愛育会, 1988年, 370頁。
(5) 河合隆平・高橋智「戦前の恩賜財団愛育会愛育研究所『異常児保育室』と知的障害児保育実践の展開」『東京学芸大学紀要　第１部門教育科学』56, 2005年, 179-199頁。
(6) 恩賜財団母子愛育会五十年史編纂委員会編, 前掲書, 370頁。
(7) 恩賜財団愛育会愛育研究所『異常児保育の研究（愛育研究所紀要・教養部第三輯）』目黒書店, 1943年。
(8) NHK厚生文化事業団編『精神薄弱児のために――サムエル・カーク博士講演集』日本放送出版協会, 1966年。
(9) 同前書。
(10) 全日本特殊教育研究連盟・日本精神薄弱者愛護協会・全日本精神薄弱者育成会共編『精神薄弱者問題白書 1972年版』日本文化科学社, 1972年, 174-179頁。
(11) 全日本特殊教育研究連盟・日本精神薄弱者愛護協会・全日本精神薄弱者育成会共編『精神薄弱者問題白書 1968年版』日本文化科学社, 1968年, 137頁。
(12) 田中謙・渡邉健治「戦後日本の障害幼児支援に関する歴史的研究――1950年代～1970年代前半の幼児グループの役割を中心に」日本特別ニーズ教育学会『SNEジャーナル』17(1), 2011年, 105-128頁。
(13) 同前書, 121-123頁。
(14) 全日本特殊教育研究連盟・日本精神薄弱者愛護協会・全日本精神薄弱者育成会共編『精神薄弱者問題白書　1970年版』日本文化科学社, 1970年, 87頁。
(15) 田中謙「戦後日本の障害乳幼児支援の展開過程における教育行政の動向――幼稚園および養護学校幼稚部に焦点を当てて」山梨県立大学人間福祉学部教育経営研究室年報『教育経営研究』1(1), 2015年, 45頁。
(16) 同前書, 45頁。
(17) 岡田正章・久保いと・坂元彦太郎・宍戸健夫・鈴木政次郎・森上史郎編『戦後保育史　第二巻』フレーベル館, 1980年, 288頁。
(18) 岡田正章・久保いと・坂元彦太郎・宍戸健夫・鈴木政次郎・森上史郎編『戦後保育史　第一巻』フレーベル館, 1980年, 318頁。
(19) 厚生省『厚生白書 昭和51年版』東洋経済新報社。
(20) 「大津の障害児保育」編集・作成委員会編『大津の障害児保育――20年の歩み』大津市福祉保健部保育児童課, 1994年, 6頁。
(21) 同前書, 5頁。

(22) 同前書, 5頁。

**参考文献**
鯨岡峻編『障害児保育 第2版』ミネルヴァ書房, 2013年。
柴崎正行「わが国における障害幼児の教育と療育に関する歴史的変遷について」『東京家政大学研究紀要』42(1), 2002年, 101-105頁。
田中謙「日本における障害児保育に関する歴史的研究——1960〜70年代の「園内支援体制」に焦点を当てて」日本保育学会『保育学研究』51(3), 2013年, 307-317頁。

──── 学びのポイント ────

- 戦前から戦後にかけて, 先駆的に取り組まれていた障害乳幼児支援が, どのように発展していったのかに着目して学習しよう。
- 保育所, 幼稚園での障害児保育と児童発達支援センター等の専門機関での療育とが, どのような関係性を有しているのかに着目して学習しよう。

──── さらに考えてみよう・みんなで議論してみよう ────

- 障害乳幼児支援は各地方自治体ごとに展開過程の特徴が異なっている。自分の住んでいる地方自治体の障害乳幼児支援の歩みを調べてみよう。
- 近年, 発達障害のある乳幼児の支援が各地方自治体で取り組まれている。自分の住んでいる地方自治体の保育所, 幼稚園, 専門機関等で, どのような支援がなされているのかについて調べてみよう。

# 第3章　障害の概念

## 1　保育所・幼稚園の子どもに多くみられる障害の種類と特徴

　近年，高機能自閉症やアスペルガー症候群等の発達障害についてはよく知られるようになってきた。しかし，発達障害が基で二次的な障害が起こるケースがある。発達障害児への対応を誤まり，子ども自身が心を病んでしまったり，ネグレクト，身体的虐待等の児童虐待が原因で反応性愛着障害になるケースもある。支援者の関わりいかんによっては，子どもの成長・発達に歪みが出てきてしまい，そのことに周囲の大人は気がつかないまま大人になると，歪んだ心を青年期以降も引きずり，心身のアンバランスな状態は社会に受け入れられるまでに時間がかかり，場合によっては社会から排除されてしまうことさえある。そのため，支援者は，障害についての適切な知識と十分な配慮を必要とし，ライフステージごとの発達課題を充足していくことが望ましい。

　「保育所保育指針」によると，障害児の保育については，一人一人の子どもの発達や障害の状況を把握し，指導計画の中に位置づけて，適切な環境の下で他の子どもとの生活を通して，両者が共に健全な発達が図られるように努めること。この際，保育の展開にあたっては，その子どもの発達の状況や日々の状態によっては指導計画にとらわれず，柔軟に保育することや職員の連携体制の中で個別の関わりが十分とれるようにすること。また家庭との連携を密にし，親の思いを受け止め，必要に応じて専門機関からの助言を受けるなど適切に対応すること，と記載されている。このことからも，障害児の「障害」特性や個別性を十分理解しておくことが不可欠であり，今の子どもの姿から将来への可能性を引き出せるように努める必要がある。

　保育所や幼稚園で増えている障害の種類と特徴については，以下の通りである。

## （1）脳性麻痺

### 1）原　　因

遺伝的要因や脳奇形，仮死状態での分娩等によることが多いが，原因ははっきりしないこともある。出生後の乳幼児健康診断時に，運動発達の異常で発見されることが多い。

### 2）特　　徴

主な症状として，①運動発達の遅れ，②異常な運動と姿勢，③胸郭（きょうかく）が変形して関節が硬くなる，の３つが挙げられる。生後６カ月頃までは，首の座りが遅く，反り返りが極端に強い。また，哺乳が極端に困難で，原始反射が幼児期になっても消えないことがある。運動機能障害が顕著で，興奮・緊張時に異常な姿勢となり，手足が動きにくく突っ張る，「はいはい」やつかまり立ちができない等，安定した歩行が困難となる。

## （2）ダウン症候群

### 1）原　　因

ダウン症の多くは，体細胞の21番目の染色体が１本多いため，染色体が３本あることが原因となって起こる生まれつきの病気である。正式名称はダウン症候群といい，医学用語ではダウン症候群のことを21トリソミー（トリというのは３のこと）という。

### 2）症　　状

特有の顔立ちが特徴で，精神発達の遅れや心臓疾患や運動機能に合併症が起こることがある。そのため，マラソン等の激しい運動を行う場合には，必ず医師の診断が必要である。また，斜視，白内障，近視・遠視，乱視といった屈折異常等，視力の障害が見られることもある。ダウン症は言語発達が遅れ気味であるが，難聴ゆえに発語が困難な場合もある。ダウン症の子どもは，しばしば頑固と言われることがある。これは，ダウン症特有のコミュニケーション能力や情動認知能力の不足からきているため，理解した言葉と言いたい言葉にギャップが起こったり，一時的な好き嫌いの感情が現れることがある。しかし，性格的なことには個人差がみられ，明るく社交的であったり，他者に対して率直な愛着を示す子どもも多い。

第 3 章　障害の概念

表 3-1　麻痺病型の分類と症状

| 病　型 | 症　状 |
|---|---|
| 痙直型 | 筋緊張亢進[1]し，常に突っ張った姿勢をとる。動作はぎこちない。知的障害や言語障害を伴うことがある。 |
| アテトーゼ型 | 不随意運動[2]が特徴である。歩行障害のほか，筋緊張による言語障害（構音障害）が多くみられる。知的障害を伴うことは少ない病型である。 |
| 失調型 | 協調運動[3]および平衡機能の障害といわれ，なめらかな動きができず，ふらふらして手足の動きが定まらないため，物を拾うことが困難である。 |
| 混合型 | さまざまな病型が混ざった型で，四肢麻痺の場合に多く見られる病型である。 |

注：(1) 筋の緊張が異常に高まることで，脳性麻痺，脳卒中などの中枢神経系の障害に多く見られる。重度の障害では，全身の筋肉が突っ張り，自分ではコントロールできなくなる。逆に，筋緊張低下は，進行性筋ジストロフィー，頸髄損傷などがみられる。
　　(2) 自分の意思とは無関係に手足が動いてしまい，自分の力では動きを制御できない運動である。
　　(3) 目的にあったスムーズな運動のこと。協調運動が欠如（失調）して，筋肉のバランスに異常をきたすと，ぎこちない不安定な動作となる。
出所：野村敬子『はじめて学ぶガイドヘルプ　第 2 版――当事者とともに伝える支援の方法』みらい，2013年。

### （3）自閉症スペクトラム

　保育所や幼稚園に通う子どもの中には，健常児に加えて，障害認定を受けたいわゆる障害児（身体障害児，知的障害児）と，その他に，特定の診断名がつかない障害を疑われる子どもたち，いわゆる気になる子どもが増えてきている。最近よく耳にする広汎性発達障害は広汎に特異行動が見られる場合に診断されることが多いが，これは，2013（平成25）年からアメリカ精神医学会の診断統計マニュアル（DSM-5）または，WHO の ICD-10（国際疾病分類第10版）診断基準に基づくことが多い。
　スペクトラムというのは，日本語でいうと連続体という意味である。つまり，自閉症に関連する障害をひとまとめにしてとらえるという考え方を自閉症スペクトラムという。自閉症に似ている状態像をひとくくりにしてとらえるため，知的な遅れが伴う自閉症，知的な遅れを伴わない高機能自閉症，言葉の遅れが見られないアスペルガー症候群等をひとまとめにして呼んでいるのである。高機能自閉症，アスペルガー症候群等の病名をカテゴリー別にみていったとしても，どれも若干の違いはあるものの，強いこだわりや対人関係の困難さ等をもちあわせている。DSM-5 では，自閉症スペクトラム障害の中に，アスペル

ガー症候群という診断名がなくなった。以下は、自閉症スペクトラムの診断基準である。

1）社会性の障害

まったく泣かず表情を変えないため、保育者にとっては手を煩わされることがなく、とても育てやすいと感じる。反面、癇癪(かんしゃく)を起こして駄々をこね、保育者が休まる暇がないほど、手こずらされることがある。育てやすさ、育てにくさが健常児と比べると極端であることが挙げられる。

自閉症の場合、人と情緒的な関係を結ぶことが苦手であるため、人から声をかけられても、相手の方に視線を向けることをしない。また、マイペースで自分のペースを乱されると癇癪を起こし、介入を極端に嫌う。そのため、社会のルールに従わず、自分勝手なルールをつくって、自分勝手な判断で遊ぶことが多い。

2）コミュニケーションの障害

通常、赤ちゃんは抱っこをせがむことが多いが、自閉症の赤ちゃんは抱っこをあまり好まないことが多く、抱っこをしようとすると身体を反り返して抵抗する姿が見られる。また、1歳前後から指差しによって、保育者が指さす方向を見たり、指を指して自分の見ているものを相手に知らせたりできるようになる。自閉症のある子どもは、保育者の指さす方向は見ることができても、保育者が示していることの意味を理解できない。また、自分が欲しいと思った物を指差しで示すのではなく、保育者の手をとって物を拾わせようとすることがある。これはクレーン現象といって、この現象が見られる場合は、発達障害が疑がわれる。

3）想像力とそれに基づく行動の障害（こだわり）

物事を計画立てて、見通しをもった生活をすることができない。また、常同行動を繰り返し、決まったルールに従って、いつもと同じ行為を繰り返すことがある。新しいことには目を向けようとしなかったり、夢中になっている遊びがあると、次の活動に行動を移すことが難しく、行動の切り替えが苦手である。

（4）ADHD（注意欠陥多動性障害）

前述のDSM-5の診断基準によると、DSM-Ⅳでは、ADHDは子どもの反社

会的・非適応的な問題行動を特徴とする「破壊的行動障害の一種」とされていたが，DSM-5 では，「脳の機能障害を前提とする発達障害の一種」として認定されることになった。DSM-5 では，青年・成人でも発症することがあるという，どの年代の人でもなり得る障害であることを強調している。基本症状は，①不注意 ②多動性 ③衝動性の3つである。多動・衝動性が中核となるタイプを多動性・衝動性優勢型，不注意が中核となるタイプを不注意優勢型，両方の症状がそれぞれ顕著にみられるタイプを混合型としている。診断基準は以下の通りである。

① 多動性・衝動性優勢型

話し出すと途中でやめられない，一方的に話す，落ち着いて静かに座っていることが苦手である，貧乏ゆすり等の身体を動かすクセが抑えられない，衝動的に不適切な発言をしてしまう。

② 不注意優勢型

集中力が散漫である，人と約束した時間を守れない，忘れ物が多い，作業を最後まで終えることができない。

③ 混合型

前述の2種類に見られる症状が混合しており，早期発見されやすい。

### (5) LD（学習障害）

全般的な知的発達には遅れがないが，聞く，話す，読む，計算するまたは推論する能力のうち特定のものの習得と使用に著しい困難を示す。診断基準は以下の通りである。

① 「聞く」

聞き間違いや聞きもらしがある，個別に言われると聞き取れるが，集団場面では難しい，指示の理解が難しい，話し合いの流れが読み取れず話し合いに入るのが難しい。

② 「話す」

適切な速さで話すことが難しく言葉につまったりする，単語を羅列したり，短い文で内容的に乏しい話をする，思いつくままに話す等，筋道の通った話をするのが難しい。

③ 「読む」
　文中の語句や行を抜かしたり，繰り返し読んだりする，音読が遅い，「いきました」を「いました」と読んだり，「たべました」を「たました」のように勝手読みがある，文章の要点を正しく読み取ることが難しい。
④ 「書く」
　字の形や大きさが不揃いで，まっすぐに字を書けない，独特の筆順で書く，漢字の細かい部分を適当に書くため，書き間違える，句読点が抜けたり，正しい場所に打つことができない，決まったパターンの文章しか書かない。
⑤ 「計算」
　学年相応の数の意味や表し方についての理解が難しい（たとえば，三千四十七を300047や347と書く。分母の大きい方が分数の値として大きいと思っている等），簡単な計算や暗算ができない，計算をするのにとても時間がかかる，答えを得るのにいくつかの手続きを要する問題を解くのが難しい（たとえば，四則混合の計算，2つの立式を必要とする計算等），学年相応の文章題を解くのが難しい。
⑥ 「推論」
　学年相応の量を比較することや，量を表す単位を理解することが難しい（たとえば，長さやかさの比較。「15cmは150mm」ということ等），学年相応の図形を描くことが難しい（たとえば，丸やひし形などの図形の模写。見取り図や展開図等），事物の因果関係を理解することが難しい，目的に沿って行動を計画し，必要に応じてそれを修正することが難しい，早合点や，飛躍した考えをする。

**（6）反応性愛着障害**
　一般に乳幼児は，母親から離れた時やいつもと違う環境におかれると，不安感や恐怖感を感じ，母親や養育者に近づくことで安心感を得ようとする。乳幼児にとっては，これが当たり前に起こる反応であり「乳幼児の愛着行動」と呼ばれる。そして，乳幼児は養育者との間で安心感のある愛着関係を繰り返し体験することで，養育者以外の人に対しても安心感を獲得していくことができる。
　しかし，乳幼児期に母親など愛着関係をもつべき養育者が存在しない場合や，養育者が近くにいても情緒的関わりがもてず子どもの要求を無視したり，身体的に暴力を繰り返したりという，不適切な養育態度が継続的に続くと，乳幼児

の情緒的，精神的発達を阻害する反応性愛着障害を引き起こす。

反応性愛着障害は，抑制型愛着障害と脱抑制型愛着障害とに分けられている。

### 1）反応性愛着障害の分類

抑制型愛着障害とは，対人的な関わりにおいて，適切な形で開始したり反応したりできない状態が改善されない事を指す。それは過度に抑制された，非常に警戒した，または非常に両価的で矛盾した反応という言動を取る（例：子どもは世話人に対して接近，回避，及び気楽にさせることへの抵抗の混合で反応する。または固く緊張した警戒を示す）。

脱抑制型愛着障害とは見境なく人に接し，適切で選択的な愛着を示す能力が著しく欠如しており，無分別な社交性に基づく言動を取る（例：あまりよく知らない人に対しての過度のなれなれしさ，または愛着の対象人物選びにおける選択力の欠如）。

### 2）特　　徴

周囲の変化についていけず，よく混乱する。内的世界の整理ができにくく，心理的に混沌とした状態にあることが多い。また，「自分のいる状況が認知できない」「どう振るまえばよいかわからない」という不安から思考停止に陥りやすい。他人の状況や意図，変化がとらえられないために，場違いな行動をとってしまう。状況のストーリーが読めない，追えない，先が見えないことから，気持ちが不安定になりやすい。

過敏に心が反応するのも特徴の一つである。他人から注意されたり，とがめられることが多く，自信を失いやすい。また，衝動がこみ上げ行動をコントロールできない等，自分では抑えられない。周囲の変化や動きに振りまわされることを嫌う。些細な圧力や不可解さに耐えられず，すぐに逃避する。外傷や不快な痕跡ができやすく，フラッシュバックの原因となりやすい。

繊細な感覚反応，感情変化が起きやすく，不安が生じたり動揺しやすく，そのことの解消のためにパターン化された行動やこだわり等をもつ。人混みや場の緊張に耐えられない。

## 2　支援者の視点

障害の有無に関係なく，子どもの発達過程に関わる支援者と支援される者と

がお互いに安定した気持ちで,対象児が主体的・自律的に生活改善ができるように心がけることが重要である。障害児をもつ家族においては,発達の遅れを認められない,認めたくないという思いがあることを理解し,決して障害をマイナスイメージでとらえずに,家族の立場や状況を尊重するとともに,すべての子どもたちの潜在能力に目を向けていく視点が大切である。そのために,本人の能力や心身機能に目を向け,生きる力の向上を目指していくことが重要となる。

　生まれつき障害のある身体障害児や知的障害児であっても,親子の関係性が十分構築されている場合には,二次障害を引き起こさず,情緒的に安定した発達をみることができる。発達障害の場合には,外見では「障害」かどうか判断がつきにくいことがあるため,家族は「少し変わった子ども」ととらえ,発達過程における適切な支援の時期を見失う可能性がある。

　自閉症の症状形成過程は,脳の機能障害があることから生じる多様で個別性の多い行動特性が起こる。そして,発達の過程においてさまざまな心理面での要素が加わっていくことで,それぞれの年齢段階に特有な症状を形成していく。この症状形成過程において,自閉症の子どもは,家族に対して自発行動を示すことが少ないため,周囲との愛着形成が難しくなっていくことが考えられる。そのため,発達障害児は,症状形成過程にさまざまな要因が加わり,子どもの成長・発達について周囲から誤解されることが多い。

　また,誤った対応により二次障害を発現させ,登園拒否,登校拒否に至るケースもある。したがって,「障害」と判定される以前の「発達が気になる」段階から,身近な場で家族が抵抗感なく支援を受けられるような環境整備と障害児にわかりやすい保育内容・指導方法により障害特性に応じた個別の配慮が特に求められる。そのため,その子どもの生活面での能力,遊びや学習面での能力,運動・言語・知的機能等の身体機能面での能力をアセスメントし,個別に目標設定を行い,その上で本人の潜在能力を引き出していく支援を行うべきである。

## 3　障害のとらえ方

### (1) 一般的な障害の概念

「障害」とは,『広辞苑 第6版』によると「さわり, さまたげ, じゃま」を意味し, 一般的には, どうしても否定的な意味にとらえられがちである。実際には障害者は「さまたげになる人」ではなく, むしろ, 身体的・精神的・物理的環境・人の意識・制度・サービス等による「さまたげ」により負担を受けている人とみるのが正しい。

病気やけがは治療すれば治るものが多いが, 障害は人間が社会生活を営んでいく上で必要とされる能力が回復しないために, 長期間において生活に不自由を生じることと解釈できる。しかし, 不自由を生じてしまうが, 決して自律した生活が不可能になることではないのである。

障害のとらえ方をマイナス面からとらえるのではなく, プラス面でとらえ直すことで, 潜在的能力を引き出すことができ, 自己実現を目指したその人らしい生き方を可能にする。

### (2) ICIDH による障害のとらえ方

1980年, WHO (世界保健機関) は, 1981年の国際障害者年に先立って「ICIDH (国際障害分類)」を発表した。ICIDH モデルは, 1981年の国連国際障害者年の世界行動計画の基本理念として採択された。ICIDH では, 障害を「機能障害」「能力障害」「社会的不利」の3つに分類している (図3-1)。具体的には,「機能障害」とは, 先天的に障害をもって生まれてきた場合や生まれた時は健常であっても, 事故や大病によって, 身体の形態が欠損, あるいは身体機能不全または機能障害を起こした場合に, 脳機能が阻害されることである。そして, そのために活動能力や生活能力が低下することが「能力障害」である。たとえば, ご飯が飲み込めなくなったり, 足に力が入らず立ち上がれなくなったり, 発語ができなくなったりすることである。そして, そのことがさらに, 社会生活を営む上で, 就職や恋愛, 結婚などにおいて, 何らかの不利益を被ることが社会的不利とされている。このモデルは, 機能不全, 能力低下, 社会的

病気・病変 ━━▶ 機能障害 ━━▶ 能力障害 ━━▶ 社会的不利
(Disease or disorder)　(Impairment)　(Disability)　(Handicap)

**図3-1** ICIDH（国際障害分類）による障害構造モデル
出所：上田敏「WHO国際障害分類改定の経過と今後の課題——ICIDHからICFへ」『理学療法ジャーナル』36(1)，2002年，5-11頁。

不利という否定的な印象を与え，生活機能低下の発生・進行の因果関係が単一方向としてとらえられ，障害をマイナス面からとらえていることが特徴となる。

### （3）ICFによる障害のとらえ方

ICFモデルでは，障害を肯定的にとらえている。具体的には，機能障害は「心身機能・構造」に，能力障害は「活動」に，社会的不利は「参加」に表現が変わり，「活動」を制限したり，「参加」を制約することこそ，障害を助長するという観点から障害をとらえている。

たとえば，障害者は，介助しないと食べられない，手を貸さないと排泄できない，というように「能力が低い」だから「助けてあげる人」とはとらえない。箸では食べられないけれど，スプーンやフォークを準備すれば自分で食べることができるのではないか，ベッドの近くに簡易トイレを置けば手すりを使って一人で排泄ができるのではないか，というように，今の活動能力を考え適切な支援をすれば，今以上にできることが増えるのではないか，と考えることがプラス面に目を向けた支援となる。つまり，「できる可能性のある能力」に着目して潜在能力を引き出していく視点が大切となる。

また，ICF（国際生活機能分類）では，「環境因子」と「個人因子」がモデルの中に加えられ，障害の発生や生活上の不便さの変化に「環境因子」と「個人因子」が影響すると考えて支援を行っていく重要性を明示したことが特徴となっている。「環境因子」とは，暮らしの中の物理的な環境や社会的な環境，人々の暮らしの中の社会的な態度による環境を構成する要因がこれに当たる。具体的に示すと，両足の不自由な人が自宅からスーパーマーケットに出かけるためには，自宅の中の段差が障壁になり，両足の代わりの車椅子を押す支援者が必要となる。支援者の車でスーパーマーケットに着いたら，障害者用の駐車場に停車させてもらう。つまり，この場合の「環境因子」とは，自宅内の段差，歩行支援する介支援者，障害者用の駐車場ということになる。

「個人因子」とは，年齢，性別，人種，職業，社会的地位や身分，生活習慣，人生体験など，健康状態にも障害にも属さない特徴のことで，障害に関して改善していかないといけないことは，個人の障害の改善ではなく，その人の特徴等との関連も含めて個人を理解していくことが大事な視点となる。

ICFでは，環境因子である社会のバリアや生活のバリアを，支援者が個人因子である個性や生活の仕組みや健康状態を考慮しながら，「○○すればできるのではないだろうかと考えられる可能性のある活動」「○○すればできるのではないだろうかと考えられる可能性のある（地域）参加」へ導いていけるように支援することを重視している。この考え方の根底には，一人一人が本来もっているすばらしい潜在能力を見出し，顕在化させていくエンパワメントアプローチが大変重要になる。このことは，子どもたち自身，気づいていない潜在能力を支援者が引き出していくことになり，環境因子である支援者の力量がとても重要になってくる。

「活動」の概念には，朝起きてから夜寝るまでに行う生活行為すべてが含まれる。起き上がり方，立ち上がり方，歩行の仕方，行動の仕方等，身の回りのことはもちろん，遊び，学習等あらゆる生活行為が含まれる。「参加」については，集団活動，個別活動，行事への参加はもちろんのこと，生活の質をよりよくしていく趣味や楽しみ，役割をもつこと等，生活の幅が広がることがすべて含まれる。

しかしながら，健康状態の変化によって生活機能が変化することが十分考えられるので，支援者は，既往歴，現病歴はもちろん，日々の健康変化に合わせて支援を行うことが前提となる。発達期にある子どもの場合には，個別的な発達課題が存在するため，発達課題を無視することは成長発達を歪めてしまうことにつながり，障害原因や健康状態を十分把握した上で，個別性を十分に考慮しながら必要な支援については，優先順位をつけていかなくてはならない。急性期のケガ・疾病の場合には，活動・参加を制限したり，制約させないためにも，専門家によるリハビリテーションや治療を最優先に行うことが必要となる。そのため，関係機関や支援者，家族連携は安全な健康生活を送るためには欠かせない視点となる。

ICFでは，生活機能における「活動」を実行状況とと能力の2つの側面に

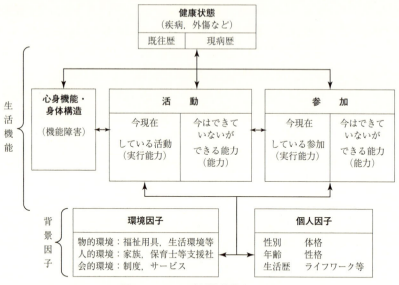

図3-2 ICFの生活機能構造モデル

出所：世界保健機関，厚生労働省社会・援護局障害保健福祉部編『国際生活機能分類——国際障害分類改訂版（ICF）』2002年，17頁。

分けてとらえて支援していくことが基本である。そのため，単に日々行っているADL（生活動作）だけに目を向けるのではなく，個人のもつ生活環境や性格，気力などの個別性や障害・疾病の状態等から，今はできていないが，適切な支援によってできそうなことを検討して，可能な範囲で自立的生活が送れるように目標設定をして支援していく。この場合，生活全体をICFの枠組みに合わせて情報収集を行い，適切なアセスメントを行うことが最も重要となる。その上で，具体的な援助計画を立てていくことになる。次節では，ICFのモデルに基づく，支援計画を，事例を踏まえ解説する。

## 4 事例にみるICFモデルに基づく支援計画

### （1）事例概要——自閉症のAちゃん[1]

Aちゃん（5歳）は自閉症と診断されている。軽度の知的障害があり，療育手帳をもっている。家族構成は，両親とAちゃんの3人暮らしである。Aちゃ

第3章 障害の概念

**健康状態**
現病歴：自閉症・多動傾向あり

**心身機能・身体構造**
- IQ 70
- 内臓疾患などはなし
- 身体機能は良好

〈行動面〉
- 落ち着きがない
- こだわりが強い

〈言語〉
- 言葉は年齢相応の発達をしているが、一方的な『やり-とり』が多い

〈社会性〉
- 協調性が乏しく友だちと遊ぶとトラブルが多い

**活　動**

〈している活動〉
① 排泄：オムツは外れているが時々、日中、夜間帯におもらしをする。
② 食事：箸を握ることはできるが、上手に使えない。手でつかんで食べる。
③ 更衣：前と後ろは理解しているが、確認することができないため、一人で衣類を着ると、前後ろが逆になっている。
ボタンを留めることはできるが、段違いに留めてしまう。
靴は履けるが、右と左の間違いが多い。
衣類をきちんとたためないので丸めて片づけている。
④ 移動：走ったり飛んだりはできるが、人の話に集中できないため、人が話している途中で部屋から外へ出ていってしまうことがある。5分間であれば集中して話を聞ける。
⑤ コミュニケーション：年齢相応の言語能力がある。
5分間であれば集中して話を聞ける。
一方的な『やり-とり』が多い。
気付いたことをすぐ口にしてしまう。
「バカ」「デブ」「ブス」等 大声で言う。

〈できる活動〉
① 人が多く集まる場所では小さな声で叫ぶ。
② 人と『やり-とり』が成立する。
③ 前後ろ間違えずに衣類を着ることができる。
④ 靴を左右間違えないで履くことができる。
⑤ 友だちと良好な関係を構築する。

**参　加**

〈している参加〉
① 毎日、近くのスーパーマーケットに買物に行っている。
② 保育所、児童発達支援に休まず通っている。
③ 友だちと一緒に遊べない。一人遊びが多い。

〈できる参加〉
① スーパーマーケットの中では人に迷惑をかけない。
② 友だちが遊んでいるところに自分が入っていける。

**環境因子**

物的環境：自宅から徒歩5分のところにスーパーマーケットがある。
人的環境：両親と3人暮らし。
社会的環境：保育所、児童発達支援を利用。

**個人因子**

Aちゃん　5歳　男の子
性格：甘えん坊、こだわりが強い。
　　　気になるとしばらく気になった物をいじっている。
　　　人の言うことを聞こうとしないため、自分の判断で行動する。
　　　怒られると、癇癪を起こす。
　　　医学書・ジャガリコ・母親をこよなく愛している。

図3-3　ICFを用いた具体例（Aちゃんの事例）
出所：筆者作成。

んの自宅から徒歩5分のところに大きなスーパーマーケットがある。Aちゃんは，自宅から自転車で10分くらいの距離にある保育所に通っている。そして，15時から18時まで児童発達支援を利用している。毎日，児童発達支援から自宅に戻る途中，お母さんと一緒に買い物に行くことが日課となっている。Aちゃんは，スーパーマーケットの中に入ると，通りすがりの人を指さし，「バカ」「デブ」「ブス」と大声で叫ぶ。指を指された人からは注意を受けると，さらに大声で叫び出す。それでも，お母さんは，毎日買い物の仕方を教えるために同じスーパーマーケットで買い物を続けている。お母さんは，小学校に上がる前までに，人に指を指して大声で叫ばないようにしたい，「バカ」「デブ」「ブス」という言葉を言われたら，人を傷つけ人を悲しませるということを知ってもらいたい，と願っている。

### （2）Aちゃんの支援計画

前項のAちゃんのお母さんの願いをふまえ，Aちゃんの支援計画を立てることにした。

1）生活課題
① 集団の中で，大声で叫ばない。
② 人に指を指して，「バカ」「デブ」「ブス」と言わない。
③ 集中して人の話を30分は聞ける。

2）長期目標
小学校に入学してから，他の児童と一緒に教室で集中して授業に参加できる。

3）短期目標
① いつも行くスーパーマーケット内で，大声で叫ばないで静かに買い物ができる。
② 人に「バカ」「デブ」「ブス」と言うことが，人に嫌な思いをさせることが理解できる。
③ 友だちと一緒に遊ぶことができる。

4）目標達成のための支援計画
① テレビの音量をスケール化し，音量なしをスケール0，音量10をスケール10，音量20をスケール20，音量30をスケール30，音量40をスケール40と

音の大きさがA君にわかりやすいように音量を以下のような三角のスケール表で示す。

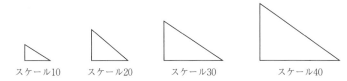

スケール10　　スケール20　　スケール30　　スケール40

②　テレビの音量に合わせて，音の大きさ（0，10，20，30，40）を三角のスケール表を使って理解させる。
③　場面に応じて，声の大きさを支援者が示したスケール度の声の大きさに調整させる。
④　場面を給食の時，遊びの時，保育活動の時に自分から場面に応じて声の大きさを調整できるようにする。
⑤　いつも行くスーパーマーケット内では，スケール10の声の大きさでしゃべることができるようにする。
⑥　「バカ」という言葉の意味が理解できないので，イラストを用いて，「バカ」と言葉を言われたら，泣くシーンのイラストを見せる。「ありがとう」という言葉を言われたら，笑うシーンのイラストを見せる。
⑦　実際にA君の前で，「バカ」と言った時に，支援者が悲しそうな態度を見せる。「ありがとう」と言った時に嬉しそうな表情を見せることで，感情に働きかける。

## （3）結　果

自閉症のあるAちゃんが，毎日の買い物の際に，人に向かって指さしをしながら「バカ」と叫ぶ行為がすぐに修正することは困難である。支援計画に沿って，実行していったが，テレビの音量に合わせてスケール度を視覚化してAちゃんに見せることは，音の大きさを認識させる上では有効であった。しかし，集団の場面で音量を調整することは，衝動的行動が多いA君の場合は，一度できたから翌日もできるという具合には進まず，その日の気分や体調によって，できたりできなかったりすることがあった。しかし，同じ支援を半年くらい続けたところ，集団の場面で，30分くらい集中して人の話を聞けるようになって

いった。そして，スーパーマーケット内で，指さしをして「バカ」「デブ」「ブス」とは言いつつも，スケール10の大きさの声に調整して小さな声になっていき，指さしをされた相手から怒られることが減っていった。そのことと並行して「バカ」という言葉が，人に嫌な思いをさせる言葉であることを4コマ漫画のイラストを活用して示していったところ，「バカ」という言葉はなくならないが，「バカ」と発する回数が減っていった。

　この支援を通して言えることは，環境因子である家族と支援者が同じ目標をもって，支援をすることの重要性である。今できている現状から，Aちゃんの可能性を見つけ出し，どうしたら目標が達成できるのかを個人因子に合わせて，焦らずその子のペースに合わせた支援を行っていくことが大切であるということである。

**注**
(1) 事例提供者：総合福祉サービスJ・You　じゃがいも畑生活支援センター　早川貴巌。

**参考文献**
石川道子・辻井正次・杉山登志郎編著『可能性のある子どもたちの医学と心理学——子どもの発達が気になる親と保育士・教師のために』ブレーン出版，2002年。
上田敏「WHO国際障害分類改定の経過と今後の課題——ICIDHからICFへ」『理学療法ジャーナル』36(1)，2002年，5-11頁。
内山富紀夫・水野薫・吉田友子編『高機能自閉症アスペルガー症候群入門』中央法規出版，2002年。
小川英彦『気になる子どもと親への保育支援——発達障害児に寄り添い心をかよわせて』福村出版，2011年。
加藤義信『資料でわかる認知発達心理学入門』ひとなる書房，2008年。
介護福祉士養成講座編集員会編『介護過程　第3版』(新・介護福祉士養成講座9) 中央法規出版，2015年。
世界保健機関，厚生労働省社会・援護局障害保健福祉部編『国際生活機能分類——国際障害分類改訂版 (ICF)』2002年。
日本特別ニーズ教育学会編『テキスト特別ニーズ教育』ミネルヴァ書房，2007年。
野村敬子編著『改訂　人にやさしい介護技術』中央法規出版，2012年。
野村敬子編著『はじめて学ぶガイドヘルプ　第2版——当事者とともに伝える支援の

方法』みらい,2013年。
森則夫・杉山登志郎・岩田泰秀編著『臨床家のためのDSM-5 虎の巻』日本評論社,2014年。
山崎晃資編著『自閉症スペクトラムと特別支援教育──発達障害の子どもたちとのかかわり』金剛出版,2010年。

---

【学びのポイント】

- ICIDHとICFでの障害のとらえ方の違いを明らかにしてみよう。
- DSM-Ⅳ-TRからDSM-5へ変更になったが,その大きな変更点を調べてみよう。

---

【さらに考えてみよう・みんなで議論してみよう】

- 実習（保育所,幼稚園,施設）をする中で,出会った障害児の行動特徴について思い出してみよう。
- 1943年にカナーが提唱した自閉症について調べてみよう。

# 第4章　障害児保育をめぐる法律・制度

　障害児に対する保育施策も福祉施策全体の中の一分野として位置づけられており，今日までの障害児保育の歩みについて学ぶためには，福祉全体の歴史を学ぶ必要がある。

　本章の目的は，障害児の保育にあたって法律や制度が，どのような歴史をたどって現在をむかえているのかについて理解を深めることである。障害者や貧しい人，病人等，福祉による救済は，古くは聖徳太子のころから行われていた。しかし，それは組織的，制度的なものではなかったために，恩恵を受けることができたのは一定の地域に住んでいた一部の人々にすぎなかった。

　わが国の近代的な福祉制度が模索されるようになったのは明治維新後であり，現在のような法律や制度が整えられたのは第二次世界大戦後のことである。ここではわが国の歩みだけでなく，国際的な歴史も踏まえながら障害児の保育をめぐる法や制度について学びを進めていきたい。

## 1　戦前における対応

### (1) 明治期における対応
#### 1) 法にみられる児童養護
① 堕胎禁止令

1868（明治元）年に布告された。その内容は，堕胎をはじめ棄児，間引き，子殺し等の禁止であった。それは明治維新前後における庶民の暮らしが困窮をきわめており，堕胎，間引き，子殺し等の悲惨な出来事が後を絶たなかったという事情があった。

② 棄児養育米給与方

1871（明治4）年に布告された。その内容は，棄児を養育している者に対し

て，その子どもが15歳になるまでの間は年間米7斗（約98kg）を支給するという食糧援助であった。それは良心的に棄児を養育していても，食糧難から継続することができなくなるという事態を避けたいというねらいもあったと考えられる。

③　人身売買禁止令

1872（明治5）年に布告された。その内容は，人身売買は人の道に背くことであり，厳に禁止するということであった。その背景には生活困窮から人身売買が行われていたという実態をうかがうことができる。

④　恤救規則

1874（明治7）年に制定された。明治政府が発布した貧困者に対する公的な救済制度であり，画期的であった。しかし，その内容はごく限定的であり，貧困に苦しむ多くの国民を救済できる内容ではなかった。この規則の前文では，「済貧恤救ハ人民相互ノ情誼ニ因テ」とされており，貧困や病苦にあたっては近隣住民や親族でお互いに助け合うこと，同情心が基本とされていた。この規則の概略は次のような内容であった。

- 身寄りがなく，労働できない極貧の70歳以上の重病者又は15歳以下の者に対しては年間で米7斗を給付する。
- 独身で身寄りのない病人や障害者に対しては，男性には1日米3合を女性には2合を給付する。
- 身寄りのない13歳以下の子どもに対しては，年間で米7斗を給付する。

このように各種の公的な措置や救済が布告されたとはいえ，その内容はきわめて限定的であり，多くの生活困窮者，高齢者，障害者，病弱者等の救済は民間の良心的な篤志家や宗教関係者がその役割を果たすこととなった。

2）慈善救済事業にみられる児童養護

①　岡山孤児院の創設

1887（明治20）年，石井十次は岡山孤児院（現在の児童養護施設・乳児院に相当する児童福祉施設）を創設した。当時，石井は医学生であったが孤児を預かったことから孤児の救済に使命感を感じたことが創設の動機であった。無制限主義

第4章　障害児保育をめぐる法律・制度

を尊重し，集団生活を送るにあたって制限や規則を最小限に留めた。そこには子どもの自由と幸せを最大限に尊重するという思いが込められていた。施設の運営にあたっては岡山孤児院12則を定めて実践した。いずれも今日の児童養護に共通しており，130年余も前にすでに実践されていたことは，現在，これからの児童養護を学ぶ者としても石井の実践の意義は大きい。なお，岡山孤児院12則とは，家族主義，委託主義，満腹主義，実行主義，非体罰主義，宗教教育，密室教育，旅行教育，米洗教育，小学教育，実業教育，托鉢主義である。

②　弧女学院の創設

1891（明治24）年，石井亮一は弧女学院（後に滝乃川学園に名称変更，現・知的障害児施設）を創設した。濃尾大地震によって保護者を亡くした子どもたちを救済するためであった。保護した子どもたちの中に白痴児（現・知的障害児）がいたことから白痴教育（現・特別支援教育）に取り組むことになった。当時，知的障害児の教育の実践事例はなく，アメリカのセガン（A. Séguin）の感覚教育法を導入する新しい試みであった。石井が知的障害児教育の父と呼ばれる所以である。教育の実際について次のように述べている。

　「濃尾震災の時，預かった孤児の中に14歳の白痴女児がいた。2本の指を数えることも出来ず，箸2本と2本で4本になることも理解できなかった。高等小学校を卒業すべき年齢なのに，未だに学校へ通ったことはなかった。ある教師が2, 3年の間，小学校の通常の教授法で懇切に教えたけれども少しも進歩しなかった。ある時，試みに売語ありとて，買語出す勿れ，と言う一句を50回教えたがついに徒労に終わったと言った。その後，私がその娘を引き受けて，一切の世話をするようになった。以来，努めて教育を施したが何の進歩もせず，学ぼうとする意欲もなく，懲戒しても殆ど意に介さないようであった。…（中略）…冷たい心で冷たい数字を教えるだけでは，彼女の心を惹きつけないのは当然の事で，只愛，只同情のみが彼女の注意力を私に集中させるのであった。只愛は力である。只愛は最良の教授法である。[1]」

当時, 知的障害児は教育の対象外とされていたために, 初めての教育的働きかけであった。この取り組みから, 教育の実践がいかに困難であったかを知ることができる。知的障害児の教育には教えること以前に愛が必要であると石井は考えていた。このことはその後の知的障害児教育に大きな示唆を与えるものとなった。

③　家庭学校の創設

1899（明治32）年, 留岡幸助は家庭学校（現在の児童自立支援施設に相当）を創設した。留岡は北海道の集治監で教誨師（刑務所で犯罪を犯した人に徳性を教え諭す教師）として勤めていた経験から, 非行少年を更生させるためには, 罰則を加えることよりも適切な生活環境を整えることが, より重要であると考えた。そこで信頼と愛情に満ちた家庭のような学校を創設した。留岡は非行少年に対する更生指導について次のように述べている。

「不良少年感化院とか, 不良少年養育院とかいうような名を付けるのは, 一見, 学校の性質が明白になるが, しかし, 収容される生徒にはあまり良い心地がしないだろうし可愛そうだ。不良少年というものは, 多くは家庭の欠陥から出来たものなので, 彼らを収容して善良な人間に育て上げようとするには, まず何よりも家庭的な趣味を多くしなければならない。つまり, 家庭的な薫育に重点をおかなければならないということである。家庭にして学校, 学校にして家庭, 愛と智がいっぱいに溢れたそのような環境のもとで, 両者が打って一丸となって感化教育にあたりたい」[(2)]。

当時は現在のような非行少年保護制度はなく, 少年といえども犯罪行為者には重い罰則が加えられていた。留岡は, 非行少年たちに重い刑罰を加わえるのではなく, 愛のある教育によって自立へと導いたのである。留岡の実践は, その後の非行少年対策に大きな一石を投じる結果となった。

### （2）大正期における対応

大正期とは1912（大正元）年から1926（大正15）までの15年間をいう。「大正デモクラシー」と称されているように政治, 経済, 文化等において近代化への

歩みを加速させた時期であった。ゆえに，児童養護の分野においても特質すべき事項は多い。

この時期には，明治期に創設された個人による児童福祉施設だけでなく，公的な児童福祉施設の設立が見られるようになった。たとえば，1919（大正8）年に国立感化院が開設され，同年に大阪市において保育事業も開始された。次いで1921（大正10）年には東京府児童研究所が開設された。世界大恐慌が進む中，1923（大正12）年には関東大震災が発生し，壊滅的な被害を被った。このようなことから公的な児童のための施設の拡充は停滞気味となり，民間人による篤志的な活動に委ねることとなった。ここでは，障害児への活動を紹介する。

1）肢体不自由児施設を創設

1921（大正10）年，柏倉松蔵夫妻は肢体不自由児のための施設であるクリュッペルハイム「柏学園」を創設した。柏倉は岡山師範学校で体育教師を務めていたという経緯から，肢体不自由児には格別な理解と関心を寄せていた。「肢体不自由児に治療と教育を」という目標が柏倉学園の特徴とされた。

2）知的障害児学級を開設

1923（大正12）年，田中正雄は広島市の小学校教師として勤めていた経緯から，校内に知的障害児のための学級を開設した。その後，1931（昭和6）年には24時間教育する「広島教育治療園」を開設した。このような先駆的な取り組みがその後の知的障害児教育の基礎となった。

3）「精神薄弱児施設」を創設

1923（大正12）年，岡野豊四郎は精神薄弱児（現・知的障害児）の保護と教育のために「筑波学園」を創設した。この施設は単に知的障害児を保護するにとどまらず，労働と生活を通した試みに特徴がある。

（3）昭和前期における対応

ここでは1926（昭和元）年から1945（昭和20）年までの期間を昭和前期としてとらえ，この間の児童養護について考察してみたい。

第一次世界大戦後，列強諸国による植民地支配の拡大，1929（昭和4）年にアメリカ・ニューヨークのウォール街での株式大暴落は世界的な恐慌を招いた。その影響は世界各国に及び，企業の倒産や失業による深刻な事態が生じた。わ

が国も例外ではなく，企業の倒産，失業者の増大，国民生活の困窮化がきわめて深刻な問題となった。このため，児童の救済施策が緊急課題であったが国民生活全体が危機的な状況であったことから，児童福祉施策は国家施策全体の中の一つとして取り上げられるにすぎなかった。

#### 1）救護法制定

1929（昭和4）年，救護法が制定された。救護の対象は障害者，高齢者，出産のために働くことができない生活困窮者等に限定されていた。児童養護に関しては，生活に困窮している妊産婦，13歳以下の子どもがいる生活困窮家庭，母子家庭等であり，保護の対象はきわめて限定的であった。国家財政上の問題からこの法律の施行は5年後とされた。なお，救護法の施行に伴って1874（明治7）年に制定された恤救規則は廃止された。

#### 2）児童虐待防止法制定

1933（昭和8）年，児童虐待防止法（以下，旧虐待防止法）が制定された。この法律は2000（平成12）年に制定された現在の児童虐待の防止等に関する法律（以下，新虐待防止法）とは主旨も内容もまったく異なるものである。

旧虐待防止法が制定された背景には，世界的な大恐慌により企業の倒産，失業者の増大，親子心中，過酷な児童労働等の深刻な社会問題が生じていた点が挙げられる。このような状況の中で児童を保護する目的で，児童の長時間労働や重労働，障害児を観覧に供する行為等を禁止するものであった。しかし，軍部による独裁体制のもとで戦時色が強まり，福祉的視点からすべての児童の健全育成が顧みられることはなかった。

## 2　児童福祉法の成立以降における対応

### （1）児童福祉六法

#### 1）児童福祉法

1945（昭和20）年，わが国がポツダム宣言を受け入れることで第二次世界大戦は終結した。長期にわたる戦争の結果，多くの尊い生命が奪われ，家屋や各種施設等の財産も消失した。とりわけ深刻な状態に陥ったのは保護者や家族を失った子どもたちであった。空襲によって焼け野原化した中で身寄りのない多

くの子どもたち（戦災孤児，浮浪児）がさまよっていた。このような悲惨な状態の中で，政府はまず子どもの救済に着手した。1947（昭和22）年，他の法律に先だって児童福祉法が制定されたのはこのような経過があったからである。

　第1条の児童福祉の理念では，「すべて国民は，児童が心身ともに健やかに生まれ，且つ，育成されるよう努めなければならない」とされており，第2項では，「すべて児童は，ひとしくその生活を保障され，愛護されなければならない」と明記されている。児童の健全育成がすべての国民に課せられている共通の努力義務であること，そして，生活を保障するとともに愛護されなければならないことが明示されている。

　第2条の児童育成の責任では，「国及び地方公共団体は，児童の保護者とともに，児童を心身ともに健やかに育成する責任を負う」とされており，児童を健全に育成することが国及び地方公共団体の責務であること（公的責任）が明示されている。そして第4条では児童及び障害児の定義が次のように明示されている。「この法律で，児童とは，満18歳に満たない者をいい，児童を左のように分ける。一　乳児　満1歳に満たない者　二　幼児　満1歳から，小学校就学の始期に達するまでの者　三　少年　小学校就学の始期から，満18歳に達するまでの者」とされている。

　障害児については，身体に障害のある児童，知的障害のある児童，精神に障害のある児童（後に発達障害児も対象として追記された）とされている。つまり，児童福祉法の主旨は，障害の有無を超えて満18歳未満のすべての子どもたちの健全育成が目的とされているのである。

### 2）児童扶養手当法

　この法律の目的は，「父又は母と生計を同じくしていない児童が育成される家庭の生活の安定と自立の促進に寄与するため，当該児童について児童扶養手当を支給し，もつて児童の福祉の増進を図ることを目的とする」（第1条）とされている。対象者は，「18歳に達する日以後の最初の3月31日までの間にある者又は20歳未満で政令で定める程度の障害の状態にある者」とされている（1961〔昭和36〕年制定）。

### 3）特別児童扶養手当等の支給に関する法律

　この法律の目的は，「精神又は身体に障害を有する児童について特別児童扶

養手当を支給し，精神又は身体に重度の障害を有する児童に障害児福祉手当を支給する」とされている。重度の障害児に対しては，「精神又は身体に著しく重度の障害を有する者に特別障害者手当を支給する」（第1条）とされている。支給資格は20歳未満で日本国内に住所を有することが条件とされている（1964〔昭和39〕年制定）。

### 4）母子及び父子並びに寡婦福祉法

この法律の目的は，「母子家庭等及び寡婦の福祉に関する原理を明らかにするとともに，母子家庭等及び寡婦に対し，その生活の安定と向上のために必要な措置を講じ，もつて母子家庭等及び寡婦の福祉を図る」（第1条）とされている。国及び地方公共団体には，母子家庭等及び寡婦の健康で文化的な生活を増進する義務が課せられている（1964〔昭和39〕年制定）。

### 5）母子保健法

この法律の目的は，「母性並びに乳児及び幼児の健康の保持及び増進を図るため，母子保健に関する原理を明らかにするとともに，母性並びに乳児及び幼児に対する保健指導，健康診査，医療その他の措置を講じ，もつて国民保健の向上に寄与する」（第1条）とされている（1965〔昭和40〕年制定）。

この法律の用語は次のように定義されている。妊産婦は妊娠中又は出産後1年以内の女子。乳児は1歳に満たない者。幼児は満1歳から小学校就学の始期に達するまでの者。なお，市区町村に実施義務が課せられている健康診査は次の通りである。1歳6カ月健診は満1歳6カ月を超え満2歳に達しない幼児。3歳健診は満3歳を超え満4歳に達しない幼児。この他に，妊娠の届出をした者に対して，母子健康手帳を交付することや妊産婦の訪問指導を行うこと等もこの法律で規定されている。

### 6）児童手当法

この法律の目的は，「父母その他の保護者が子育てについての第一義的責任を有するという基本的認識の下に，児童を養育している者に児童手当を支給することにより，家庭等における生活の安定に寄与するとともに，次代の社会を担う児童の健やかな成長に資する」（第1条）とされている。

支給対象は，中学校修了までの国内に住所を有する児童で，15歳に到達後の最初の年度末までとされている。手当月額は，0～3歳未満・一律1万5000円，

3歳～小学校修了までの第1子と第2子・1万円，第3子以降・1万5000円，中学生・一律1万円（2015〔平成27〕年現在）とされている。なお，この手当受給には所得限度額が設けられている（1971〔昭和46〕年制定）。

### （2）児童憲章

児童憲章は，日本国憲法及び児童福祉法に示されている理念をより具体化したものであり，1951（昭和26）年に制定された。第二次世界大戦で戦闘員，非戦闘員を問わず多くの尊い生命が奪われた。中でも戦争には関与していない子どもたちがその犠牲になった反省から，児童の健全育成はすべての国民がもつべき共通の規範とされている。その内容は次の通りである。

「われらは，日本国憲法の精神にしたがい，児童に対する正しい観念を確立し，すべての児童の幸福をはかるために，この憲章を定める。

児童は，人として尊ばれる。

児童は，社会の一員として重んぜられる。

児童は，よい環境のなかで育てられる。

1　すべての児童は，心身ともに，健やかにうまれ，育てられ，その生活を保障される。

2　すべての児童は，家庭で，正しい愛情と知識と技術をもつて育てられ，家庭に恵まれない児童には，これにかわる環境が与えられる。

3　すべての児童は，適当な栄養と住居と被服が与えられ，また，疾病と災害からまもられる。

4　すべての児童は，個性と能力に応じて教育され，社会の一員としての責任を自主的に果すように，みちびかれる。

5　すべての児童は，自然を愛し，科学と芸術を尊ぶように，みちびかれ，また，道徳的心情がつちかわれる。

6　すべての児童は，就学のみちを確保され，また，十分に整つた教育の施設を用意される。

7　すべての児童は，職業指導を受ける機会が与えられる。

8　すべての児童は，その労働において，心身の発育が阻害されず，教

育を受ける機会が失われず，また児童としての生活がさまたげられないように，十分に保護される。
9　すべての児童は，よい遊び場と文化財を用意され，わるい環境からまもられる。
10　すべての児童は，虐待，酷使，放任その他不当な取扱からまもられる。
　　あやまちをおかした児童は，適切に保護指導される。
11　すべての児童は，身体が不自由な場合，または精神の機能が不十分な場合に，適切な治療と教育と保護が与えられる。
12　すべての児童は，愛とまことによつて結ばれ，よい国民として人類の平和と文化に貢献するように，みちびかれる。」

### （3）発達障害者支援法

　この法律の目的は，「発達障害者の心理機能の適正な発達及び円滑な社会生活の促進のために発達障害の症状の発現後できるだけ早期に発達支援を行うことが特に重要であることにかんがみ…（中略）…学校教育における発達障害者への支援，発達障害者の就労の支援…（中略）…等について定めることにより，発達障害者の自立及び社会参加に資するようその生活全般にわたる支援を図り，もってその福祉の増進に寄与すること」（第1条）とされている。
　ここで発達障害とは，「自閉症，アスペルガー症候群その他の広汎性発達障害，学習障害，注意欠陥多動性障害その他これに類する脳機能の障害であってその症状が通常低年齢において発現するものとして政令で定めるものをいう」（第2条）とされている。
　従来，保育や教育の分野においては，傷害の種類と程度，主に知能指数や身体機能の状態によって養育や教育を受ける場が異なっていた。つまり就学前であれば障害の有無によって療育施設と保育所に分けられたり，就学後であれば特殊教育と通常教育に分けられたりしていた。この制度では，LD（学習障害）や ADHD（注意欠陥多動性障害）等の広汎性発達障害に類する者は，個々にニーズを抱えているにもかかわらず，適切な支援や援助を受けることができなかった。折から，世界的にも個別ニーズに対応する重要性が指摘され，その気

運が高まっていた。その具体化を図ったのが後述のサラマンカ宣言である。

　発達障害者支援が制定されたとはいえ，すべての発達障害児者に適切な支援が保障されたわけではない。個々のニーズに応じて，最善の利益につながる保育や教育サービスを提供するのは子どもと関わる保育者であり教師である。そこには実態に応じた創意と工夫に満ちた実践が求められている（2004〔平成16〕年制定）。

### （4）障害幼児を対象とした福祉制度

　従来は障害の種別に行われていた障害児施設や障害児支援事業が，2012（平成24）年の児童福祉法等の改正により，障害児施設，障害児支援事業とも一元化された。具体的には，従来の知的障害児通園施設・難聴幼児通園施設・肢体不自由児通園施設等の通所サービスは障害児通所支援施設に一元化された。従来の知的障害児施設・盲児施設・ろうあ児施設・肢体不自由児施設・重症心身障害児施設（医療型）の入所施設は，障害児入所支援施設として一元化され，福祉型障害児入所施設と医療型障害児入所施設に区分された。障害児支援サービスの一元化に合わせて，2012（平成24）年より放課後等デイサービスも創設された。放課後等デイサービスは，学校の授業終了後や長期休業の際，障害児に対して生活能力の向上や各種の経験を通して社会性を育てる支援である。

### （5）児童福祉施設

　児童福祉法に基づいて，養護や障害等，児童の実態に応じた児童福祉施設が設置されている。各施設の概要は，以下の通りである。

#### 1）助産施設（第36条）

　この施設の目的は，「保健上必要があるにもかかわらず，経済的理由により，入院助産を受けることができない妊産婦を入所させて，助産を受けさせること」とされている。つまり，経済的に困窮している妊産婦の負担を軽減するための施設である。

#### 2）乳児院（第37条）

　この施設の目的は，「乳児（保健上，安定した生活環境の確保その他の理由により特に必要のある場合には，幼児を含む。）を入院させて，これを養育し，あわせて

退院した者について相談その他の援助を行う」とされている。つまり，何らかの事情で家庭で育つことができない乳児（特別な理由があれば幼児を含む）を入院させて養育する施設である。また，退院後についても必要に応じて援助を受けることができる。

### 3）母子生活支援施設（第38条）

この施設の目的は，「配偶者のない女子又はこれに準ずる事情にある女子及びその者の監護すべき児童を入所させて，これらの者を保護するとともに，これらの者の自立の促進のためにその生活を支援し，あわせて退所した者について相談その他の援助を行う」とされている。つまり，配偶者のいない女子及びその子どもを保護するとともに，自立支援を行う施設である。

### 4）保育所（第39条）

この施設の目的は，「保育所は，保育を必要とする乳児・幼児を日々保護者の下から通わせて保育を行うことを目的とする施設（利用定員が20人以上であるものに限り，幼保連携型認定園を除く。）とする。／②保育所は，前項の規定にかかわらず，特に必要があるときは，保育を必要とするその他の児童を日々保護者の下から通わせて保育することができる。」とされている。

### 5）児童厚生施設（第40条）

この施設の目的は，「児童遊園，児童館等児童に健全な遊びを与えて，その健康を増進し，又は情操をゆたかにする」とされている。つまり，子どもたちが自由に遊びに利用できる児童遊園地や児童館の施設がこれに該当する。

### 6）児童養護施設（第41条）

この施設の目的は「保護者のない児童（乳児を除く，ただし，安定した生活環境の確保その他の理由により特に必要のある場合には，乳児を含む。〔後略〕）虐待されている児童その他環境上養護を要する児童を入所させて，これを養護し，あわせて退所した者に対する相談その他の自立のための援助を行う」とされている。つまり，家庭環境に問題が生じていたり虐待を受けたりしていた場合等，児童の健全な育ちや安全な暮らしを確保するために保護し，自立を援助するための施設である。

### 7）障害児入所施設（第42条）

この施設の目的は，「障害児を入所させて，支援を行う」とされており，福

祉型障害児入所施設と医療型障害児入所施設がある。

### 8）児童発達支援センター（第43条）

この施設の目的は，「障害児を日々保護者の下から通わせて，当該各号に定める支援を提供する」とされており，福祉型児童発達支援センターと医療型児童発達支援センターがある。

### 9）児童心理治療施設（第43条の2）

この施設の目的は，「保護者等による虐待，学校や家庭での人間関係等が原因となつて，心理的に不安定な状態に陥ることにより，社会生活が困難になつている児童が短期間入所し，又は保護者の下から通い，心理面からの治療及び指導を受けることを目的とする施設」とされている。従来は，「情緒障害児短期治療施設」という名称であったが，児童福祉法の改正により，2017（平成29）年4月1日より「児童心理治療施設」という名称に変更された。

### 10）児童自立支援施設（第44条）

この施設の目的は，「不良行為をなし，又はなすおそれのある児童及び家庭環境その他の環境上の理由により生活指導等を要する児童を入所させ，又は保護者の下から通わせて，個々の児童の状況に応じて必要な指導を行い，その自立を支援し，あわせて退所した者について相談その他の援助を行う」とされている。つまり，非行行為を犯した児童，犯すおそれのある児童を入所又は通所させて自立を支援するとともに，退所後も必要に応じて相談や援助を行う施設である。

### 11）児童家庭支援センター（第44条の2）

この施設は，「地域の児童の福祉に関する各般の問題につき，児童に関する家庭その他からの相談のうち，専門的な知識及び技術を必要とするものに応じ…（中略）…あわせて児童相談所，児童福祉施設等との連絡調整…（中略）…を総合的に行う」とされている。つまり，地域における児童の福祉に関する相談に応ずるとともに，児童相談所や児童福祉施設との連絡調整を行う施設である。

## 3 子どもや障害児に関する法の国際的な動向

### (1) 児童の権利に関するジュネーヴ宣言

　同宣言は1924年9月26日，国際連盟総会において採択されたものである。第一次世界大戦は，大規模な国家間の戦争であり，人類史上初の航空機をはじめとする大量破壊兵器が使用された。このため，戦闘員，非戦闘員を問わず多くの尊い生命が奪われた。とりわけ子どもたちが犠牲になったことは痛恨の極みであった。この悲劇を2度と繰り返さないという決意の下に国際連盟総会において採択されたのがこの宣言である。その要旨は，各国は子どもの健全育成のために最善の努力を尽くすこと，生活困窮児，病弱児，障害児たちに対しては必要な援護をしなければならない，等について明記されている。

### (2) 児童権利宣言

　同宣言は1959年11月20日，国際連合総会において採択されたものである。第一次世界大戦で多くの子どもたちの生命が奪われた。この反省が生かされることなく，間もなく第二次世界大戦が勃発してより多くの子どもたちの生命が奪われた。悲惨な戦争を3度繰り返さないという反省の下に，国際連合総会において児童の権利に関する宣言が採択された。この宣言は，前文と10カ条で構成されている。その要旨は，「すべての児童は，いかなる例外もなく，人種，皮膚の色，性，言語，宗教，政治上その他の意見，国民的若しくは社会的出身，財産，門地その他の地位のため差別を受けることなく，これらの権利を与えられなければならない」（第1条）。「児童は，社会保障の恩恵を受ける権利を有する。児童とその母は，出産前後の適当な世話を含む特別の世話及び保護を与えられなければならない。児童は，適当な栄養，住居，レクリエーションおよび医療をあたえられなければならない」（第4条）。その他，「児童は教育を受ける権利を有す」「児童はあらゆる状況にあっても最初に保護および救済を受けるべき者の中に含まれなければならない」等について明記されている。

## (3) 児童の権利に関する条約

　同条約は1989年11月20日，国際連合総会において採択されたものである。前述のように1924年に国際連盟において「児童の権利に関するジュネーヴ宣言」が採択され，1959年には国際連合において「児童の権利に関する宣言」が採択された。しかし，いずれも宣言として採択されたものであり，実施については加盟各国の裁量に任せられていたために実効性が伴わなかった。

　その後も世界各地で戦争や紛争，災害等において多くの子どもたちの生命が奪われるという事態が生じていた。このような背景のもとに1989年，国連総会においてこの条約が採択された。宣言とは異なり締約国には条約を履行する義務と責任が伴っているところに意義がある。内容は前文と50条で構成されている。2015年10月現在，196の国と地域がこの条約を締結している。大きく分けて，①生きる権利，②育つ権利，③守られる権利，④参加する権利といった4つの子どもの権利を守るように定めている。通称，子どもの権利条約である。条約に記されている事項はいずれも最新の児童観に基づくものであり，すべて重要な内容である。長文であるため，ここではその中でも特に重要と思われる条文の要旨を列記しておきたい。

「前文（要旨）
　すべての人は人種，皮膚の色，性，言語，宗教，政治的意見その他の意見，国民的若しくは社会的出身，財産，出生又は他の地位等によるいかなる差別もなしに権利及び自由を享有することができる。児童は未熟であり極めて困難な条件の下で生活している児童も存在している。特別な配慮を要する児童も存在している。すべての児童が保護され，調和のとれた発達が保障されなければならない。
第1条（子どもの定義）
　児童とは，18歳未満のすべての者をいう。(以下，略)
第2条（差別の禁止）
　児童又はその父母若しくは法定保護者の人種，皮膚の色，性，言語，宗教，政治的意見その他の意見，国民的，種族的若しくは社会的出身，財産，心身障害，出生又は他の地位にかかわらず，いかなる差別もなし

にこの条約に定める権利を尊重し，及び確保する。(以下，略)

第3条（子どもの最善の利益）

児童に関するすべての措置をとるに当たっては，公的若しくは私的な社会福祉施設，裁判所，行政当局又は立法機関のいずれによって行われるものであっても，児童の最善の利益が主として考慮されるものとする。(以下，略)

第6条（生命に対する固有の権利）

締約国は，すべての児童が生命に対する固有の権利を有することを認める。(後略)

第12条（意見表明権）

締約国は，自己の意見を形成する能力のある児童がその児童に影響を及ぼすすべての事項について自由に自己の意見を表明する権利を確保する。この場合において，児童の意見は，その児童の年齢及び成熟度に従って相応に考慮されるものとする。(後略)

第13条（表現・情報の自由）

児童は，表現の自由についての権利を有する。この権利には，口頭，手書き若しくは印刷，芸術の形態又は自ら選択する他の方法により，国境とのかかわりなく，あらゆる種類の情報及び考えを求め，受け及び伝える自由を含む。(後略)

第14条（思想・良心・宗教の自由）

締約国は，思想，良心及び宗教の自由についての児童の権利を尊重する。(以下，略)

第16条（プライバシィ・通信・名誉の保護）

いかなる児童も，その私生活，家族，住居若しくは通信に対して恣意的に若しくは不法に干渉され又は名誉及び信用を不法に攻撃されない。

## （4）サラマンカ宣言

1994年6月，スペインのサラマンカにおいてスペイン政府とユネスコ（国連教育科学文化機関）の共催で「特別ニーズ教育に関する世界大会」が開催された。この会議には92カ国の政府と25の国際組織が参加し，「万人のための教育

(Education for All)」について討議された結果,「特別なニーズ教育に関する原則,政策,実践に関するサラマンカ宣言（The Salamanca Statement on policy and practice in Special Needs Education)」が採択された。その内容は,世界には紛争や貧困,健康問題や障害等により,学校で学ぶことができない子どもたちが多数存在している。この子どもたちを「特別な教育的ニーズ」のある子どもとして,教育の場に受け入れていくという考え方である。

この宣言には,1948年の「世界人権宣言」,1990年の「万人のための教育」世界会議,1993年の「障害者の機会均等化に関する国連の標準規則」等の国連宣言を踏まえて,各国政府に対して,通常の教育システムの中において特別なニーズを有する子ども,青年,大人に対して勧告の主旨を生かした活動を求めたものである。その一部を列記しておきたい。

- すべての子どもは教育への権利を有しており,満足のいく水準の学習を達成し維持する機会を与えられなければならない。
- すべての子どもが独自の性格,関心,能力及び学習ニーズを有している。
- こうした幅の広い性格やニーズを考慮して,教育システムがつくられ,教育プログラムが実施されるべきである。
- 特別な教育ニーズを有する人々は,そのニーズに見合った教育を行えるような子ども中心の普通学校にアクセスしなければならない。
- インクルーシブ（inclusive）な方向性をもつ学校こそが,差別的な態度とたたかい,喜んで受け入れられる地域を創り,インクルーシブな社会を建設し,万人のための教育を達成するための最も効果的な手段である。

## （5）障害者の権利に関する条約

同条約は2006年12月13日,国連総会において採択されたものである。この条約は,2006年12月に国連総会において採択され,わが国は2014（平成26）年に批准した。目的は,障害者の固有の尊厳を尊重することと障害者の権利を実現することである。条約の主な内容は,次の通りである。

① 一般原則

障害者の尊厳,自律及び自立の尊重,無差別,社会への完全かつ効果的な参

加及び包容等が示されており，具体的には次の事項が明示されている。
- (a) 固有の尊厳，個人の自立（自ら選択する自由を含む。）及び個人の自立の尊重
- (b) 無差別
- (c) 社会への完全かつ効果的な参加及び包容
- (d) 差異の尊重並びに人間の多様性の一部及び人類の一員としての障害者の受け入れ
- (e) 機会の均等
- (f) 施設及びサービス等の利用の容易さ
- (g) 男女の平等
- (h) 障害のある児童の発達しつつある能力の尊重及び障害のある児童がその同一性を保持する権利の尊重

② 一般的義務

合理的配慮の実施を怠ることを含め，障害に基づくいかなる差別もなしに，すべての障害者のあらゆる人権及び基本的自由を完全に実現することを確保し，及び促進すること等が義務づけられている。

③ 障害者の権利実現のための措置

身体の自由，拷問の禁止，表現の自由等の自由権的権利及び教育，労働等の社会的権利について締約国がとるべき措置等が規定されている。社会権的権利の実現については斬進的に達成することが許容されている。

④ 条約の実施のための仕組み

条約の実施及び監視のための国内の枠組みの設置と障害者の権利に関する委員会における各締約国からの報告の検討を規定している。

長い歴史の中で，障害者は障害があるために差別や偏見の対象となり，人間としての尊厳を侵害されたこともあった。このような歴史から新しい障害者観が確立されてきた。その集大成がこの障害者の権利に関する条約である。条約や法律の規定を待つまでもなく，障害の有無とは無関係に人間としての価値はすべて平等であるという意識をもつこと，そしてあらゆる場面で子どもたちに最善の利益を提供できる実践が求められている。

本章では，障害児の保育をめぐる法・制度について歴史的経過を中心に概観した。障害の有無を超えて，人はすべてその人らしく暮らす権利をもっている，というノーマライゼーション理念は1950年代にデンマークのバンク－ミケルセンによって提唱され，1960年代から世界各国に普及しはじめた。現在では多くの国々で受け入れられており，考え方も単に障害の有無を超えて，人種，肌の色，宗教，文化，性別等，あらゆる違いを国境を越えて受け入れ，理解し合うという新しいノーマライゼーション理念へと発展してきている。

　この考え方のもと，法律や制度も整備されてきた。障害の有無はもとより，あらゆる差別や偏見をなくして，基本的人権を尊重し，保育に携わる者として，子どもたちに常に最善の利益が提供できる実践が今後も求められていることを明記しておきたい。

注
(1) 津曲裕次『石井亮一』(シリーズ福祉に生きる�51)大空社，2009年，60-62頁。
(2) 藤井常文『留岡幸助の生涯――福祉の国を創った男』法政出版，1992年，208-209頁。

参考文献
伊藤健次編『新・障害のある子どもの保育』みらい，2016年。
伊藤貴啓／小川英彦編『保育士をめざす人の福祉施設実習 第2版』みらい，2011年。
OECD編著，岡部史信訳『図表でみる世界の障害者政策――障害をもつ人の不可能を可能に変えるOECDの挑戦』明石書店，2004年。
加藤孝正／小川英彦編著『基礎から学ぶ社会的養護』ミネルヴァ書房，2012年。
七木田敦／安井友康編著『事例で学び，実践にいかす障害者福祉』保育出版社，2013年。
ミネルヴァ書房編集部編『社会福祉小六法 2016』ミネルヴァ書房，2016年。
和田光一／横倉聡／田中利則編著『保育の今を問う――児童家庭福祉』ミネルヴァ書房，2013年。

**学びのポイント**

- 児童養護，児童福祉をめぐって戦前と戦後の理念の相違点を比べてみよう。
- SNEとは何の略記なのか。さらに，その特徴をまとめてみよう。

**さらに考えてみよう・みんなで議論してみよう**

- エレン・ケイの『児童の世紀』の著書を読み合ってみよう。
- 発達障害について，その種類と行動上の特徴を調べてみよう。

# 第5章　発達の理解

## 1　発達とは

### （1）「発達」の考え方

　発達（development）とは何か。それを定義するならば，人間の受精から死に至るまでの，絶え間ない心身の変化であるといえよう。かつては発達というと，未熟な状態で生まれた子どもが大人として成熟することを到達点としてとらえられていた。すなわち，成熟に向かう心身の増大や上昇過程の変化にのみ「発達」の焦点が当てられ，成熟というピークを過ぎ，減少・低下していく変化は，発達とは考えられていなかったのである。しかし，今日においては，成熟していくことだけではなく，衰退することもまた，人が生きる過程の一部であり，発達としてとらえることが一般的となっている。

　このような「発達」観は近代に生まれたものであり，20世紀には発達心理学が誕生した。その背景の一つが，現代に通じる「子ども」観の出現である。ヨーロッパにおいては，18世紀にフランスの哲学者ルソー（J. J. Rousseau）は『エミール（*Émile, ou Del'èducation*）』を著し，子どもには固有の価値があることを述べた。初めて「児童期」という時期に注目し，「子どもの発見」とも呼ばれたが，その概念は一般的には普及しなかった。むしろ，中世までは，現代において考えられている「子ども」という概念はなく，子どもは「身体の小さな大人」であり，大人のミニチュア，未熟な大人として扱われていた。それは，大人になることが人間として成熟し，労働力として「一人前」になることであり，子どもは「半人前」であると考えられていたからである。フランスの歴史学者アリエス（P. Ariès）は，著書『子供の誕生（*L'enfant et la vie familiale sous l'Ancien régime*）』の中で，当時は「子ども」や「児童期」という概念自体が存在しなかったと述べている。ゆえに，特に一般の子どもに対して教育を行う学

校，子どものための服装や遊びも存在しなかった。労働さえも大人との区別はなく，6～7歳になると，子どもは大人の世界で働くのが普通であった。"未熟"で"半人前"の労働力である子どもは，さながら大人の所有物であり，徒弟奉公に出されて働く術を身につけたのである。

アリエスによれば，「子ども」「児童期」という現代の「子ども観」が確立したのは，19世紀末であるという。18世紀後半から19世紀にかけての「産業革命」時において，子どもへの過酷な労働を強いてきた反省，そして産業形態の変化により「主婦（housewife）」を有した新しい構造の「家族」が生まれた。家族の中で子どもは，「大人に使われる所有物」から「大人に保護され愛される対象」になったといえる。そして1900年にエレン・ケイ（E. Key）は，著書『児童の世紀（Das Jahrhundert des Kindes）』の中で，子どもが，その特有の自由・権利を大人によって保障されなければならない重要性を述べた。このように，「子ども」である期間が，人間の生涯にとって重要な時期であり，「児童期」のあり方が，その後の人間形成にも，継続して影響を及ぼすことが明白になったのである。

そして，現代の「発達」観が出現したもう一つの背景には，ダーウィン（C. R. Darwin）の進化論がある。進化とは，生物がその発生から不変なものではなく，非常に長い時間を経て，形状や性質が変化する現象を指し，ダーウィンの説は「自然淘汰」として，自然環境自体が多様な形質をもつ生物の中から，その環境における適応や生存に有利なものを選択するというものである。ヘッケル（E. H. P. A. Haeckel）は，ダーウィンの進化論を支持し，生物が受精卵から完全な成体になるまでの過程である「個体発生（ontogeny）」と，生物種が進化してきた過程である「系統発生（phylogeny）」を繰り返すという「反復発生説（recapitulation theory）」を提唱した。この説が，「発生学（developmental biology）」という，生物の個体発生を研究する生物学の一分野が生まれる機となった。「発達」も「発生」も「development」と英訳されるように，生命の生成過程を焦点とし，生命体の生涯を通じた変化をとらえようという同じ視点を得たのである。

## (2) 発達の原則

　発達において，その変化の速度に個人差はあるが，変化の道筋が異なることはない。心身の形態・機能・構造にみる量的・質的な変化の過程では，原則的には，量的に増大し質的に複雑化しながら，環境の変化や多様性に適応していくのである。発達は，前述したように，上昇的変化だけではなく，下降的変化をも含むものである。そして，遺伝的要因と環境的要因が相互に密接に影響し合い，進行していく。以下に，発達の基本的な原理を述べる。

### 1) 分化と統合

　心身の機能は，次第に細分化されていく。すなわち，全体として未分化の状態が，部分的に区別され分化した状態になり，さらに，この分化した状態が統合されることによって，全体としてのまとまりをもつように，進んでいく。

### 2) 順序性

　シャーレイ（M. M. Shirle）の研究をもとに，乳児期の歩行期までの運動発達の順序性を例に挙げると，「胎児姿勢→あごを上げる→肩を上げる→支えて座れる→膝に座ってモノをつかめる→椅子に座る→一人で座る→支えてもらって立つ→家具につかまって立つ→ハイハイする→手を引かれて歩く→家具につかまって立つ→階段をハイハイで上がる→一人で立つ→一人で歩く」といった発達段階を順番通りに経過していく。

　発達はこのように，一定の順序に従って進行する。個人差があっても，順序を飛び越えたり，順序が逆になったりという変更が生じることは通常みられない。

### 3) 方向性

　発達には，一定の方向性がある。たとえば身体の発達については，以下のような方向性をもって進行する。

① 頭部から尾部（脚部）へ

　乳児は，まず首が座り頭を自由に動かせるようになり，それから肩や腕を動かし，座るようになり，そして，立ち，歩くことができるようになる。

② 体幹部から末梢部へ

　身体の中心部に近いところから遠いところへ向かって進む。肩や腕が動かせるようになってから，手を動かし，それからモノをつかむ・にぎるなど指

先を使えるようになる。
③　全体から分化へ
　　粗大な運動から微細運動へ，単純から複雑へ，と発達が進行していく。粗大な全身の動きから，目的をもった微細で正確な動きができるようになる。粗大運動とは，歩く，走る，とびはねる，平均台をわたるなど身体全体を使う動き，移動や平衡を保つ動きのことである。一方，微細運動とは，手を伸ばして目的物をつかむ・にぎる，ボールを投げる・転がす，モノを拾う・積むなど，手先を使った細かい動きのことである。

4）連続性

　発達は連続的なものである。2），3）で述べたように，発達は順序性と方向性をもって進み，その過程で途切れたり，飛び越したりすることはなく，連続して変化していく。障害等がある場合，その順序や方向に停滞や変更が生じることもある。しかし，表面的には，発達が停止・混乱しているように見える時期でも，人間の心身は常に変化し続けている。また，障害の有無にかかわらず，誰であっても常に一定の速度で進むものではない。

5）個人差

　発達の速度は，個人によって大変異なるものである。心身の構造や機能の発達は，同じ年齢の人間だからといって，同じ時期に，同じ発達の水準に到達するわけではではない。

6）異速性

　発達が生じる各側面，すなわち，その時期や部位・性別・機能等によって，その速度は異なる。たとえば身体発達において，主に筋肉や脂肪などが増加充実し，体重が増える時期を「充実期」といい，骨が伸び，身長が伸びる時期を「伸長期」という。2つの時期は，同じ速度では進行しない。シュトラッツ（C. H. Stratz）は身体発達において，「充実期」と「伸長期」とが周期的に交互に現れることに注目し，以下のように区分している。第二期以降は，男性の方が女性よりも遅れるという，性差がみられるようになる。

- 乳児期　0～1歳
- 中性児童期

第一充実期 2〜4歳,
第一伸長期 5〜7歳
  • 両性児童期
第二充実期 8〜12歳,
第二伸長期 11〜15歳
  • 成熟期 16〜20歳

 また,スキャモン(R. E. Scammon)は,出生から20歳に至るまでの各臓器・器官の発達が,量的・時間的に異なることを発達曲線として表した(図5-1)。20歳(成熟時)の臓器の重量を100として,各年齢における割合の値を示している。図5-1を見ると,4タイプの臓器によって発達速度が異なる

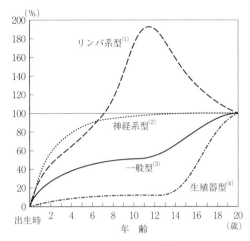

図5-1 スキャモンの発達曲線
注:(1) 胸腺,リンパ節,間質性リンパ組織
  (2) 脳,脊髄,視覚器,頭径
  (3) 全身の外形計測値(頭径をのぞく),呼吸器,消化器,腎,心大動脈,脾,筋全体,骨全体,血液量
  (4) 睾丸,卵巣,副睾丸,子宮,前立腺など
出所:松尾保編『新版小児保健医学』日本小児医事出版社,1998,10頁を基に筆者作成。

ことがわかる。たとえば,全身の外形等の一般型の発達は,出生直後と12歳頃の思春期以降は急速な上昇変化をみせるが,8〜12歳頃は,かなりなだらかな上昇変化である。脳や脊髄などの神経系は,6歳時には成人の90%の重量をもつようになるが,睾丸・卵巣などの生殖器系は12歳頃までは,著しい変化がみられず,神経系とは対照的な曲線を示す。そして,リンパ系は12歳頃をピークに,成人の190%にまで達するが,その後は低下し,成人のレベルとなる。

### 7) 臨界期・敏感期の存在

 発達の過程には,臨界期・敏感期として限定される時期が存在する。臨界期とは,発達過程において,その時期を過ぎるとある行動の学習が成立しなくなる限界の時期のことをいう(三省堂『大辞林 第3版』)。比較行動学者ローレンツ(K. Lorenz)は,カモのヒナが孵化した直後に,親や生物でなくとも,初めて目にした動く物体についてまわる行動を発見し,この現象を「刷り込み(imprinting)」と名づけた。主にガンやカモなど離巣性の鳥類にみられるこの

現象は，生まれて間もない短期的な時期にのみ特定の状況の時にみられ，他の学習のように反復を必要とせず1回限りで獲得し，その後も一貫して生じ，生涯消失することはない。このように，生物が特定の刺激によって特定の発達上の能力を獲得する事が可能であり，その時期を逃すと獲得が困難になる特定の短い期間を「臨界期」と呼ぶのである。

人間の発達においても「臨界期」はあるとも言われるが，「刷り込み」ほど明確に期間が限定された時期は存在しないという考え方が，近年では一般的である。しかし，たとえば言語の獲得のように，特にその能力が身につきやすい時期は存在するとされており，その時期を「臨界期」よりも幅が広く緩やかなものとして，「敏感期」と呼んでいる。人間の「臨界期」が他の動物ほど限定されていない理由として，人間の発達の可塑性の高さが考えられる。

(3) 発達に影響する要因

発達には，さまざまな要因が関与している。特に遺伝的要因と環境的要因が影響を与えると言われているが，どちらが大きく影響しているか，すなわち「遺伝か環境か（氏か育ちか）論争」については，19〜20世紀にかけて盛んに議論されたが，現在では，人間の発達は遺伝と環境双方の相互作用により規定されるという考え方が一般的となっている。

発達において，遺伝要因を重視する立場は「遺伝説（遺伝子決定論）」といい，生得的な遺伝子情報によって決定され，自律的に出現する"成熟"との関連に注目している。ゲゼル（A. L. Gesell）は，一卵性双生児による階段上りの実験を行った結果，訓練よりも成熟要因の関与が大きいとして，成熟優位説を提唱[1]した。そして，子どもがある特定の行動を習得するためには，心身がその学習の成立に十分な成熟段階に達していること，つまり学習準備性（レディネス）が備わっていることが必要であると唱えた。

一方，環境要因を重視する立場は「環境説（環境決定論）」といい，後天的な環境による経験によって決定され，経験より得られる"学習"との関連に注目した。ワトソン（J. B. Watson）は，著書『行動主義の心理学』の中で，「私に健康な1ダースの赤ん坊と，彼らを育てるための適切な環境さえ与えてくれれば，どんな専門家にでも，医師や弁護士，芸術家，経営者，乞食，泥棒にでさ

え，その子の生まれつきとは関係なく，育てることが出来る」(2)とまで言い切っており，遺伝よりも環境が発達を決定することを強調した。

しかし，シュテルン（W. Stern）は，遺伝か環境のどちらか一方が発達を規定するのではなく，2つの要因が集まって（輻輳して）加算的に発達に作用するという「輻輳説」を唱え，初めて相互作用に着目した。

また，ジェンセン（A. R. Jensen）も相互作用説を支持し，心身の各遺伝的特性が発現するために必要な環境は，その特性ごとに固有の"閾値（一定の水準）"があるとする「環境閾値説」を主張した（図5-2）。この値の違いにより，遺伝的特性を以下のA〜Dの4タイプに分類した。

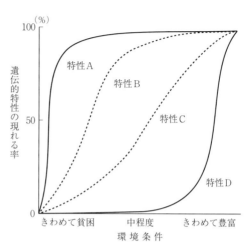

図5-2　環境と遺伝的可能性の実現度との関係
出所：Jensen（1969）；櫻井茂男・佐藤有耕編『スタンダード発達心理学』サイエンス社，2013年，18頁。

- 特性A…身長や言語機能のように，環境条件が極めて貧困でもほぼ完全に発達する特性。
- 特性B…知能指数のように，環境条件が中程度であっても発達する特性。
- 特性C…学業成績のように，広い範囲の環境条件によって発達する特性。
- 特性D…絶対音感や外国語の音韻のように，特定の訓練やきわめて豊かな環境条件がないと発達しない特性。

前述の能力や特性は，環境条件が非常に貧困である場合には，その発達は阻害されるが，その特性が出現するために必要な一定の閾値を超えた環境条件であれば，発達は正常な範囲内で進行するとされている。

バルテス（P.B. Baltes）は，発達に影響する諸要因の比重が，年齢経過によってどのように変化していくかについて，概念化した（図5-3参照）。

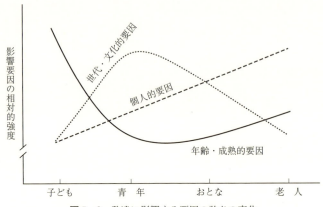

**図 5-3　発達に影響する要因の強さの変化**
出所：Baltes *et al.*（1980）；東洋・繁多進・田島信元『発達心理学ハンドブック』福村出版，2006年，3頁。

　この概念図を見ると，①年齢・成熟といった遺伝的要因は，特に乳幼児期の発達に最も大きく影響し，青年期には下がるが，その後は加齢に伴って徐々に影響が強くなっている。②逆に，世代・文化といった社会的な環境要因の影響は，乳幼児期には弱いが，青年期に最も強くなり，その後は老年期に向けて影響が弱くなっていく。③個人的な生活史上の要因は，生涯を通して年齢とともに，発達に強く影響していく。そして，この3要因がそれぞれ年代によって影響力は異なるものの，人間の発達に常に同時に関わっていることがわかる。

## 2　発達の過程

### （1）発達段階

　発達は，連続しながら進行していき，個人差があるものの，通常おおまかな年齢的な区分がされている。それは，主として社会的慣習や現行の学校制度を基準にした区分であり，法的なものではない。たとえば，児童福祉法においては，児童は「0歳から満18歳に未たない者」であるし，学校教育法においては「初等教育を受けている者」すなわち小学生・小学部生を指している。表 5-1 は，その区分を示したものである。
　発達には，心身の量的変化と質的変化があり，その質的変化は画一的なもの

表 5-1 発達時期の区分

| 区　分 | | | 年　齢 |
|---|---|---|---|
| 胎児期 | 未熟児 | 37週以前 | 受胎～出生（40週） |
| 乳児期 | 新生児期 | 4週未満 | 出生～1歳 |
| 幼児期 | 前　期<br>後　期 | | 1～3歳<br>3～6歳 |
| 児童（学童）期 | | | 6～12歳 |
| 青年期 | 前　期<br>後　期 | | 12～18歳<br>18～22歳 |
| 成人期 | 前　期<br>後　期 | | 22～45歳<br>45～65歳 |
| 老年（高齢）期 | 前　期<br>後　期 | | 65～74歳<br>75歳以降 |

出所：筆者作成。

ではなく，他の時期と明確に区別できる特徴をもつ「発達段階（developmental stage）」としてとらえることができる。発達段階もまた，その進行の速度には個人差があるが，段階を進む順序は変わらない。また，一定の段階に到達すると，それ以前の段階に戻ることはなく，不可逆的なものである。

　ハヴィガースト（R. J. Havighurst）は，それぞれの発達段階において，達成しなければならない「発達課題（developmental task）」があるとし，その課題の達成に成功すると人は幸福になり，次の段階にスムーズに移行することが可能となるが，失敗すると不幸になり，次の段階においても課題の達成が困難になり，発達に不適応が生じると述べている。表 5-2 は，ハヴィガーストの発達課題を示したものである。

　各段階の発達課題をみると，①歩行の学習など身体的成熟に関するもの，②読み書きなどの学習や，社会的・文化的な適応に関するもの，③進学や職業選択，結婚など，個人的な価値観や意思・選択に関するもののおよそ3種に分類できることがわかる。

　次に，代表的な発達理論を紹介する。

表 5-2　ハヴィガーストの発達課題

| 乳幼児・児童期初期（就学まで） | 成人初期 |
|---|---|
| (1) 睡眠と食事における生活リズムの達成<br>(2) 固形食物を摂取することの学習<br>(3) 親ときょうだいに対して情緒的な結合の開始<br>(4) 話すことの学習<br>(5) 排尿排便の学習<br>(6) 歩行の学習<br>(7) 正・不正の区別の学習<br>(8) 性差と性別の適切性の学習 | (1) 配偶者への求愛と選択<br>(2) 配偶者との幸福な生活<br>(3) 子どもを巣立たせることで親はその役目を果たす<br>(4) 育児<br>(5) 家庭を管理する責任をとる<br>(6) 就職<br>(7) 適切な市民としての責任をとる<br>(8) 社会的ネットワークの形成 |
| 児童中期（学童期） | 成人中期 |
| (1) 身体的ゲームに必要な技能の学習<br>(2) 積極的な自己概念の形成<br>(3) 男・女の適切な性役割の採用<br>(4) 仲間と交わることの学習<br>(5) 価値・道徳観・良心の発達<br>(6) パーソナリティの独立と家族との結びつきの弱化<br>(7) 基本的読み・書き・計算の技能の発達<br>(8) 自己及び外界の理解の発達 | (1) 家庭から社会への子どもの移行に助力する<br>(2) 成人のレジャー活動の開始<br>(3) 配偶者と自分とをそれぞれ1人の人間として結びつける<br>(4) 成人としての社会的・市民的責任の達成<br>(5) 満足すべき職業的遂行の維持<br>(6) 中年期の生理的変化への適応<br>(7) 高齢者である両親への適応 |
| 青年期 | 高齢期 |
| (1) 概念及び問題解決に必要な技能の発達<br>(2) 男・女の仲間とのより成熟したつきあいの達成<br>(3) 行動を導く倫理体系の発達<br>(4) 社会的に責任のある行動への努力<br>(5) 変化しつつある身体の承認と効果的な身体の使用<br>(6) 経済的に実行しうるキャリアへの準備<br>(7) 親からの情緒的独立の達成<br>(8) 結婚と家庭生活の準備 | (1) 身体的変化への適応<br>(2) 退職と収入の変化への適応<br>(3) 満足な生活管理の形成<br>(4) 退職後の配偶者との生活の学習<br>(5) 配偶者の死への適応<br>(6) 高齢の仲間との親和の形成<br>(7) 社会的役割の柔軟な受け入れ |

出所：東洋・繁多進・田島信元『発達心理学ハンドブック』福村出版，2006年，410頁を基に筆者作成。

## 1）ピアジェの発達段階説

　ピアジェ（J. Piaget）は，認知発達の過程より，発達段階を区分した。ピアジェは，人は内界にもつ認知の枠組みシェマ（スキーマ）によって，外界の現象を自己に取り入れる「同化」と，外界に対応するために，自己のシェマを修正し変化させる「調節」とを繰り返す「均衡化」によって，認知が発達していくと考えたのである。以下に，その発達の各段階を示す。

① 　感覚運動期（0～2歳頃）

　自分の感覚と運動を通して外界を知り，適応する時期。生得的な反射から始まり，偶発的な行動，簡単な予測をもった行動，と外界と関わる手段が進行し

**表5-3** エリクソンの心理社会的発達段階

| 段　階 | 年　齢 | 課題または構成要素 | 基礎的活力 |
|---|---|---|---|
| 乳児期 | 0～1.5歳 | 基本的信頼―基本的不信 | 希　望 |
| 幼児期前期 | 1.5～3歳 | 自　律―恥・疑惑 | 意思力 |
| 幼児期後期 | 3～6歳 | 主体性(積極性)―罪悪感 | 目的意識 |
| 児童期 | 6～12歳 | 勤勉性―劣等感 | 有能感 |
| 青年期 | 12～20歳 | 自我同一性―役割の拡散 | 忠誠心 |
| 成人期前期 | 20～40歳 | 親密さ―孤　立 | 愛の能力 |
| 成人期後期 | 40～60歳 | 生殖性―停　滞 | 世　話 |
| 老年期 | 60歳以降 | 統合性―絶　望 | 英　知 |

出所：西平直喜「青年期における発達の特徴と教育」岩波講座『子どもの発達と教育6』岩波書店，1979年，10頁を基に筆者作成。

ていく。対象物の永続性も発達しはじめ，象徴機能を持ち，模倣遊びやごっこ遊びが可能になる。

② 前操作期（2～7・8歳頃）

象徴機能はさらに発達し，言語を使用した思考も可能になるが，目の前で起こっていないことをイメージすることは困難である。客観的な視点をもてない自己中心性により，アニミズムや人工論などが特徴的となる。

③ 具体的操作期（7・8～11・12歳頃）

客観的な思考が可能となり，保存の概念ももつようになる。具体的な事物については論理的な処理もできるようになるが，抽象的なものの処理は困難である。

④ 形式的操作期（11・12歳以降）

抽象的な事物についても，論理的な操作が可能になる。仮説を立てて推理することもできるようになる。

**2）エリクソンの心理社会的発達段階**

エリクソン（E. H. Erikson）は，特に自我の発達に注目し，人間の一生を8つの段階に区分し，それぞれの段階に相反する課題があり，それを達成できるかどうかという心理社会的危機があるとした[4]。危機を克服することにより，自我が発達し，次の段階に進めるのである。表5-3は，心理社会的発達論と呼ばれる自我の発達論を示したものである。

3）フロイトの心理性的発達論

精神分析学の創始者フロイト（S. Freud）は，性衝動であるリビドーが人間の生得的な本能のエネルギーと考えた。ゆえに，このリビドーを満たす身体の部位が変化していく，以下のような発達段階を主張した。

① 口唇期（0～1歳）

乳を吸う時に口唇で快感を得ることによってリビドーを満たし，受動的に環境と関わる。

② 肛門期（1～3歳）

排泄時に，肛門で快感を得てリビドーを満たす。環境への能動的な関わりが芽生える。排泄の自立＝トイレット・トレーニングによって，抑制される。

③ 男根期（4～6歳）

自分の性器への関心から，自分の性別への関心が芽生える。異性の親への性的な関心が強くなり，同性の親への対抗心が生まれる。これらの葛藤を乗り越えて，同性の親との同一視によって自分の性を受け入れ克服する。

④ 潜伏期（6歳～思春期）

性衝動は休止状態に入り，社会的規範の獲得や知的活動によって充足を得る。

⑤ 性器期（思春期以降）

これまでの部分的な性欲が統合され，成人としての異性への性欲に移行し，相手の人格を含めて認める性愛へと完成していく。

(2) 発達の質的転換期

白石正久は，発達は必ず段階を踏んでいき，段階に達すると急に新しい力が獲得されていく「質的転換期」があるとしている。質的転換期とは，発達の過程における大きな節目であり，量的ではなく質的な発達が，ある段階を越えて，さらに高次の段階へと進んでいく急速な変化の時期である。田中昌人（1987）は，質的発達において「可逆操作の高次化における階層―段階理論」を提唱し，生まれてからおよそ成人するまでに，①乳児期前期（～6，7カ月）②乳児期後期（7カ月～1歳6カ月）③幼児期から学童期半ばへ（1歳6カ月～9，10歳）④成人期へ（9，10歳～），という4つの階層があり，各階層はそれぞれ3つの発達段階と飛躍的移行期から成り立っているとした。そして，階層間の移行を達

成する原動力となる「新しい発達の力」は，その階層における第2の発達段階から第3の発達段階への移行の過程で，生理的基礎と社会的な諸関係において発生することを提起した。竹内謙彰は生理的基礎と社会的な諸関係において発生すると換言している。

こうした質的転換期の克服を繰り返し，すべての子どもが同じ道筋をたどる。質的転換期を乗り越えるには，大きなエネルギーを必要とするので，障害児は，発達上の"つまずき"や"もつれ"が生じやすく，ここで障害の問題が顕著になることが多いとされる。しかし，この時期にはどの子どもにも，つまずきやもつれが起きる。この"上手くいかなさ"が，たとえば障害児にとっては克服困難で長引くことにより，表面化するだけである。質的転換に時間がかかることを一般に"発達の遅れ"ということが多いが，サンプル数の多い集団の平均値と比較して遅いのであり，その個人として遅れているわけではなく，その時期に時間がかかるという個人特性である。

ゆえに，「他者に追いつかなければいけない」「急がせなくてはならない」という意味を含みがちな"遅れ"という語は適切ではない。厳密には，どの子どもも自分の速度で同じ道筋を歩むことに変わりはない。近年，従来は「正常児」「健常児」「障害児」と呼ばれてきたものについて，「定型発達児」「非定型発達児」という呼び方が現れた。特に「定型発達児」に対して，非定型の中でも「自閉症スペクトラム児」を指すことが多い。しかし，定型発達児がすべて同型の発達をするわけではない。"定型"も，やはりサンプル数の多い集団の傾向であるというだけであり，非定型を定型に"修復"しなければいけないわけでもない。

## 3　個人の発達の保障

### （1）発達の能動性

すべての人間は，生まれながらに自ら外界に積極的に働きかけるという能動性をもっている。ホワイト（R.W. White）は，コンピテンス（有能性）という概念を提唱し，「環境と効果的に相互交渉する潜在能力」と定義した。近年，胎児・新生児のコンピテンス研究も盛んである。たとえば，新生児でも，特に身

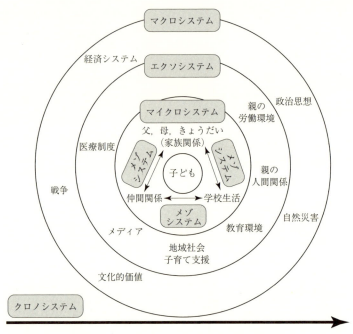

**図 5-4　生態学的モデル（The Ecoligical Model）**
資料：Bronfenbrenner, 1979/1996 を参照して作成。
出所：櫻井・佐藤『スタンダード発達心理学』2013年, 24頁。

近な人間の声や人間の顔を，選択的に聴覚や視覚でとらえていること等がよく知られている。このように，人間は生まれる前から，周囲の環境，特に生まれた直後には人間環境へ能動的に働きかけ，その結果，環境から反応を受けて，生きるために必要なさまざまな能力を獲得していく。こうした子どもの健全な発達を保障するためには，周囲の環境が，この能動性を発揮させるものであると同時に，その働きかけに対し，タイミングよく適切なレスポンスを示すことが重要となる。そのレスポンスを受け取ることが，次の働きかけにつながる。この能動性も個人差の大きいものであり，それに対するレスポンスも，当然個人差に応じたものであることが重要である。

　働きかけの対象となる環境に関して，心理学者ブロンフェンブレナー（U. Bronfenbrenner）は，発達を「人がその環境を受けとめる受けとめ方や環境に対処する仕方の継続的な変化」と定義した。そして，子どもを取り巻く環境が

システムとして，その発達に影響を与えるという生態学的モデル（The Ecological Model）を示した（図5-4）。

このモデルは，発達というものを，人を中心に，その周囲の環境を同心円の構造として考えたものである。子どもの発達に，最も直接的に影響を及ぼすのは，子ども自身が関わりをもつマイクロシステムであり，家庭や学校等を指す。マイクロシステムの中で環境要因同士が相互関係をもち，影響するのが，メゾシステムである。マイクロシステムの周囲には，子どもが直接的に関わりをもたないが，間接的に影響するエクソシステムが存在する。その外側を取り巻くのが，これらを内包して影響を及ぼす，国家レベルの文化やイデオロギーといったマクロシステムである。そして，後になって付け加えられたのが，この同心円状のシステム全体に影響を及ぼす，時間の流れ，クロノシステムである。

人間の発達は，個人で進行し，個別性の高いものだが，"個別に"進むわけではない。白石が言うように，「仲間のなかで一人ひとりの育ちと，集団としての育ちを，集団も個人も行きつ戻りつ，矛盾を食べながら発達する[12]」ものである。発達を保障するためには，発達に直接的・間接的に影響を及ぼす，これら周囲の環境を整えることも重要である。

### （2）発達の最近接領域

ヴィゴツキー（L. S. Vygotsky）が提唱した概念，「発達の最近接領域（Zone of Proximal Development：ZPD）[13]」とは，子どもが自力で問題解決できる現時点での発達水準と，大人や自分より高い能力をもつ仲間からの援助や指導を得て解決可能となる，より高度な潜在的発達水準との差の範囲のことを指す。その範囲が，やがて独力で解決可能になる次の領域であり，その領域に働きかけることが教育であるとした。ゆえに，現在から次へとつながる最近接領域を飛び越えた働きかけは，子どもの発達を無視したものであり，学習効果があがらないとされる。これは，第1節(3)で述べた，ゲゼルの学習準備性（レディネス）の概念とも通じ，ある学習の成立には，そのために十分な成熟段階に達していることが必要であると考えられる。

そしてまた，この領域も個人によって大きく異なる。第2節で説明した質的転換期同様，すべての子どもが同時期に同水準に移行するわけではない。一人

一人異なる，発達の最近接領域を見極め，働きかけることが教育の務めであり，各人の水準を同一にすることや，そのために低い水準を引き上げようとすることが教育の目的ではない。

**注**

(1) Gesell, A. L. "*The ontogenesis of infant behavior.*" In L. Carmichael (Ed.), *Mannual of childpsychology* (2nd ed), John Wiley, 1954, pp. 335-373.
(2) ワトソン，J. B.／安田一郎訳『行動主義の心理学』河出書房，1968年。
(3) ハヴィガースト，R. J.／荘司正子監訳『人間の発達課題と教育』玉川大学出版部，1995年，25頁。
(4) エリクソン，E. H.／仁科弥生訳『幼児期と社会1』みすず書房，1977年，351頁。
(5) Freud, S. "*Three essays on the theory of sexuality*" Standard Edition. Vol. 7. (Originally published in 1905). Hogarth Press, 1953.
(6) 白石正久『発達の扉 上』かもがわ出版，1994年，26頁。
(7) 田中昌人『発達研究への志』あいゆうぴい，1996年，32-33頁。
(8) 田中昌人『人間発達の理論』青木書店，1987年，139頁。
(9) 竹内謙彰『学童期における認知発達の特徴──9，10歳の発達の節目に焦点を当てて』立命館人間科学研究18，2009年，82頁。
(10) White, R. W. "*Motivation Reconsidered: The Concept of Competence*", Psychological Review, Vol. 66, 1959, pp. 297-333.
(11) ブロンフェンブレナー，U.／磯貝芳郎・福富護訳『人間発達の生態学』川島書店，1996年，3頁。
(12) 白石，前掲書。
(13) Vygotsky, L. S. "*Mind in Society: Development of Higher Psychological Processes.*" Cambridge, Harvard University Press, 1978.

**参考文献**
東洋・繁多進・田島信元『発達心理学ハンドブック』福村出版，2006年。
田中昌人『発達研究への志』あいゆうぴい，1996年。
白石正久『発達の扉 上』かもがわ出版，1994年。
櫻井茂男・佐藤有耕『スタンダード発達心理学』2013年。

第5章　発達の理解

> **学びのポイント**
> - 満2歳になった子どもの「言葉の遅れが気になる」という親が、幼稚園入園前の相談に来ました。発語に関すること以外に、あなたは子どものどんな点を観察し、親に聞き取ることが必要だと思いますか？考えてみよう。

> **さらに考えてみよう・みんなで議論してみよう**
> - あなた自身が、初めて歩いたのは、いつ頃だったのか。その時の状況や、その前後の様子を、身近な人に聞いて調べてみよう。

# 第6章 発達障害児の生活
## ——「気になる子ども」を理解する

### 1 生活の中での気になる言動

#### (1) 周りとの違いが気になり始める時期

　赤ちゃんは大人からの言葉かけやスキンシップに対して生き生きと反応を示し，相互にコミュニケーションを楽しむ。したがって，赤ちゃんの頃から，反応が弱い，視線が合わない等の気になる要素がある場合は，専門家に相談するなり病院に行くなり，何らかの対応をとることが多い。そしてまた，赤ちゃんにこのような違和感がある場合は，発達障害の可能性が否定できない場合がある。

　ところが，幼児期に顕在化する気になる言動は，一見すると強い個性と思えるような状態を示すことも多い。これらに特有の状態は，知的な発達に明らかな遅れが見られないにもかかわらず，落ち着きがない・コミュニケーションがうまくとれない・衝動的で不注意である等が挙げられるが，いずれもある程度，もしくは十分な言語発達が見られるために障害と認識されづらく，「困った」または「理解が難しい」等ととらえられがちである。

　また，多くが3歳前後でこの様相を呈しはじめるが，この年齢は心身ともに目覚ましい発達を遂げる時期であり，発達のスピードには大きな個人差が見られる。そのために，個人差内の発達の程度によるものか，強い個性に起因する性格傾向によるものか，また，発達障害によるものかを判断することは難しい。

　しかし，気になる行動パターンをする幼児がいるのは事実である。そしてそれは個性の範囲を超えていると思わざるを得ないものなら，発達障害の可能性を考慮しなくてはない。発達障害は，障害と認識されず，しつけの悪さや愛情不足，本人の性格の問題に起因するものと誤解され，親子ともに深く傷つくことも少なくない。そして，他人からの非難を避けるために親子で内にこもっ

てしまい、さらに状況を悪化させることもあり得る。

　近年、発達障害についての情報が増えてはいるが、特徴や症状は多岐にわたるので、正確に認識することは難しい。そのため、必要以上に彼らを障害者扱いしたり、また逆に個性の一言で片付けたりすることも多く見られる。保育や教育現場の職員に対する研修が増え、情報も多くあるがゆえの、「発達障害について理解している」という思い込みによる不適切な対応が、幼児やその親を苦しめている可能性も考えなければならない。

　また、個性ととらえた上で受け入れようとしても、障害があるならばそれ相応の対応をとらなければ事態は好転せず、余計にその子を苦しませる結果になりかねない。正確な障害への知識がないままの、「これがこの子の個性だから」という単純な認識の仕方は、その子を理解する態度としては適切とは言えない。発達障害は、判断が難解で非常に複雑な障害である。そのため、その子どもの周囲の大人や保育者は、「他の子とちょっと違う」という違和感は意識しつつも、必要以上に勝手な診断や判断を下さないこと、つまり身勝手なレッテルを貼らないようにすることが重要である。

### （2）保育現場における葛藤

　「落ち着きがなくて、座って食事ができない」「すぐにかっとなって友だちをたたく」という行動は、保育現場において珍しい光景ではない。保育者のみならず、保護者の中でも発達障害に関する一定の知識をもつようになってはいるが、保育者は日々「きちんと教え諭すべきなのか、受け入れるべきなのか」という葛藤の中で、その子どもたちと過ごしていることが多いのが現状と言えよう。

　しかし、日常の保育場面で大勢の幼児を一斉に見なくてはならない状況では、気になる子どもの気になる行動に応じてきめ細かく関わる時間を保障することが難しい。また、昨今はこのような幼児が一つのクラスに複数いるため、保育者の心労は計りしれない。加配の保育者が付き添う態勢がとられていれば安心感は違うが、それでも常に気にかかるものであろう。

　クラスの幼児たちもそれは同じで、「○○ちゃんまたいなくなった」「あそこで一人で遊んでる」と、何かと気にかけてくれる子どももいる。このような子

どもにとっては，あちこちに行ってしまう友だちのことが気になり，遊びや活動に集中できないこともあるだろう。つまり，その子どもが感じた微妙なひっかかりが，その子ども自身を不自由にさせ，言葉にならない"もやもや感"がクラスの幼児たちに広がる可能性を否定できない。

### (3) 集団生活に見る悪循環

　発達障害児と定型発達児が，共に充実した園生活を送るための具体的な方向性に，正しい一つの答えがあるわけではない。そもそも幼児は好奇心が旺盛で，ある事柄に興味をもつと，生活上のルールに従うこと（食事中は座って食べる，時間がきたらおもちゃを片付ける等）よりも，今，自分がやりたいことに気持ちが向いてしまうことが多い。また，友だちとの関係においても，自分の気持ちや欲求を優先してしまいがちであるために，いざこざを起こすこともある。

　このような，大人からすると困った行動は，気になると思われている幼児に限らず，多くの幼児がもつ傾向である。これらの行動や思考の仕方は「自己中心性」と言われるもので，幼児期の特徴の一つである。自己中心性とは，自分勝手という意味合いではなく，自分の思考を基準として他者の思考をとらえてしまう傾向のことであり，ピアジェ（J. Piaget）によって提唱された。たとえば，自分がカブトムシを好きなので，みんなもカブトムシが好きなのだと思考することは自己中心性の表れであり，自分が見ている景色はどの方向から見ても同じように見えると思ってしまう認識の仕方もその一つである。

　このように，幼児期は自分の気持ちや考えが判断の基準となるので，客観的な思考は当然不得手である。そのため，相互に自己主張をするのでいざこざが絶えない。しかし，やはりその中でも「気になる」と大人が感じるのは，特定の幼児に特徴的な行動パターンが繰り返し見られるからである。また，それに伴って，友だちから非難されたり拒否されたり，また保育者自身が「落ち着きがなくて大変」「お友だちにすぐ乱暴するので危険」というように，実際に困っていたりするからである。

　しかし，周りからすると困ったと感じられる行動も，そのような行動を起こしている本人にとれば，そうせざるを得ない，もしくは，自分の行動をコントロールできない等の理由があるものである。ただ，理由は存在するものの，自

分の気持ちを客観的に理解したり，行動の理由を言葉で説明したりすることは幼児にとってはそもそも大変なことであり，発達障害のある幼児にとってはさらに難しい。そのため，なかなか周囲に自分の行動を弁明することもできず，また，なぜこのような行動をしてしまったのかを説明することもできないまま否定的なとらえ方をされることも多い。

そうすると，この子どもの中に「わかってくれない」「うまく言えない」というストレスがたまり，それを発散するために再び目につく行動を起こすことにつながりかねない。このようなことが何度か繰り返されると，「○○ちゃんは乱暴な子ども」と先入観をもって見られることになる。すると当然，このような目で見られたり評価されたりすることにストレスをますます感じ，また発散的な行動をするというように，悪循環をたどる。

一度悪循環にはまったら，そこから抜け出すことは容易なことではない。周囲から認められない，理解してもらえないという苦しみはさらに発散的な行動を生起させ，その行動に困り果てた先生やクラスの友だちは，その子どもをさらに否定的にとらえるという負の循環は，誰にとっても有意味なものとは言えない。

日常生活の中で破壊行動や攻撃行動が頻発すれば，それに対して保育者が困ったと思うのは当然である。しかし，幼児にとって親や先生の存在感は大きく，その人が発した幼児を評価する言葉や態度は，多大な影響力をもってその子どもの中に自己意識として内在化される。大人にしてみれば他愛のない冗談や何気ない一言であっても，それが知らず知らずのうちに幼児に影響を与えて，集団に悪循環を及ぼす可能性さえあることを忘れてはならない。

## 2　子どもを理解するということ

### （1）自他の感情状態に対する客観的なとらえ方

「自分のことは自分が一番わかっている」という言い回しがある。しかしそれと正反対の「自分のことは自分が一番わかっていない」という言葉も存在する。これはどちらも言い得ているといえよう。私たち人間は非常に細やかな感情を有する。感情は私たちが外から何らかの刺激を受けたことによって起こるが，

その起こり方は，その時の自分の状況，気持ち等によって変化するものである。
　たとえば，子どもが食事中にスープをこぼしたとする。この時に起こる感情は，いついかなる時でも同じものであろうか。自分に余裕がある時には「熱くなかった？　だいじょうぶ？」と声をかけられるかもしれないが，気持ちや時間に余裕がない時には「もう！　なんなの！」と怒りの感情が先立って，一方的に怒るかもしれない。私たちが知らなくてはならないことは，人間の感情は現在置かれている状況によって大きく変化するということである。しかし，常にこのことを自覚して生活することは意外と難しいものである。
　また，感情というものは，意識する間もなく突然押し寄せてくることがある。その度に，その要因を冷静に分析することはほぼ不可能である。大概，目の前に迫ってきた感情に飲まれないように逃げ惑うか，下手すると飲まれてしまうかということを繰り返すものである。しかし，感情は状況に大きく左右されるということに気づくと，自分がイライラしている時に「私は今忙しすぎて気持ちに余裕がもてないからだ」と自己を客観的に見ることができて自分を許せるかもしれないし，誰かがイライラしていても「あの人は辛い状態にある。今は見守っておこう」等のように，冷静に対応しつつ不必要な嫌悪感を相手に抱かなくて済むこともある。
　他者を理解するためには，自己を理解することが必要であると言われる。それは，人間の感情は不安定で，時に利己的であるということを，自己の経験を通して知ることが，他者の行動や感情の理解につながるからであろう。感情は自分自身の中で起こるものであるが，時として自らの感情に翻弄される。しかし，翻弄されている自分に気づかないでいると，いつまでも出口の見えないトンネルを歩き続けることになり，いつしか疲れ果て，自分にも人にも優しくすることができなくなることもあるだろう。保育者として，また大人として，子どもの言動に思いを寄せて理解するためは，自らを客観視する力が不可欠であると考えられる。

### (2) 問題とされる事態に対するとらえ方
#### 1) 原因があって結果がある――直線的理解
　たとえば，家出と乱闘騒ぎを起こして保護された15歳の少年がおり，その少

年と母親の言い分をそれぞれ聞いたとする。保護された少年は，家出と乱闘を繰り返すその理由を「家ではお父さんがいつも酒を飲んで暴れて，僕は幼い時からいつも叩かれていた。お母さんは，僕が何をしても無視で，全然興味ないみたいだ。もう我慢の限界だ。親とも思ってない」と話したとしよう。この言い分を聞けば，問題行動の原因は劣悪な家庭環境ということになり，問題の根本は両親にあるという結論になる。

一方，母親は「父親はこの子が生まれてから酒を飲んで暴れるようになったが，私は恐怖で何もできなかった。中学に行き出した頃から問題行動を起こしていたが，父親はこの子に対して，しつけとして暴力を振るっていた。この子は私が何を言っても聞かず，親を親とも思っていないような態度をとっており，どう接したらいいのかわからない」と話したとしよう。母親の言い分から考えると，問題の根本は父と子にある。

このように，問題行動が起こるのは，それを引き起こす原因があるからであり，問題行動を解決するためにはその原因を探って取り除かなければならない，とする考え方が直線的理解である。確かにさまざまな事象には，原因があって結果が生まれるという因果関係が存在するが，直線的理解に基づくと，必然的に特定のものが「原因」になる。しかし，家族や集団生活の中で起こる問題の原因を一つに確定することは難しい。また，誰かを責め，非難し，悪者にしたところで，本当に問題は解決するのであろうか。

私たちは何か問題が起こった時に，無意識に他人のせいにすることがある。誰しも自分が問題の原因になることは避けたいため，自己防衛の手段として当然のことと言える。しかし，複数の人間関係の中で起こる問題の原因を一つに特定することは，原因とされた人物を追い込む，非常に危険なことでもある。発達障害児は，自分の感情や状況を明確に言語化することが難しいことがあり，このような子どもに対して追い討ちをかけるように，その子が問題の根源であるというレッテルを貼りかねない直線的理解は，特に子どもをめぐって起こる問題を考える際には避けなければならない。

### 2）原因と結果は表裏一体である——円環的理解

再度，保護された15歳の少年の例で考えよう。簡単に整理すると，少年の言い分は「両親がよくない（原因）から自分が家出をした（結果）」というもので，

母親の言い分は「少年が言うことを聞かない（原因）から父親が暴力で押さえつけた（結果）」というものである。

ここでそれぞれの原因と結果を照合させると，少年は「親の態度＝原因，問題行動＝結果」であり，母親は「問題行動＝原因，親の態度＝結果」と主張しているが，これより，親の態度も，問題行動も，共に原因でもあり結果でもあるという結論に至る。そうすると，原因を追及するのではなく，関係性そのものをとらえなおして再構成することが重要であると気づく。

このように，何か原因があるから結果が生じるという直線的なとらえ方ではなく，問題は原因と結果がそれぞれ入れ替わり立ち代り連鎖的に影響しあって起こるものである，とする考え方が円環的理解である。この理解の仕方には，客観的なとらえ方が必要であるが，問題の渦中にいる者は，感情的になり，冷静な判断ができないことが多い。「自分の家族の問題は自分たちで解決する」「自分のクラスの中で起こったことだから自分でどうにかする」という考え方は，問題を悪化させることにもなりかねない。一人で抱え込むのではなく，冷静で客観的な他者に頼ることも必要であろう。

### （3）理解に際しての客観性とは
#### 1）子ども同士のいざこざに対する理解と態度

「本当は自分が悪いとわかっているが，素直に認めるのは少し悔しい」という葛藤経験はあるだろうか。これは，自分の過失（あるいは故意）に対して相手が感情的になった時に起こりやすい。仮に，自分が子どもだと想像してみよう。あなたが友だちの使っているおもちゃがどうしても使いたくて，無言で取り上げたが，それに対して友だちが無言，もしくは意に介さない態度なら，どのように感じるだろうか。

「うまく取った」と思うかもしれないし，「うまく取ったけれど，なんとなく居心地が悪い」と思うかもしれないが，いずれにせよ，相手が無反応に近いにもかかわらず，自分で取っておいて怒り出す理由はない。ところが相手が怒り出したら，自分から理不尽なことを仕掛けたにもかかわらず，むしゃくしゃした気持ちが沸き上がることが多い。そして，最終的にはおもちゃの存在など半ばどうでもよくなり，「あのおもちゃが使いたい」という当初の目的から外れ

たところでのけんかになることも多い。保育者として子どものいざこざに介入する際には，基本的な態度である共感性や受容等とともに，想像性を広げて子どもの感情を理解するように努めたい。

では，目の前にいざこざを起こしている2人の男児がいるが，駆けつけた時，A君は大泣きしており，B君はむすっとしていたとする。ここで「B君！ なんてことしたの！」といきなり怒るのは保育者として少々考えものであろう。まずは「どうしたの？ 何があったのか教えてくれる？」と状況を聞き出そうとするかもしれない。しかしその脳裏には，どのようなイメージが浮かんでいるだろうか。「泣いているのはA君だから，きっとB君が何かしたのだろう」という固定観念にとらわれてはいないだろうか。

保育者がいざこざに遭遇するのは，その多くが，いざこざが起こっていると認識できる状態になってからである。つまり，発端が不明確なまま，いざこざの仲裁を始めることが多い。もしB君が「気になる子」として認識されている子であるなら，このイメージはより確信に近いものかもしれない。誰しも，このような先入観はもつべきではないと頭では理解できる。しかし，人間はとっさの状況や，原因が不明確な状況では，毎日の積み重ねの中で培ってきたその子に対する固定的なイメージが無意識に生起することが多い。事態を客観的に，そして冷静に受け止め，先入観や偏見を払拭して子どもを見ることは当たり前のようでいて実は意外と難しいことかもしれない。

### 2）客観性が思い込みを防ぐ

保育者はその日の出来事や子どもの姿を詳細に記述することができるが，これは子ども一人一人の育ちを見守っているからこそ可能なことである。逆上がりにずっと挑戦していたが，なかなかできなかった5歳児が，今まさにできるようになったとする。この子どもの喜びや誇らしさは想像に難くないが，たまたまその場に居合わせた者には，心の底からの喜びを共有することは難しいであろう。この子どもの喜びを本当に分かち合えるのは，悔しい思いをしてきたこの子どもと共にいた保育者である。

ところが毎日共に過ごしているからこそ見えなくなることもある。それは子どもの性格や行動パターン等を，理解していると思い込むことによる，思わぬ落とし穴のようなものである。もし，ある子どもに気になる点があるならば，

何が，どうして気になるのかとまず考え，そのような言動はどのような状況の際に起きることが多いのかを客観的に知ることが，子どもに対する「理解しているつもり」や「思い込み」を防ぐ。

保育者は多くの子どもの性格や家庭環境や生育歴等，実にさまざまな事柄を把握しなければならない。そのような時，「Aちゃんは〇〇という特徴がある」というように，子ども一人一人をある程度の枠組みでとらえることは，理解の方法として有効である。このとらえ方は多くの子どもと接する保育者として身につける必要があり，また，私たちが他者をとらえる際の一般的な方法でもある。しかし，保育者は，常に自分の理解の枠組みの中でその子どもを知っているつもりになってはいないかということを意識する必要があろう。時に自分を振り返ってみることが，その子どもへの理解をより深めることにつながるのである。

## 3　支援を必要とする子どもと，その保護者に対するサポート

### （1）親密な第三者としての保育者

気になる子どもを抱える親は，しばしばわが子への理解に苦しみ，わが子の存在の意義を再確認せざるを得ない状況に追い込まれることもある。それは，障害児を産んだ自責の念や，将来を憂いた末の，存在を消滅させたいという不穏な願い等，否定的な思いが複雑に交差する。この思いは少なからず親にとってストレスとなり，そのストレスは無意識に弱者であるわが子へと向くことも多い。気になる子どもとその親の間には，安定した愛着関係（アタッチメント）をつくりづらいこともあるが，それが子どもの精神的不安定を引き起こし，さらに気になる行動が増加する要因ともなる。

このように一度悪循環に陥ると，修正するのはとても難しい。こんがらがってほどけない糸の結び目と言えるかもしれない。そこで感情的になり，焦ってほどこうとしても逆に結び目をきつく縛ってしまうことが多いが，そこで第三者が，冷静に結び目を観察して，どこからほどけばいいのかを指摘してくれたら，そこからは自分の力でほどけるかもしれない。気になる子どもとその親のアタッチメントのあり方について，当事者も，また周囲の人も冷静に見る必要

がある。

　気になる子どもが「気になる」のは、その子どもの日常に見られる言動のパターンが他の子どもたちと少々違うという実感を伴うことが多いが、その子どもたちは言語化できない苦しみを遊びの中で表出することがよく見られる。だからこそ保育者は、親密な第三者として、その子の家庭環境や生活環境等を含んだ背景まで視野に入れた上で、その子どもを包括的にまるごととらえることが重要となる。

## （2）アタッチメントと基本的信頼感

　アタッチメント理論を提唱したボウルビィ（J. M. Bowlby）によると、赤ちゃんは泣く、微笑む等によって養育者を自分にひきつけようとする発信行動と、吸う、しがみつく、見る等によって自ら養育者に近づこうとする接近行動を生得的にもつ。これらの行動は、言うまでもなく、アタッチメント形成に大きな役割を果たしている。

　養育者は基本的に赤ちゃんの要求を感じとり、さまざまに対応する。泣いていればその原因を考え、不快を取り除こうと努力し、微笑んでいればその笑顔を見て優しく笑いかけ、体を揺らして話しかける等、より快適な状態を提供しようとするであろう。これらの適切な関わりがアタッチメントを形成し、赤ちゃんは養育者からの愛情を取り込む。そして、自分の周りの人間は信頼してもいいのだという他者信頼感と、自分は愛情をかけられるに値する存在なのだという自己信頼感を感じとる。この、自分の生きる世界は信頼するに足るもので、自分自身も信頼するに値するものであるという感覚を、アメリカの精神分析家であるエリクソン（E. H. Erikson）は「基本的信頼感」と呼んでいる。

　さらにイギリスの精神分析家であるウィニコット（D. W. Winnicott）は、「信頼（trust）という言葉は、（乳児が）分離と独立を享受し利用する以前、つまり（親に対する）依存が最大である時期に、体験に基づいた確信を確立すること」[1]と述べている。この感覚は、自分はここにいるという確固とした自己存在感をつくり出し、外界に向かう行動力と勇気を生む源となる。これは養育者からの絶対的な愛情と抱擁、そして存在そのものを認められているからこその実感であり、自分に対する信頼感、すなわち自信の源と言える。

## （3）わが子に寄り添いきれない母親
### 1）不安定な母子間の関係性

　以下に,「子どもと話すということの意味がわからない」と無表情で語った, ある3歳児の母親の例を挙げる。この母親は3歳児健診のために保健センターに訪れたが, 保健師から「3歳にしては言葉の発達が遅いのでは」という理由で心理相談に行くよう言われたとのことである。半ば強制的に来させられたという気持ちからか, 母親に不満を感じている様子が見られた。少々長いが, この事例がどのような親子関係を彷彿とさせるものか, 想像しながら読んでいただきたい。

　　状　況：子ども（J児）は3歳3カ月の男の子で, 母親は24歳。Jの表情は豊かだが, ほとんど発話はない様子。母親は相談員とは目を合わせず, なんとなく「むすっ」とした表情で椅子に座る。Jの目の前にはクレヨン, 積み木, スケッチブック, 検査用の絵カードなどが置いてある。（以下, Cは相談員, Mは母親, Jは子どもを示す）

　C：(Jに向かって) こんにちは～。
　J：(にこっと笑い, すぐに積み木に手を出す)
　C：(その笑顔になんとなく違和感を覚えつつ) J君, 積み木好き？　何作ろうか？
　J：(にこっと笑い, 積み木を縦に積み始める)
　C：わぁ, すごい！　どこまで積めるかな？
　J：(集中した様子で積み木を一つ一つ積み上げる)
　C：すごい！　がんばれ！
　　　　〈積み木が音をたてて崩れる〉
　J, C：あぁ～～。
　C：残念だねぇ, もう一度やってみようか？
　　　　〈この間のMの様子はただCとJのしていることを眺めているだけであり, Jに声を掛けたり, 表情を変えたりする様子はなかった〉

J：（再度積み木を積み始める）
C：（Mに向かって）J君はどんな遊びが好きなんですか？
M：遊び…普段何をしているんでしょう…？　ちょっと，わからないですね
C：そうですか，たとえば絵本が好きとか，外で走り回るのが好きとか，テレビが好きとか…何でもいいのですが，何か思い当たるものってあります？
M：あぁ，そう言われれば，ビデオを見せておけばいくらでも見ています。後は何か好きな遊びとかあるのかなぁ？　よくわからないです。（ほとんど表情は変えない）
C：そうですか，じゃあ，家ではどんなことをお話しますか？　今日はなになにを見たね，とかこんなお遊びしたね，とか話したりします？
M：話…話ですか？　話って，何を話すんですか？　話す…？　なんか，意味がわからないです。
C：そうかもしれませんね，まだ言葉もそれほど話すということではないですし，おしゃべりといってもなかなか難しいかもしれませんよね。
J：（絵カードに興味をもち，広げている）
C：あ，ねぇ，J君，もののお名前のあてっこしようか？　ね，これは何？（といいつつ検査用の絵カードをJに示す）
J：（にっこりしながらも何も言わない）
C：じゃあこれは？（別のカードを示す）
J：（やはりにっこりするが，何も言わない）
C：お母さん，J君は家で何か少しでもお話しますか？　たとえば絵本を見ながら何かものの名前を言ったりとか…。
M：絵本は見ないので，わからないです。
C：それじゃあ，ビデオを見ながら登場するキャラクターの名前とかは？
M：あぁ，それなら「アンパンマン」とか「トーマス」とか言ってますね。
C：そうですか，好きなものの名前は言えるんですね。文章でお話しますか？　なになにがどうした，とかそんな感じのものでいいんですが。
M：文章で…多分聞いたことないです。単語だけ言う感じと思います。

C：じゃあ，お母さんの指示などは理解していますか？「あれ取ってきて」とか「これ捨てて」とか…。
M：あ，それはやります…うん，やりますね。
C：そうですか，その辺りは理解しているんですね。
J：(また積み木に手を出し，横に並べている)
C：あ，すごい，電車みたいだね（と言って，少しJの頭上に当たる位置から積み木に手を伸ばす)
J：(びくっとして首をすくめ，上目遣いでCを見る)
C：(C自身，その反応に少し驚きつつも，気づかぬふりをして少し乱れた積み木の列を直す)
C：うーん…さっきのものの名前ですが，3歳ならほとんど言えてもいいと思うんですよ。毎日生活をしていると，お母さん自身わかっているから，なかなかわざわざJ君に名前を教えるということってないかもしれませんが，ちょっと意識して周りにあるものの名前を口に出して教えてあげてもいいかもしれませんね。
M：あー…確かにわざわざものの名前を言うってことはないですね。
C：そうなんですよ，でも子どもにとってはいろいろなものが初めて見るものですごく興味をもっていると思うんです。それを口に出して教えてあげると，きっとどんどん新しい言葉を覚えてくると思いますよ。
M：そうですね…なかなか意識しないから難しいですけど…。
C：さっきですね，J君がどんな遊びをしているかというのはちょっとわからない，ということでしたが，お母さんと一緒に遊ぶ機会はありますか？
M：んー…会話も続かないし，何をして遊べばいいのかわからないし…面白くないから…。
C：そうですか…J君は普段ビデオを見ることが多いですか？　誰か同年代の友だちとか近くにいて，遊んだりします？
M：友だちはいないですね…時々いとこが来て遊ぶくらいで…それもほんとたまにです。
C：うん…J君にとって遊びの経験ってとっても大切なんですよ。もちろ

んJ君に限ったことではないのですが，子どもは遊びが大好きで，遊びの中で興味をもったことやものの名前をどんどん自然に覚えていくんです。ですから，もう少し遊びの経験をもたせてあげてもいいかもしれませんね…。お母さんも，毎日の生活の中で大変だとは思いますが…。

M：ええ…。

C：いきなりというのは難しいかもしれませんが，ご飯の時に野菜の名前を一緒に言ってみるとか，そういったことでいいんです。

M：はぁ…

　　〈この後，必要最低限の検査を行うが，3歳3カ月の域に達していない項目が多数あった。心配になったので保健センターが主催している親子グループへの参加を勧めるが，この場では「行く」との返事をもらえなかった〉

C：(Mの表情に疲労感が徐々に表れてきたので) ちょっとだけでもいいので，J君がこれから先困らないためにも，少しずつ言葉を教えていってあげてください。今後，保育園とか幼稚園とかに通い出した時に，友だちとのコミュニケーションがうまくいかないと，J君が悲しい思いをすることもあると思います。また3歳半の時点で保健師からその時の言葉の出方などをお聞きするためにお電話しますね。(Jに対して) J君，長いことごめんね。疲れちゃったかな？　もうお家帰るよー。

J：(にこっと笑ってからMの方を向く)

M：どうもありがとうございました…。ほら，帰るよ。(Jに対して淡々と)

C：じゃあね，J君，ばいばい。

J：ばいばい。(手を振る)

### 2）事例からの考察──些細な事象から背景を探る

　この事例には気になる事柄が多く含まれている。3歳3カ月なのに単語が数個程度しか話せないこと，母親の養育の姿勢とJ君への対応が心配な点を多く含むこと，そして相談員が感じた違和感のあるJ君の笑顔と，頭上から手をかざすとびくっとして首をすくめたこと等である。

この場面のみから想像できる範囲のことを考えてみたい。まず，3歳時点で単語が数個程度しか話せないというのは，何らかの障害の可能性を疑う。しかし，言葉を話さないのは単純にそれだけが理由ではなく，養育上の問題が潜んでいることがある。確かにJ君は平均的な3歳児の言語発達と比較すると遅れていると言える。ところが，それだけでなく，母親の接し方にも心配な点がある。

　養育者は子どもの反応に対してほぼ無意識に的確な方法で対応し，声をかけ，さらに子どもの反応を引き出そうとする。また，話ができるようになってきたら，日常の些細なことについての会話も楽しむ。これは親子の関わりの中で言葉を広げていく重要な機会となり，子どもにとっては必要不可欠の経験である。しかし，この行為はJ君の母親にとっては「意味がわからない」ことで，そのため，日常的にこのような会話がなされているとは考え難い。

　また親子遊びと同様に，ある程度の年齢からは友だちとの遊びが成立しはじめ，3歳程度になると仲間遊びも出現する。仲間遊びを通して，自分の意見が通らないこと，自分の意見を通すことを知ると同時に，友だちといることの楽しさなどを実感する。しかし，このような環境を与えるのは，親をはじめとする大人に託されている。近所に同年代の子がいないために遠くまで出かけたり，毎日の仕事や家事に追われながらも子どもと遊ぶ時間をつくらなくてはいけなかったりすることは，親に多大な負担をかけるものかもしれない。しかし，子どもに遊びの場を提供するのは大人に課せられた養育上の義務であろう。

　さらに気になるのは，相談員の手がJ君の頭上にかぶさってきた時の反応と，違和感のある笑顔である。この時の相談員の手のかぶさり方は，唐突とも乱暴とも言えるものではなかった。それに対してJ君は目をつぶって首をすくめ，手にもっていた積み木から半ば手を離していた。この行動からは，程度は不明であるが，日常的に大人から手をあげられていることが想像できる。

　また，このことと違和感のある笑顔は関係している。違和感のある笑顔とは，つくられた笑顔と言い換えてもいいであろう。このような感覚は個人的でまた主観的なものではあるが，通常，幼児が見せる自然な笑顔とは違い，その子の本心から出たものとは思えない笑顔であった。これは大人への迎合であり，弱者が自分の非力さを訴える手段と考えられる。悲しいことに，J君はこのよう

な手段で他意のないことを表現することを覚えてしまったのであろう。

　何らかの暴力を受けている子どもは，暴力を振るう大人のことを悪く思うよりも「自分が悪い子だから，たたかれるんだ」と自分を否定することがある。つまり，暴力を振るわれても，自分にとっては「大切で，大好きなお母さん，お父さん」なのである。そこで行き場のなくなった怒り等の否定的な感情は，自分へと向かいやすい。しかしいくら自分が悪者になったとしても，親が自分に暴力を振るったという事実は消えず，結局最も信頼できるはずの親を完全には信頼できなくなる。また，暴力を振るわれる自分は悪い子どもであるという認識が内在化し，自己信頼感も低下する。つまり，エリクソンの言う基本的信頼感を得ることができない状態に陥る。

　相談を受けている最中の母親の様子から見ても，Ｊ君が赤ちゃんだった頃から濃密なアタッチメントが形成されているとは考えづらく，アタッチメントが不十分で基本的信頼感ももてていないままの状態であると考えられる。その上，本来されるべき親からの語りかけの経験も極端に少なく，不自然な笑顔と言語発達の遅滞が見られると言える。このように，「言葉の発達が遅い」という気になる現象も，背景を探れば親子関係の問題が潜んでいることも多い。

### （4）二次障害を発生させないために

　気になるという言葉の意味するところは，あいまいで広範囲である。発達障害と診断を受けた子どもに対しては，それぞれの障害に応じた対応の仕方がかなり研究されている。しかし，障害とは断定しかねるが，行動そのものが発達障害の特徴と類似しているなどのような傾向のある子どもたちの対応に苦慮することも多い。

　日頃から多くの子どもと接している保育者は，他の同年齢の子どもと比較したり，一般的な心身の発達から経験的に類推したりすることにより，違和感を覚えることが多い。しかし，わが子を集団保育の場に入れた経験がなく，また近所に同年代の子どももきょうだいもいない環境の親にとっては，わが子の育ちを他の子どもと比べて実感する機会は少ない。

　保健センターの3歳児健診に訪れた親は，しばしば「うちの子と同じ年の子を初めて大勢見て，うちの子の遅れを実感しました」「なんで，みんなこんな

に静かにしているんでしょう？　うちの子は変かもしれない」といったとまどいと驚きを口にする。身体能力の成長も著しく，また言葉数も増加する2〜3歳頃は，発達の個人差が顕著な時期である。特に言葉と行動については，精神的な発達の客観的な指標となりえるため，多くの親にとって心配の種となる。しかしそれが心配として顕在化するのは，他者との比較によるものが多いであろう。「この子，少し気になる」という感覚は，一般的，経験的な発達の道筋と比べて進み方が違うと感じた時に起こりやすいが，この直感はその子どもの姿をとらえ，理解するためには必要なものである。

　しかし，「気になる」と言われる子どもは，さまざまな場面で肯定的ではない評価を受けることがけっこう多く，親はそのように評価されるわが子と評価者に対し，恥ずかしさやあきらめや憤りや悲しさなど，さまざまな感情を抱く。今まで辛い思いをしてきた親は，何かを言われる前に，「この子はこういう子だ」と，自ら扉を閉ざしたくなるが，このような理解の仕方は，その子どもをまるごと受け入れているようでいて，実は突き放しているかもしれない。

　また，このような言葉の裏には親自身の，わが子と向き合う自信のなさを含むこともある。親に対する理解の仕方として，親自身の言動の要因を探ることは非常に重要なことである。しかし，それを直接伝えることは，ともすると親自身が直視を避けていることを提示することになりかねない。わかっていてもどうしようもできない苦しみを共感しつつ，親の日常的な努力を認めることから始める必要があるだろう。

　親から見て気になる子は，保育者や子どもから見ても違和感をもつことが多く，また本人はそのように見られていることを気にしている。もしくは無意識に感じとっていることが多い。そのために自己肯定感が低下するという，二次障害に陥ることもある。「気になる子ども」としてとらえるのではなく，気にかけて，目を向けることはその子どもの存在そのものを認めることであり，それはその子どもの育ちを支える源として大変重要なことである。

## （5）保護者支援としてのカウンセリングマインド

　以下，今日的にクローズアップされている発達障害と虐待，世代間連鎖という点に関する特徴的な例を挙げて考えてみたい。

S君（4歳）は3歳児健診の際に発達障害の疑いがある，と言われて専門機関を紹介され，母親は大急ぎで専門の病院へと向かった。結果は自閉症スペクトラム障害であったが，実は母親は，日頃からS君に対してたたく，蹴る等の暴力を繰り返していた。その時は自分でも抑えられないが，後悔と自己嫌悪で涙がとまらない毎日だったそうである。母親との3回目の相談の際に，初めて母親自身の子どもの頃の話をしはじめたのであるが，小さい頃から実母に暴力を振るわれており，今でもかわいがってもらっているという感覚はまったくないということであった。また，人付き合いが苦手で，どうしても他人を信用しきれないそうである。

　そしてふと気づき，愕然としたことは，自分が幼い頃に母親にされていたことをそのままS君にしているということであった。その時，なんとも言えない悲しみにとらわれたそうである。自分がされて嫌だったことをわが子にしている理不尽さを目の当たりにし，自己嫌悪に陥った。S君の父親によると，母親は，「産まなかった方がよかった」とふと漏らしていたということである。

　このように，世代を超えて伝えられてしまう否定的な感情は，何の罪もない子どもを苦しめるが，子どもに辛く当たらざるを得ない親自身も，精神的に追い込まれている。正論で親を説得したところで，何も生み出さない。保育者にできることは，現状を少しでも楽にするということであるが，そのためには，親のもつ苦しみを想像し，理解しようと寄り添う姿勢が必要とされる。この姿勢はカウンセリングマインドと呼ばれ，相手の思いを聞こうとする態度そのものを示す。

　しかし，悩みを抱えている親のすべてが，その悩みを言語化するわけではない。むしろ，家族のネガティブな部分を見せることに抵抗感があったり，指導されることに対する拒否感があったりするものである。保育者が，話を聞く姿勢をもっていても，心のどこかにある，「アドバイスしなくては」という気持ちが出てしまうと，親は途端に話す気持ちをそがれるかもしれない。また，保育者が保護者に行う相談では，保育者が，その家族の構成や状態，親子の性格等をかなり知った上での実施となる。したがって，「自分はこの家族のことを十分知っており，理解もしている」と思い込みから誤解を生むという危険が生じる。

保育者は保育の専門家である。そのため，保護者が知らない専門的な知識ももち得ている。これらが有効に働くのは，保護者が思いを一通り話し終えてからのことである。自分の一方的な思いを出しすぎないように，また，相手のことをわかったつもりにならないように，そして，保護者のペースで話してもらうように心がけることが，保育者による保護者支援に必要なカウンセリングマインドである。

**注**
(1) ウィニコット，D. W./橋本雅雄訳『遊ぶことと現実』岩崎学術出版社，2011年，145頁。

**参考文献**
小川英彦『幼児期・学齢期に発達障害のある子どもを支援する——豊かな保育と教育の創造をめざして』ミネルヴァ書房，2009年。

---

**学びのポイント**

- 子どもの「問題行動」についてまとめてみよう。
- 保護者支援で寄り添う姿勢について確かめてみよう。

---

**さらに考えてみよう・みんなで議論してみよう**

- 身近な地域の保健センターや子ども発達センター等のホームページを検索し，発達障害児を支援する仕組みについて情報を得よう。また，さまざまな地方自治体の取り組みについても調べてみよう。
- アメリカの臨床心理学者であるカール・ロジャーズによる「来談者中心療法」について調べ，共感的理解について深めよう。また，さまざまな困難を抱える親子を支援する際に必要な理解のあり方についても，具体的に考えてみよう。

# 第7章　発達障害児と音楽・造形・運動あそび

## 1　音楽あそび

　幼児の身の回りの環境は音で溢れている。子どもたちは日常生活の中でそれらさまざまな音へ気づき，興味をもち，叩いたり擦ったり落としたり，いろいろな音の鳴らし方を試す等して楽しみながら音楽的表現力を養っていく。また幼児は歌を通して季節や生活について触れ，他者や動物などに関心をもつきっかけとなる。指あそびや手あそび，楽器あそびなどは手指の発達を促し，またリズム感やコミュニケーション能力を育んでいく。保育において音楽活動や音楽表現活動は遊びを通して子どもの心身の発達を支えるための有効なツールとして活用されている。

　これら音楽活動や音楽表現活動による発達の支援は，障害児保育の内容・方法においてたいへん有意義であるとこれまでの実践の蓄積を基に言われてきた。ここでは，主に統合保育の中で障害児や気になる子どもへの支援として，保育現場や特別支援学校における音楽・音楽表現活動実践事例を紹介するとともに，保育者にとって必要な視点や考え方，配慮等について解説する。

### （1）音に気づく・音と出合う

── Episode 1 ── 良い音，見つけた！（4歳児J君の事例）──

　保育室のテーブルの上には，小さなプラスチック容器が置かれていた。それを見つけたY君は，プラスチック容器を手に取ろうとして思わず床に落とした。J君は容器が床の上を転がる様子をじっと眺めた後，やがてテーブルの上に戻すと先程と同じようにまた床に落とした①。保育者が「面白そうなことをしてるね？」と優しく尋ねると，J君はにっこり笑って「先生，良い音がするよ」と嬉しそうに答えた。J君は何度も確かめるようにプラスチック容器をテーブルから落とす遊びを繰り返

し②，その度に違った音色やリズムを奏でる様子にじっと耳を傾けていた。

── Episode 2 ── カンカンっていう音だよ（5歳児E君の事例）──

　夏のある日，遊戯室には10人ほどが遊んでいた。保育者は子どもたちに1枚の絵を見せ，「これは"音の絵"なんだって③。一体どんな"音"の絵なんだろう？」と声をかけた。子どもたちは口々に「ドン！　ドン！」「とんとん」「パン，パン」「ぽん」「きゃっ」など思い思いの"音"を答えた。保育者が鈴を取り出し，「もしかして，こんな音？」と言いながら音を鳴らすと，今度は一斉に「違うよ！」と言って，また口々に思い思いの音をオノマトペで表現した。そこで保育者が「じゃぁ，この"音"を部屋の中で探してみよう」と言い，音探しの遊びが始まった。保育者は他にも何枚か絵を提示し，それを元に子どもたちは床や壁を叩いたり，飛び跳ねたりして自分のイメージに合う"音"を探して④は，「先生，聴いて！」と言って得意そうに披露した。遊びが終わっても，E君はいろいろな物を叩いては音を聴いて楽しんでいた。その日の降園時，E君は迎えに来たお母さんの手を引いて雲梯に連れて行き，「これね，カンカンっていう音だよ」と言って木の枝で雲梯を叩き，お母さんに聴かせていた。

　幼児期においては，さまざまな経験や体験を通して外的刺激に触れ，豊かな感性や創造性，想像力を育むことが重要である。それは障害児においても同様であり，保育者は幼児の反応を確かめながら，幼児の体験を支援するための環境を整える必要がある。

　Episode 1では，日常の何気ない体験の中にある幼児の発見と，そこから遊びへと展開される様子が描かれている。ここで重要なことは，保育者自身の想像力や気づきである。幼児の素朴な何気ない表現は，注意深く観察していなければつい見逃してしまいがちである。J君がテーブルからプラスチック容器を落としている姿に，保育者が注意するのでなく「面白そうなこと」と声をかけることでJ君の気持ちを受けとめ，共感することによってJ君は安心して遊びに集中し没頭することができたと考えられる。また床に落とした①や遊びを繰り返し②から，J君が偶然ではあるものの良い音の発見の面白さと，繰り返し遊ぶことによりあそびが持続していく様子がうかがえる。

　Episode 2では，保育者の投げかけによって子どものイメージの世界が広がっていく様子が描かれている。保育者が「"音の絵"なんだって③」という

声かけとともに，絵本に図形のみを子どもに見せることによって，より自由な発想や表現を引き出すことにつながっている。また子ども同士，互いの表現を見せ合うことによりさまざまな感じ方，表現があることを知り，音に対する興味を深めていく。自分のイメージに合う"音"を探して④いる子どもの姿から，日常の体験から感じた疑問や興味をきっかけとして，自由にイメージを広げていく様子がうかがえる。その一方で，音を通した人間関係が築かれていき，子どもの内面では仲間意識の構築が見られる。

## （2）コミュニケーションを楽しむ

> **Episode 3 ── 歌のお店屋さんごっこ（4歳児S君の事例）**
>
> 　歌や音楽が大好きなS君は他児とコミュニケーションをとることが苦手だったが，みんなが歌っているのに合わせて体を揺らしたり，鼻歌を歌ったりして楽しんでいた。秋になり，担任保育者はクラスでするごっこ遊びとして音楽を使ったお店屋さんを計画した。担任保育者がマイク，衣装を制作し，クラスで歌ったいろいろな歌をメニューに書くと，子どもたちとともに他のクラスに宣伝に出かけ，お客さんとして来てもらった。お客さんの注文を受けてクラスの子どもたちが次々に歌やダンスを披露する中で，S君は自分も一緒にステージで歌ったり⑤，友だちの歌を聴いて楽しんでいた。その後，歌のお店屋さんは出前も始めるようになった。他クラスからの注文を受けて，S君も他の子どもたちと一緒に⑥歌やダンスを届けに出かけて行った。

　保育における非言語コミュニケーションによる活動として，音楽活動や音楽表現活動はとても有効であり，広く用いられている。簡易打楽器を用いた楽器あそびや歌あそび，手あそび，リズムあそび等さまざまな実践が展開されている。

　Episode 3では，集団あそびとしての音楽活動の実践が描かれている。ここでは，音楽を利用したお店屋さんの設定の面白さが子ども同士のコミュニケーションを巧みに引き出している。音楽を用いることの大きな利点として，言葉の発達レベルに関係なくコミュニケーションが可能なことである。また音楽は，歌ったり楽器を演奏したりするだけでなく，聴くことによっても楽しむことができる。担任保育者はマイクや衣装等の小道具を用意することによって，子ども

たちが思い思いの音楽の楽しみ方ができるよう環境を構成したことが，S君の自然な主体的な参加を促したと考えられる。また，⑤一緒にステージで歌ったり，⑥他の子どもと一緒にお店屋さんごっこあそびを楽しむ様子からは，クラスの中で自分を発揮できる場をつくることの大切さや，子どもたちがクラス集団の中で育っている姿が示唆される。

### （3）手や指の発達を促す

> **── Episode 4 ──いっぽんばし（5歳児K君の事例）──**
>
> 　K君は自閉傾向のある子どもで，身体に触られることを嫌がる様子が見られた。年長児クラスを受けもつ担任保育者は，4月初めのスキンシップを図る活動として「いっぽんばし」の手遊びをよく用いる。「いっぽんば～し，こ～ちょこちょ。た～た～い～て，つ～ねって～」と優しく歌いながら，そっとK君の手を取って指先を掌に乗せた。Kの顔を見ながら，掌を押さえる，手を握る，撫でる等，歌詞を変えてゆっくりとバリエーションを加えていく。K君が少し嫌そうな表情を見せると，担任保育者は触るのを止めて「ごめんね，これはちょっと嫌だったね」と声をかけた。そして「た～た～い～て，つ～まんで～」と歌詞をまた少し変え，微笑みながら今度は指先を摘んだ。

　保育のさまざまな場面において，手あそびや指あそびが用いられる。歌いながら手や指を動かす手あそびや指あそびを通して，この場面では自身の顔や体について知っていく。また手や指を意識的に動かすことは微細運動の獲得にとっても大切なことであり，活動の導入や気分の切り替え，待ち時間の退屈しのぎ，保育者への注目を促す等の用途だけでなく，子どもの年齢や発達レベルに応じた遊びを展開したい。特に障害児は自身で上手く手や指を動かすことのできないこともあり，その場合，保育者が指や手，体を動かして刺激を与えることが重要となる。

　Episode 4では，保育者が「いっぽんばし」の手あそびを通してスキンシップを図りながら，子どもの手や指に少しずつ刺激を与え，発達を促している様子が描かれている。リズムに合わせて指や手や体を動かすことは子どものリズム感や協働性を養う。それに対して，保育者が歌いかけながらゆっくりとやさしく子どもの掌を広げたり，指を伸ばしていくことは，子どもに安心感を与え，

保育者との信頼関係の構築につながる。また，歌詞を変えるなど遊びにアレンジを加えることによって，体の他の部位に刺激を与えることも効果的である。自分自身で思う通りに体を動かすことができない子どもの腕や足をさすったり，伸ばしたりすることによって，体のさまざまな場所に触れ，動かすための遊び歌もあり，障害児保育も含めて保育全体の実際において用いられている。

### （4）障害の特性に応じた支援——過敏性を考慮する

　障害児保育においては，音に関して特別な配慮が必要となる場合がある。ここでは特に「音質」と「音量」について取り上げる。

　保育における音楽表現あそびではさまざまな楽器が用いられるが，子どもによっては特定の種類の音を嫌う場合がある。しかし同じ楽器でも，奏法や音の高さを変えることにより音質が変化し，気にならなくなることもある。保育者は子ども一人一人の実態を注意深く観察し，子どもにとって"不快な"音を取り除き，子どもが遊びに参加しやすくなるよう配慮する必要がある。逆に子どもが特に好きな音がある時は，その音を中心に遊びを構成することによって，子どもの参加をいっそう促すことができる。

　元気な声で生き生きと歌う子どもたちの姿は見ていて微笑ましいが，音に敏感な子どもにとって，それは"うるさい"音と感じられる場合がある。音の感じ方はそれぞれの子どもによって異なり，また声や楽器等の「音質」とも関係する。保育者は日常の保育の中における「音量」に注意することが必要である。子どもが音を"うるさい"と感じたら，音との距離を離したり，音を小さくしたりする配慮が考えられる。音から離れることによって大きな音も小さく感じられ，時には"小さな声で"歌うことは子どもの表現力を豊かに育むことにつながる。

## 2　造形あそび

　子どもたちは日々の生活の中で，さまざまな素材や環境と関わりながら，遊びを展開している。乳幼児期の造形活動は，そうした遊びや行為の過程から生まれることが多いため，素材や環境と出合う時間を大切にしたい。ここでは，

保育場面における造形あそびに関する事例を紹介し，実践のねらいや指導上のポイント，遊びの展開等について解説する。

**（1）色との出合いを大切にする**

--- Episode 5 ── 色水で遊ぶ ---

　半分ほど水を入れたペットボトルと，内側に少量の絵の具をつけたペットボトルのキャップを用意し，しっかりと閉めておく。ペットボトルを勢いよく上下に振ると，キャップについていた絵の具が水に溶けて，色水ができ上がる。透明な水が一瞬にして色水に変化することに驚いたＡちゃんは「魔法みたい」と言って色水をつくることに興味を示した。

　赤・青・黄の3色の色水をつくり，透明なプラスチック容器にゆっくりと注いでいくと，「ジュース屋さんごっこ」が始まった。赤い色水はトマトジュース，黄色い色水はレモンジュースなど，3色の色水からイメージが生まれ，遊びが展開されていった。同じ色の絵の具を選んでも，わずかな量の違いによって，できあがる色水の濃さは異なる。また，青い色水だけを並べてみても，たくさんの青色があることに気づく。

　3色の色水を別の容器に入れて混ぜてみると色が変わることに気づいたＡちゃんは，赤と青，赤と黄，青と黄など，色の組み合わせや量を変えながら，夢中になってたくさんの色水づくりを楽しんだ。砂場や木陰等，色水をいろいろな場所に色水をもって行くことによって，光や落ち葉等の自然素材を取り入れた遊びも広がっていった。

　色水で遊ぶ活動を通して，たくさんの色と出合うことが本実践のねらいである。色水づくりを楽しむＡちゃんは，きれいな色水をジュースに見立てて，ごっこ遊びを展開している。赤と青を混ぜると紫ができ上がることに気づくと，「ぶどうジュースができました」と喜び，次々とジュースが並べられた。「お砂糖」と言って砂を入れたり，葉っぱを浮かべてみたり，木の枝で混ぜてみたりする行為を通して，イメージや遊びはさらに広がっていく。実践を行う場所や季節によっても，遊びの展開は変化する。

　絵の具だけでなく，染料系水性マーカーや食紅，草花等を使って色水をつくることもでき，透明度はそれぞれに異なる。少しの分量の違いによって，色の濃淡が変わるため，色水づくりに使う容器等はたくさん用意しておき，並べて

鑑賞する時間も大切にしたい。

### （2）形との出合いを大切にする

――― Episode 6 ――― スタンプして遊ぶ ―――

　ゼリー等の空き容器や紙筒，段ボール等，身近な生活素材をスタンプ遊びの材料として取り上げることによって，それぞれの形の面白さや特徴に気づくことができる。用意した素材に絵の具をつけて画用紙にスタンプしてみると，丸や四角，波や花の形等のいろいろな形が生まれ，色を変えるとイメージはさらに変化していく。
　四角い形を連続して押して「電車」と言ったＢ君は，ペットボトルのキャップに絵の具をつけてタイヤを表現したり，段ボールの断面の形を線路に見立てたりして，形からイメージを広げていった（図7-1）。用意されていた素材すべての形をスタンプしたＢ君は他の素材を探す等，自分で形を見つけることを楽しむ姿も見られた。
　また，赤い絵の具で丸い形を押して，「おひさま」と言ったＣ君は，その形を並べて押すことで「こんどは虫みたい」と話した。そして，指先についた絵の具を画用紙に押すと，自分の指の形が写ることに気づいたＣ君は，指だけではなく手のひらにも絵の具をつけ，次第にフィンガーペインティングへとつながっていった。

　スタンプ遊びの魅力は，絵の具をつけて押すという行為によって，さまざまな形を紙等に何度も写すことができることである。Ｂ君の行動にも見られるように，スタンプ遊びに使えそうな素材を探すことも，形を発見する楽しい時間としてとらえたい。身近な生活素材や落ち葉等の自然物はもちろんのこと，サツマイモやオクラ，レンコン等の野菜の切れ端も魅力的な形を含んだスタンプ遊びの素材になる。自分や他者がみつけた素材の形を鑑賞し，お互いの表現やイメージを共有する時間も大切にしたい。またＣ君のように，スタンプ遊びを楽しむうちにフィンガーペインティングへと展開していく可能性もあるため，準備や片づけを含めた環境構成を計画段階から考慮し，工夫することが必要である。
　なお，スタンプ遊びを行う際に使用するスタンプ台は，適量の水で溶いた絵の具をスポンジやガーゼに染み込ませ，食品トレイなどに乗せることによって簡単に用意することができる。形の陰影をきれいに表現したい場合には，画用紙の下に段ボールのような弾力性のあるものを敷いておくとよい。

図7-1 「電車」（5歳児）

出所：筆者撮影。

### （3）素材との出合いを大切にする

> **Episode 7 ── 土粘土でつくる**
>
> 　教室にブルーシートを敷き，土粘土を用意する。裸足になって，土粘土を足で踏む遊びを提案すると，子どもたちは嬉しそうに土粘土の上に立って，足踏みを始めた。「冷たい」「気持ちいい」と感じたことを話しながら土粘土の温度や感触を確かめていくうちに，遊びは徐々に変化していった。
> 　土粘土の塊をちぎり，手のひらに納まる大きさの団子をつくる遊びを始めたD君は，でき上がった団子を次々と並べていった。また，ひも状に長く伸ばす遊びを始めたEちゃんは，でき上がったひもをつなげて，「お家ができた」と自分の空間づくりを楽しんでいた（図7-2）。しばらくすると，D君とEちゃんが一緒に遊び始め，Eちゃんがつくった家にD君の団子を並べ，「お団子屋さん」が始まった。お互いのイメージが共有されるようになると，一緒にコップやお皿をつくるようになり，次第にピザやうどん等，別のメニューを考えてつくる姿が見られた。広げたり，伸ばしたり，重ねたり，積み上げたり，指で穴を開けたりしながら，土粘土でさまざまな形を生み出す活動が展開されていった。

　土粘土は，最も可塑性に富んだ素材である。水の加減によって柔らかさや感触が変化するため，粘土を練る行為も遊びや表現につながる一つの活動としてとらえたい。用意できる粘土の量によって環境構成は異なるが，手のひらだけ

でなく足を含めた身体全体で粘土に触れる体験は，素材の性質を知り，その後の表現を豊かにしていく上で有効な手立てである。D君とEちゃんは，それぞれが行っていた粘土遊びから，両者に共通するイメージとして「お団子屋さん」へと展開させていった。個の遊びが，他者との関係性によって集団の遊びへと広がっていき，次の遊びやイメージが触発されていく大切な時間である。

　子ども一人一人の姿や実践のねらいによっては，道具の使用も考えておきたい。粘土ベラや切り糸，のばし棒等の道具を使用すると，切ったり伸ばしたり削ったりすることができ，表現の可能性はより一層膨らむ。貝殻や木の実等を粘土に押しつけて，型押しを楽しむ遊びも考えられる。また，焼成することによって作品を長期保存することができる。施釉して焼成すれば，器として使用できるため，自分たちの生活とのつながりを感じる体験にもなるであろう。

図7-2　ひも状に伸ばした粘土をつなげていく
出所：筆者撮影。

### （4）障害児への配慮——素材・指導方法の工夫

　造形活動は子どもたちの表現を自由に引き出せる活動であるが，障害児にとっては生活経験が少なくイメージがもちにくい場合がある。それゆえに，障害児が興味・関心をもちやすい身近な生活との関わりや指導方法の工夫が重要

になってくる。色や形，素材との出合いを通して，豊かな感性を育むことができ，他者とのつながりを築くことができる，造形あそびの意義を大切にしたい。

## 3 運動あそび

入園時，特に診断はされていないが，行動面では落ち着きがなく衝動的で，母親の話しかけに応じず，社会性においても関わりが一方的な3歳児H。園庭を走りまわり，固定遊具を好んで遊ぼうとする。母親は，どのように接したらよいかわからず，きつい言葉がけをしてしまう状態である。まずは母親の追いつめられた気持ちを受け止めたいと保育者は考えている。入園して2カ月が経とうとした頃，動きのリズム（さくらさくらんぼ保育園考案）の場面である。

### （1）落ち着きを求めて

―― Episode 8 ―― 特定の子との関わり

遊戯室に3歳児2クラスが集まり，男女に分かれて座る。Hは座ると同時にはしゃいでみたり，寝転び始めたりする。保育者は『保育者ともっと関わりたかったのか，ルールのある遊びよりも好きなように動きたいのか…』①と受け止めつつ「今からメダカになって走ったり，カエルになってピョンピョン跳んでいっぱい遊ぶよ」とHに話しかけ抱っこした。しかし，Hは手をするりとくぐり抜けた。保育者は「A君とB君の間に座りますよ。座ります」と言い，抱っこしたまま座った。一緒に座ったことを褒めるが，またするりと手を抜けていく。Hは手から抜けることを楽しんでいる様子②だった。

保育者は抱っこではなく，他の方法をとろうと考え③，Hの前に座り，しっかりと視線を合わせて「今は座ります！」と声をかける。Hは表情が変わり，保育者の顔を真剣な表情で一瞬見た後，動きが止まって落ち着いた態度となった。Hの隣に座っているAに「ありがとうね。A君はお話を聞いていられるし，座って待っていられるね」と声がけをした。

ここでは，寝転び始めたHの気持ちを①と考え，抱っこをしながら今から始まる遊びに興味を促すよう言葉がけをしてみるが，②の様子に気づき，すぐに方法を変えて対応している。また，Hが落ち着いたきっかけとなったAが大切

な存在であると受け止めて，Aにも言葉をかけている。

## （2）自己肯定感をもち始めて

―― Episode 9 ―― グループの中で ――

　グループ1に「メダカをやりますよ〜。どうぞ！」と声をかけると，グループ2に入ったHは待っていられず，保育者の制止を振り切って動こうとする。「今は待ちます。我慢します。次のグループです」と制止する。Hは一瞬動きを止めることができた。保育者は「えらい！　今はH君の番じゃないよ。次だよ。待とうね！」と伝えた。グループ2の順番になった時，「待っててえらかったね。すごい！　足をゴソゴソするゴソゴソさんをやっつけられたね！」と褒めると，嬉しそうに保育者を見た。

　しかし，Hはグループの動きの流れに入れず，自分の好きな方向にはしゃいで走り回った。十数名が一度に動いているため，他の子どもとぶつかりそうになり危険を感じたため，保育者はHをストップさせて「同じ方向に走るよ！」と友だちの動きを見せて知らせた。その一瞬，周りをチラッと見たので，そこを褒めるが伝わらず，その都度ストップして知らせていく。それでも走り回ろうとするので「おしまいです！」と伝えて一緒に座らせた。その後，自分の好きな時に出ていくと制止させるというルールが理解できたのか，保育者の横で座って待つことができた。

　次にカエルになって飛ぶ動作は，メダカに比べてゆっくりで，自分の好きな場所に移動してもよいルールであったため，周りの子どもたちの動きも見て，Hは真似をして安心して動くことができた。

　この場面では，周囲に合わせることができず，危険を感じた保育者はストップしてルールを伝えた。その都度伝えて，最終的には「おしまいです！」と一緒に座らせることで一つのルールを理解することができた。その後，ルールを変更することでHが安心して遊びに参加することができている。

　今後，集団で何かを行う時にルールを守る大切さ，順番があり待つ等の我慢をする体験を積み上げることで，子どもが自己肯定感をもち，他者を認めることができるよう保育していきたい。また，リズムを感じながら体を動かす楽しさを通して，機敏にしなやかに動く"からだづくり"につなげたい。

## （3）信頼関係の築き

　次の Episode は，男児6人（年長4人，年中1人，年少1人），女児5人（年長3人，年中1人，年少1人）の小規模園でのリレーごっこの場面である。三角コーンを回って，次の子にバトンをわたすルールで，勝敗はなくエンドレスで行っていた。鉄棒に触ってくる，ブランコを回ってくるなど途中でコースに変化をつけることで子どもたちが楽しく行えるように工夫している。

---
**Episode 10 ── 遊びの継続**

　年中，年長児はコースの変化を楽しみ，「今度はもっと難しいコースにして」と言って遊びに意欲的に取り組む。年少児Mはコースが変わったことが不安なのか，何度か繰り返すうちに立ち止まることが増えてきた。①そこで，Mが走る時には保育者が一緒に走ることで安心して遊べるように配慮した。その後，年長児Tが自分からMと一緒に走ってくれるようになり，Mは最後まで遊ぶことができた。

---

　Mはリレーのコースを理解できずに遊びが楽しくなくなり，①のように立ち止まってしまったと考えられる。こうした場合，当然保育者の補助が必要となるが，ここでは保育者を真似て動き出した年長児Tの姿がある。また，Mが年長児を頼りにして遊びを楽しく続けることができたことが，Tとの信頼関係はもちろんT自身の育ちとしても注目すべきところである。

## （4）他の子どもと遊ぶ楽しさ

---
**Episode 11 ── 空間の共有**

　Yは，みんなで体を動かして遊ぶことはあまり好きではないが，今回のリレーごっこには参加することができた。同じチームの子から「Yちゃん走るの遅い！」「Yちゃんが一緒だと負けちゃう！」等の声が聞かれることもあるためだと考えられる。そこで，今回はYが好きな色のバトンと三角コーンを用意して誘ってみることにした。さらに，途中で止まってしまうことが予想されるMも一緒に保育者と3人でチームをつくり，「YちゃんとMちゃんと先生の3人でがんばろう！」と声をかけると，張り切って走り始めた。その後，Yは「今度は滑り台を回って，ブランコに行って，棒をたたいて…」と自らコースを提案してきた。「いいね。みんなにも聞いてやってみよう」と他の子どもにも伝えて走った①。
　次の日，「今日はやらない」とYが言うので「Yちゃんの好きな色のバトンでや

第7章　発達障害児と音楽・造形・運動あそび

ろう。どれがいい？　三角コーンはピンクだよ」等と促してみたが，<u>首を横に振り走ろうとしなかった</u>②。Yはリレーごっこをやっている<u>子どもたちから離れた場所に一人で何をするでもなくたたずんでいた</u>③。保育者はYがやりたくない時には，その様子を見極めて，場合によっては中に入らずとも，他の子どもが楽しんでいる様子を見ることで<u>空間を共有することも大切</u>④ではないかと感じた。

　①では，みんなで動くことがあまり好きではないYの思いが満たされるようにして，みんなで体を動かして遊ぶことが楽しくなってくれるとよいと考えた。②では嫌がるYを何とか参加させようと誘い，他の子どもたちが楽しそうに遊んでいることで，気が変わってくれることを期待していた。しかし，③の姿となってしまった。この時保育者はバトンにこだわらず，他の遊びで楽しく走るきっかけをつくることや，④のように直接，遊びの中にはいないが，空間を共有することでみんなといることを楽しむ時間も大切であると考える。

## （5）運動あそびを楽しむための保育者の援助

　運動あそびを楽しむためには，子どもの姿（興味や関心）によって援助の方法を変えることが大切となる。そのためには，保育者が広い視野をもち，常に多方向から子どもの姿をとらえることができるかがカギとなる。また，それ以前に目の前の子どもが"何ができて，何ができないのか""どんなことに興味を引かれるのか""何が好きで，何が嫌いなのか"等，健常児であれ，障害児であれ，子ども一人一人の実態をみることになんら変わりはなく，普段の子どもの姿をより細かく把握することが保育者に求められる。

　さらに，動作のイメージを伝えるために，子どもに具体的なわかりやすい言葉を3つ以上用意しておくと個々の子どもに対応しやすい。また，動きを把握することで，失敗等を予測できれば無駄が省ける。保育者が事前に運動をリハーサルし，動きが把握できれば「こんな動きをしそう」と感じ，イメージが伝えやすくなる。

　一緒に運動することで子どもは保育者の動きをさまざまな角度で観察し，動きの大きさで向き，呼吸の強弱などを感じて"まね"をしようとする。そうすることで，動きのイメージをつかみやすく動作の獲得につながる。

## 参考文献
**・第1節**

飯野順子・授業づくり研究会 I&M 編著『障害の重い子どもの授業づくり――聞く・支える・つなぐをキーワードに』ジアース教育新社，2006年。

今川恭子・宇佐美明子・志民一成編著『子どもの表現を見る，育てる――音楽と造形の視点から』文化書房博文社，2005年。

伊藤嘉子・小川英彦『障害児をはぐくむ楽しい保育――子どもの理解と音楽あそび』黎明書房，2007年。

谷口高士編著『音は心の中で音楽になる――音楽心理学への招待』北大路書房，2000年。

辻井正『障害児保育の考え方と実践法――障害児を受け入れる保育環境とは』エイデル研究所，1996年。

土田研治『障害児の音楽療法――声・身体・コミュニケーション』春秋社，2014年。

**・第2節**

小川英彦編著『気になる子ども・発達障害幼児の保育を支えるあそび55選』福村出版，2014年。

辻泰秀・芳賀正之・高橋智子・藤田雅也編著『造形教育の教材と授業づくり』日本文教出版，2012年。

辻泰秀編著『幼児造形の研究――保育内容「造形表現」』萌文書林，2014年。

**・第3節**

日本発育発達学会編『よくわかる！　今すぐはじめる！　幼児期運動指針実践ガイド』杏林書院，2014年。

下山真二監修『跳び箱ができる！　自転車に乗れる！』池田書店，2006年。

湯浅恭正編著『芽生えを育む授業づくり・学級づくり――幼稚園～小学校低学年』明治図書，2009年。

---

**学びのポイント**

- 障害児保育における表現活動の意義をまとめてみよう。
- 障害の特性を踏まえた支援方法を明らかにしよう。

---

**さらに考えてみよう・みんなで議論してみよう**

- あそびを通してのイメージの広がりについて発表しよう。
- 感覚統合について調べてみよう。

# 第8章　障害児保育の実際
　　　　──保育所・幼稚園において

## 1　要求を言葉にのせて生き生きとした保育所生活を
　　──つながる保育を目指して

### （1）保育の中での個別支援

― Episode 1 ―

　T君は3歳児クラスに入所した後、自閉症と診断された。4歳児クラスへ進級し、少しずつ要求を言葉で表すようになってきた。
　そこで、保育の中での個別支援について、①生活面、②言葉、③人との関わり、④遊び、⑤行事の5つの視点で述べる。そして、集団生活での健常児との育ち合いの中で、保護者、療育機関、加配保育士が、他の子どもたちとのつながりを大切にする保育を行った。その結果、T君は安心感をもち、人とかかわる中で言葉を獲得していくことができた過程を紹介したい。

#### 1）生活面

　食事では、挨拶をしても食べはじめずぼんやりとし、食欲はあるが汁物がうまく飲めず服を濡らしていた。支援では、保育士が個別に声をかけることで「いただきます」の挨拶をしたら食べはじめることができるようにした。また、汁物がうまく飲めないのはなぜか、ということを考えなければならないだろう。なかなか身に付かないことの意味をよく観察することが重要である。身体機能の弱さがあることを理解し、まず姿勢が保持できるように椅子をしっかり中に入れる。そして、保育士が器をもって援助し、食べる意欲を損なわないようにしながら「おいしいね」「全部食べられたね、えらいね」等の言葉をかけ、楽しく食事ができるようにした。
　排泄では、便が出ても便座に座り続け、保育士が尋ねると「まだ、まだ」と拒否していた。支援では、排泄しているところを見られることを嫌がり拒否する姿から、羞恥心に配慮して、トイレの扉の外から声をかけるようにした。T

君が受け入れられるように徐々に近づき，拭き上げをして排泄できたことをほめるようにした。

着脱では，ズボン靴下等，脱ぐことはできるが，長そでシャツ等，上着は自分で脱ぐことができなかった。また，スモックのボタンもはめられなかった。支援では，身体測定の時や，夏場のプールの毎日の着替えで身に付くように，T君ができないところを援助した。気をつけていたことは，服の前後を気にしていけるように「どっちが前かな？」と言葉をかけた。また，ボタンはめの援助として，自分の視界に入る上から2番目のボタンからはめられるように，指でボタンをもたせ手の扱いが身に付くように言葉で知らせながら援助した。

清潔では，食後，口まわりの汚れに気づかなかったり，戸外遊びで手足が汚れても気にしないでいた。支援では，T君が自分の身体に対する意識が弱いため，汚れにも鈍感であることを理解した。そして，保育士が顔に触れたり，鏡で自分の姿を見られるようにし，指で口まわりに触れさせ気づくことができるようにした。「汚れているね，洗ってきれいにしようね」と言葉をかけ，汚れたら洗うことを理解できるようにし清潔にする気持ち良さを伝えた。

### 2）言　葉

保育士に単語や2語文で伝える。生活の中で使う「おはよう」「さよなら」等の挨拶はするが視線は合わない。嫌なことがあると言葉で伝えられず威嚇する。手遊びが好きで保育士を見てしぐさを真似しながら口ずさむ。支援では，言葉でコミュニケーションする力が弱いため，「おいしいね」「暑いね」等の話しことばを入れながら，言語表出を促した。挨拶ではT君の正面に立ち，視線の高さを一緒にして目が合いやすいようにし，「おはよう」と声をかけるようにした。また，要求を言葉で伝える機会をつくり「どうしたの？」と尋ねたり，反応がない場合は「T君はどっちで遊びたい？　積み木？　絵本？」のようにどちらかを選択できるようにし，言葉を導き出せるようにした。たとえば，T君が「これ，これ」と三輪車まで保育士を引っ張るしぐさをする。保育士「これ，何？」T君「三輪車！」保育士「三輪車乗る？」T君「三輪車乗る！」保育士「三輪車に乗りたいんだね，順番だね，並ぼうね」T君「順番，並ぶ！」というように，保育士が，T君の言葉にならない要求を代弁しながら，会話のやり取りをする中で言語の表出を促していくようにした。嫌なことがある時に

は，自分の気持ちを威嚇ではなく「いやだ」「やめて」と言葉で伝えることを知らせるようにした。

### 3）人との関わり

T君は，友だちへの関心が弱く，保育士に関わりを求めていた。T君の関心のある友だちには，自分のしたい遊びに強引に引っ張り，友だちの気持ちには気づかない。また，自分の思いが通らないと奇声をあげた。支援では，T君は相手の気持ちに気づかないので，「いやだ」「やめて」と他児にもはっきりと伝えるように知らせた。友だちとの関わりでは，T君の関心のある友だちと小グループで遊びを楽しめるように仲立ちするようにした。園外の散歩では，T君が安心できる特定の友だちといつも手をつなぐようにし，保育士がそばで見守るようにした。T君も散歩の道中，ちょうちょが飛んでいると「ちょうちょ！」と知らせたり，川の中の鯉を指さして「さかな！　さかな！」と保育士に発見したことを知らせる姿があった。保育士もT君の伝えたい気持ちを受け止め，共感的に言葉を返しながら一緒に発見を喜ぶようにし，信頼関係を一歩ずつ築いていけるようにした。

### 4）遊　　び

ままごとが好きで，一人で食材をお皿に分けたり，ポシェットをかけて保育士に「いってきます」と言ったりして楽しんでいた。また，歌，手遊び，わらべ歌が好きで保育士の真似をして歌ったり，嬉しそうに身体を揺らしていた。戸外では，いつも三輪車に乗っていた。支援では，T君の遊ぶ姿を見守りながら楽しい気持ちに共感的に言葉をかけたり，ままごと等の遊びの相手となり，楽しさを共有していくようにした。音楽や歌が好きなので，日課の中に取り入れT君が保育士や友だちと一緒に音楽遊びの楽しさを共有できるようにした。

戸外遊びでは，三輪車が目に入るとずっと三輪車に乗ってしまうため，日によって目に入らないように片づけるようにした。そして，平均台，両足跳びのバー，トンネルくぐり，マット「おいもコロコロ」，トランポリン等，さまざまな運動遊びを楽しめるように環境を用意した。トランポリンでは，うまく飛び跳ねることができないため，T君の両手をもって恐怖心を取り除き「おひざ曲げるよ，ジャンプ！」等，言葉をかけながら保育士がひざを曲げて跳んでみせた（モデルという）。全身運動を楽しむ中で，身体のバランス感覚やボディー

イメージがつかめるように援助し，満足感が味わえるように言葉をかけていくようにした。

5) 行　事
① 運動会（10月）
かけっこの練習では，一人で走ることができなかった。自分の番になりスタートラインに並ぶと保育士の手を強く握り，不安や緊張が強かった。しかし，練習に参加する中で徐々に場に慣れ，保育士と一緒に手をつないで走ることができるようになった。保育士と一緒に走る表情に笑顔が見られるようになった頃，そろそろT君も一人で走ることができるのではないかと思い保育士同士で話し合った。

支援では，かけっこの途中で手を離して励ましてみようということになった。保育士が走っている途中で手を離し「T君，走るよ！」と声をかけると，T君は一瞬戸惑いの顔を見せたが，保育士や友だちが励ます中で，そのままゴールまで走ることができた。「最後まで走ったね！」「T君すごいね！」とほめるととても嬉しそうにし「Tちゃん，走った！」と言って満足そうであった。

安心できる保育士のそばで，かけっこの場に慣れ，T君の不安は徐々に和らぎ参加できるようになった。かけっこを楽しみゴールした姿に，保育士が共感的に言葉をかけたことで，さらに喜びが増し，さらなる意欲へとつながった。

リズム遊戯では，練習の時から集団の中に並んで踊るのを嫌がったが，離れた場所から保育士の振りを真似て踊ることを喜んでいた。身体を音楽に合わせて上下に揺らし，一回転したり，親指を立ててポーズを決める等，部分的に真似していた。

支援では，T君が安心して踊ることができる場所を考え，集団を見渡せる列の一番後ろの端にした。当日は緊張も予想されるので，そばで保育士が見守るようにした。隊形移動では，移動することに不安を見せるT君に対して，最初は保育士が手を引いて誘導していたがT君だけが目立ってしまう。そこで，T君が親しみを感じている友だちに手を引いて誘導してもらうことに変更すると，安心して移動することができた。

② 生活発表会（12月）
クラスの劇遊びは「ももたろう」を行うことにした。

## 第8章 障害児保育の実際

　T君は，年少児の発表会当日，大勢の観客を目の当たりにし，腰が抜けたように座り込み保育士が両脇をもっても立ち上がらず泣いていた姿があった。その記憶から，観客と対面になる時間が少なくなる方法はないだろうかと考えたのが，わらべ歌遊びを取り入れた表現だった。

　T君はわらべ歌遊びが好きで，戸外遊びでも友だちと手をつないで輪になって回ることを喜んでいた。それならば，村の子役の中でそのような場面をつくり，遊びの延長のように取り入れることで自然に参加できるのではないかと考えた。村の子役でわらべ歌「かごめ　かごめ」「げんこつ山のたぬきさん」を取り入れ，友だちと手をつないで回ったり，手遊びを交えた表現はT君の気持ちに合致し，楽しく参加することができた。

　T君は，村の子全員で言うセリフでは「〇〇だよねー！」と相づちを打つセリフの最後の「ねー！」の言葉だけ友だちと一緒に言っていた。すべて言葉にならなくても，友だちと手をつないで体を上下に揺らし，T君の表情を見れば楽しんでいる様子が十分に伝わってきた。

　発表会までの過程では，自分のクラスに，桃や包丁などつくった小道具が並ぶようになると，お爺さんのセリフ「いってきます」と言ったり，桃を切る場面を小道具の包丁をもって「せーの」と言って桃に当てる姿があった。劇中に聴いて覚えたセリフを繰り返し言いながら，見立てて楽しんでいた。

　視覚的な要素が少ないと理解することに弱さのあるT君にとって，昔話は起承転結がはっきりしており，小道具も多く，わかりやすい題材であった。

　劇遊びの脚本は，図書を参考にしながら子どもたちの姿に合わせ創りなおすことが重要である。言葉に頼るセリフばかりではなく，身体表現を使った歌や踊り，小道具を媒介とした動作等，織り交ぜながら障害のある子どもも楽しめる工夫をしたい。また，当日緊張で出番に出られないことも予想されるため，出番を複数回つくる配慮もあると良いと思われる。

　行事は，普段の生活の日課から離れ，活動の見通しがもちにくく，特に障害のある子どもは不安になりやすい。よって，時間をかけながら場に慣れ，緩やかに活動に参加できるように，保育士もゆったりと見通しをもって関わっていく姿勢が大切である。

### （2）療育機関との連携

　作業療法士の話では、「鉛筆を握る際に小指まで握りこむことができず、濃く絵を描くことが不十分な状態」と聞いていたので、ただ絵が描けないのではなく、身体機能の弱さを認識することができた。そこで、マジックで描くことを始めたり、しっかり指先まで握りこめているか確認して描けるようにした。また、「関節の運動が不十分で全体的な力の入れ方が不安定な状態で、特に机上での細かい作業では首の屈伸動作が少なく、口を開く力で首を曲げ、下の様子を伺っているため、目の動きと首の動きの自由度が少なく、見る範囲が狭かったり速さについていけなかったりしている」ということがわかった。それを知り、給食で汁の飲みこぼしが多いのも首の屈伸動作が影響していたり、身体機能の弱さがあることをより一層意識して援助し、食べる意欲を損なわないように、十分にほめながら言葉をかけることができた。

　そして、「自分の手足の事や指先、足先、身体の事を聞かれると拒否傾向になりやすく、自分の体に対しての認識が不十分な状態」ということであったので、食後、口まわりを清潔にできるように毎日知らせていたが身につかなかったことも、身体的な弱さの表れとして認識できた。そこで、食後の援助では、鏡を見ながら指で口のまわりを触れさせ、自分の身体に対する意識をもてるようにした。また、身体に対する感度を高められるように、遊びの中に、手遊び「あたま、かた、ひざポン」や指まね遊びを取り入れるようにした。

　また、言語聴覚士から、「言語の理解では、3語連鎖、主語・目的語・動詞の3語連鎖は理解可能だった。大小・色・事物の理解は困難であったが、理解できるようになってきた」「表出は、子音が抜けることが多く発音面に不明瞭さはみられるが、基本的な名詞・動詞の表出は可能で、最長で『ママがリンゴ食べる』という3語連鎖の表出が可能であった」と聞いたので、言葉がけはT君に伝わるように、「はっきりと短く」を意識した。この結果、T君の、言葉の発達についての理解がより深まった。

　T君の「要求」を最大限引き出せるように、たとえば、手が届かないところにある絵本を取ってほしい時、本がとれないことを察知して保育士や友だちが本を取って上げるのではなく、「何してるの？」「どうして欲しいの？」「欲しい本はこれ？」「どの本？」等、質問しながらT君の言葉を導きだせるように

していった。言葉をかけながら、T君が受け答えできるレベルに下げていき、会話のやりとりができるようにした。問題行動を明確にすると、威嚇がでない時に、「我慢できたね！ すごいね！」「やめてって言えたね！ すごいね！」とほめるタイミングがわかるようになった。

このように、療育機関の情報を共有できたことで、保育する中できめ細かく援助を考えることができた。保育をしていると、「4歳だからここまでは」と年齢の発達段階にとらわれそうになるが、焦ることなくT君の現在の発達に寄り添うことができた。

療育は療育、保育は保育と分けるだけではなく、療育機関の訓練内容や発達の姿を細かく把握することで、担任自身が感じているT君の姿と照らし合わすこと、支援目標を明確にすることができた。療育機関で得た情報を保育の中で活かし、確実に支援としてつなげていくことができた。

### （3）クラス集団づくり

4月から半年間、T君にとって関心のある友だちと同じ席にしていたが、他の友だちの名前も出てきたので、10月より年長児との混合の席にした。

おやつの時、牛乳のストローを自分で刺すことのできないT君は、保育士に「やってください」と言葉で要求できるようになっていた。

しかし、加配保育士が近くにいない年長児ばかりの席で、要求を言葉に出せずに懸命に牛乳にストローを刺そうとする姿があった。保育士が様子を見ていると、その中の一人の年長児Y君が、T君の姿に気づいた。Y君は援助の手を差し伸べるのかと思ったが、T君に「Tちゃん、誰にストローやってほしい？」と聞いたのだった。するとT君は「R君」と答えた。Y君「R君、Tちゃんがストローやってほしいって」R君「わかった」と言ってT君の牛乳にストローを刺す。T君が無言で牛乳を飲みだしたのを見てR君「ありがとうだよ」T君「ありがとう！」

この一部始終を加配保育士と見ていて、目を見張った。そして、私たちがT君の要求を引き出せるように関わってきたことを周囲の子どもたちが自然と受け取り、T君に関わっていたのである。集団生活の中で、子どもたちとの育ち合いが感じられた場面である。

### (4) 加配保育士との連携

　3人の保育士で交換ノートを媒介にして，T君の姿と関わりを書くようにしてきた。そして，そのノートを基に話し合いT君の内面理解をしたり，支援方法を具体化していくようにした。自分の保育を振り返ったり，加配保育士とT君の関わり，他児との関わりを客観的に見たり，他の保育士の思いや考えていることを聞いたり，話し合ったりする中で，T君の一つひとつの姿に対して，どう理解し，具体的に支援していくかということが明確になっていった。

　しかし，実際の援助や言葉がけの場面では時には，保育士の対応が分かれることがあった。T君の行為に対して細かい援助や声かけのレベルで3人の保育士の対応をすり合わせていく必要があった。担任が細かい部分まで実際にT君に援助して見せたり，応答的な言葉のやりとりを伝えていくようにした。

　一人担任で保育をしていると，一度「T君はこういう子だな」という見方が強まると，なかなか他の角度から見ることができず対象化が強まってしまう。

　しかし，複数担任でそれぞれT君に関わって，思ったこと，感じたことを交換ノートに率直に記すことで，お互い知らないことに気づかされた。自分の認識したT君の見方が揺らぐことでT君に対する支援のあり方を貪欲に模索できた。

　担任した保育士3人が，それぞれ自分とT君との関わりを振り返り書きとめ，その日の交換ノートの内容を互いに共有した上で話し合えたことが，きめ細かい支援につながった。そして，私たち保育士間でT君の育ちを喜び合うことができた。

### (5) つながる保育を求める大切さ

　まず保育を進める上で，母親がもっている情報を把握するところが大切だったと感じている。

　そのためには，なかなか自分から思いを打ち明けない母親に声をかけ，T君が入所するまで母親がどのような思いで子育てしてきたのか，十分に話を傾聴し，母親の大変さに思いをめぐらせるようにしてきた。母親の思っていること，話したいことを共感的に聞きながら，保育士がT君や母親の良き支援者という認識をもってもらえるように配慮した。そして，母親の了承を得て，療育機関

の専門家と情報交換しながら，T君の姿を細かく把握した。

　統合保育の中で，「嫌なこと，やめてほしいこと」などT君が経験することが少ない環境にあった。T君の威嚇に対して，他児が遠慮して玩具を譲ったり，諦めたりする。それは，T君のことを理解して威嚇が「嫌だ」という意味であることを周囲の子どもたちは察することができるようになっていた。それは，統合保育の中での学びであり，健常児にとっても大切な経験であると考える。

　しかし，T君にとって，周囲の友だちから理解されることばかりが社会性を育てる上で良いわけではない。「順番を守る，人が使っている物を強引に取らない」等，これから生きていく上で大切なことを発達に即して知らせていかなければならない。また，自分の気持ちを言葉で表すことに弱さがあるT君。母親も友だちとコミュニケーションがとれるのか心配していた。自分の要求を信頼できる保育士に伝えようとする姿が見られるようになってきたからこそ，嫌なことに対しても，威嚇ではなく「嫌だ」「やめて」と言葉で伝えられるように支援することが必要である。

　つまり，健常児も障害児もお互いに育ち合えるように，両面から丁寧な関わりが必要なのである。担任として，T君の問題行動に対する支援ばかりに固執しなかったことは，一緒に保育していた加配保育士が，T君のかわいい面，楽しい面等，たくさん書いており，T君の世界を共に喜び傍らに寄り添ってくれたおかげと感じている。また，T君を取り巻く子どもたちの言葉や関わりも書かれており，クラス集団の中で見えにくい，子どもたち一人一人の一面に触れることができた。

　発達に対する支援を考えることはもちろん大切なことである。しかし，できないことをできるように引っ張り上げるのではなく，子どもの内面理解から要求を引き出し意欲につなげていくような保育が大切ではないだろうか。子どもたちが発達段階にある時，いつも要求が先にあると信じている。保育する中で，どの子どもも，自分の要求を身近な大人や友だちに安心して出して，生き生きとした保育所生活を送れるように関わっていくことを大切にしなければならない。

　これからも，療育機関，保育士間，保護者，子どもたちとつながりながら，よりよい保育を目指すという意味で"つながる保育"を大切にしていきたいと

考える。

## 2　多様な価値観を認められる集団づくり

### （1）　3歳児クラスのYちゃん

― Episode 2 ―

　友だちへの関心が薄く，大声を出したり，座っていることが難しかったりという特徴のあるYちゃん。このままでは他児から非難されたり，敬遠されたりすることが予想される子どもだった。インクルーシブ保育の重要性が言われる今日で，文化の違いを認めるように，Yちゃんだけに限らず，子どもたちの得意な面，苦手な面等々をまるごと認められるようなクラスにしていこうという思いをこめて集団づくりをしてきた。ここでは，4歳児（年中）クラスの中で，Yちゃんの様子を中心に担任がどのような意図をもち，どのような支援をしてきたのかを紹介したい。

#### 1）Yちゃんのプロフィール

　両親と小学生の兄の4人家族。保育所入所前に広汎性発達障害と診断された女児のYちゃん。知的に遅れはなく好きなコマーシャルを暗記して口にすることや好きな歌をいつも歌っていることが印象的な子どもであった。療育のグループに参加することはあったが，これまで集団生活の経験はないため，保育所が初めて集団生活の場となった。

#### 2）入所時のAちゃんの様子

　3歳児クラス（年少）から入所した。この時は担任の保育士と障害児加配保育士2人体制でYちゃんを含めた20人のクラスでスタート。4，5月は新しい環境に慣れないこともあってか，落ち着かない様子で部屋を出て行くことが多くあった。そのため，園の中で自分の遊びを見つけて遊ぶことも難しく，人に対する興味も薄いため，担任と信頼関係を築くのにも時間がかかった。午睡の時間も布団に入れずに他児が寝ている間を走り回ってしまい眠ることができないため，年長児クラスと一緒に過ごし，他児が眠った頃に午睡の部屋に戻り，布団に入るように工夫していた。

#### 3）3歳児クラスでのYちゃんの成長

　6月頃になると，部屋から出て行くことも少なくなり，椅子に座ることもで

きるようになってきた。自由遊びの時間も自分のクラスにあったブロックに興味をもち、保育士に色々な形のものをつくってもらい楽しめるようになった。

　夏になるとプールが始まり、水の大好きなYちゃんは大喜びだった。Yちゃんにとって保育所が本当に楽しい場所だと思える要因の一つであり、みんなと同じ場で同じ水遊びを楽しめる経験になったのではないかと思った。

　秋になり、プールも終わってしまい少し残念そうなYちゃんだったが運動会等の行事を通して、他児と一緒に活動する経験も積んできた。午睡の時も「Yちゃんも一緒に寝たい」というクラスの一員としての自覚とも思えるような発言もあった。

　冬になると少しずつだが、気の許せる友だちもできるようになった。

## （2）4歳児クラスのYちゃん
### 1）じっくり観察し、Yちゃんの好きな遊びを一緒に楽しむことで信頼関係を築く

　4月に進級し、障害児加配保育士との2人体制で26人のクラスを受けもつことになった。しかし、Yちゃんは一つ大きくなったことは何となくわかっているものの、毎朝登園すると「K先生は？」と3歳児クラスだった時の担任の名前を口にして確認してきた。「一つ大きくなってM組になったよね。M組の先生はS先生になったんだよ」と伝えると「ふ〜ん」と言うものの、次の日には同じように「K先生は？」というやりとりの繰り返しであった。まずは、Yちゃんの好きな遊びを理解しようと思い、Yちゃんの動きをじっくり観察するようにした。すると、遊びの幅は狭く、ブロックで遊ぶか室内を走るかのどちらかということがわかった。前担任から音楽関係のことには興味があると聞いていたので、ブロックで楽器をつくって、バンドのライブの真似をしているとYちゃんも興味を示し、担任のつくったマイクやドラムを使って演奏を始めた（この時に「貸して」を言わずに楽器を持って行ってしまったが、今はYちゃんと一緒に楽しく遊ぶことがねらいだったので、あえて何も言わなかった）。Yちゃんの演奏に合わせて担任もブロックでつくったギターをかき鳴らすとYちゃんは大笑いし、「ねぇ、もう一回！」とリクエストするので、またギターをかき鳴らし……という遊びを数日間継続した。そうすることで、この人は「一緒に遊んでくれる人だ」「おもしろい人だな」と思ってもらえるように、というねらいが

少しずつ達成されつつあるように思えた。

　2）時には厳しく？　信頼関係を築くって難しい

　遊びを通してYちゃんと少しずつ関係ができてきているなと感じる一方で，片付けや給食等の切り替えの部分やトラブル時に担任の言うことに耳を貸すことはなかった。この時点ではYちゃんにとってまだ，「一緒に遊んでくれる人」という認識でしかなく，「自分の先生」というところまで関係を築けていなかった。4月という時期もあり，Yちゃんの様子を見ながらこちらもどこまでYちゃんの行動を許容していくのか，毎日葛藤していた。しかし，危険が伴うことや他児に危害を与えるような場合は，Yちゃんとしっかり向き合って，いけないことをしたということを伝えるようにした。

　楽しく遊ぶ時は思い切り楽しく遊ぶ。いけないことをしたらしっかり伝えるとメリハリをつけるように意識するようにした。欠席が多かったこともあったが，5月に入り担任が休暇の時には「ねぇ，S先生は？」と聞いたり，6月になると，トラブルの時にも担任の呼びかけに耳を貸したりする姿が見られるようになった。担任してから気づけば3カ月が経った。時間はかかったが，じっくりと根気よく援助していくことが必要なのだと改めて実感させられた。

　3）担任の言動がYちゃんのイメージをつくってしまう

　いけないことをした場合にしっかり向き合って伝えるようにしてきたことで，Yちゃんにとって担任が「自分の先生」であることを認識されるようになってきた反面，大声を出したり，室内を走ったりしてしまうため注意をすることが増えていた。すると，他児もYちゃんに対して注意をすることが増えた。他児にとってYちゃんは「先生にいつも注意される子」というイメージをもってしまったような印象を受けた。そこで，対応を工夫していかなければならないと感じた。

　4）保育者の許容範囲を広げ，Yちゃんへの言葉かけを工夫する

　まず，Yちゃんが部屋の中を走ることをどうとらえるかについて考えた。なぜ注意をしてしまうかと考えた時に，一番大きな心配はケガをしてしまうのではないかということであった。そこで，Yちゃんが部屋の中を走ってもケガをしにくいように環境構成を工夫した。具体的には，部屋の壁際を通れるルートをあえて空けておき，Yちゃんがそこを走りやすいようにしてみた。

すると，Yちゃんは自然とそのルートを走るようになった。走るルートがわかっていればこちらも安全面での配慮がしやすくなるし，他児の遊ぶ場所をそのルート上から外すことで，他児の遊びを妨げることもなくなった。さらに，Yちゃんが走っている時に「Yちゃんは今電車ごっこをしているんだね」と代弁することで他児にも「部屋の中を走る約束を守れないYちゃん」という意識から「電車ごっこを楽しんでいるYちゃん」という意識になることをねらいとした。すると，自然と他児もYちゃんに注意をすることもなくなった。

部屋の中を走っていると他児が気になってしまうのではないかと思われたが，担任がYちゃんの走る姿を認めることで，他児にとっても，部屋の中を走るYちゃんがいつもと変わりのない姿として認識しているようで，特に気にすることもなく自分たちの遊びに熱中していた。この場面では，これこそ子どもたちの環境への適応能力の高さだと感じさせられた。

Yちゃんの大声については，クラス全体に対してイラストを使って説明するようにした。

実際に「2の声はこれくらいだよね」「4の声はこれくらいだよね」と担任が声を出しながら説明することで他児にとってもわかりやすいようだった。Yちゃんが大声を出している時は注意するのではなく，「Yちゃん，2の声にしようね」と伝えるように言葉かけの工夫した。すると，今まで「Yちゃんうるさいよ」と注意していた子たちも同じように「Yちゃん2の声にしようね」と変化が見られるようになった。Yちゃんにとっても「うるさいよ」と注意されてもどうしたらよいのかわからず，すぐに大声を出したが，「2の声にしようね」と具体的にどのようにしたらよいかを教えてもらえるので，Yちゃん自身も2の声を意識して声量を抑える姿が見られるようになった。日々の生活の中で，たとえば，歌を歌っている場面で，がなり声になってしまった時に「今のは4の声だったよね。次は3の声で歌うと綺麗な声に聞こえるよ」と使っていくことで，声量の大きさのイメージも共有できるようになった。

### 5）子どもたちは障害児への関わり方を保育者の「背中」を見て学んでいる

子どもたちがどのように障害児と関わっていくのか，インクルーシブ保育を経験した保育者は必ずぶつかる問題だと思われる。クラスの子どもだけでなく，保育所内の他のクラスの子どもたちも関わるため，それぞれの年齢も発達も個

人差がある。そのため，言葉だけでは伝わりきらないことも多くある。反対に，言葉で伝えなくても子どもたちは障害児への関わり方を上手く学んでいることに気づかされる。子どもたちは保育者が思っている以上に保育者のことをよく見ている。だから，保育者の関わり方や声かけの仕方を真似しながら学んでいくのである。今回のように，保育者のちょっとした言動の違いで他児のYちゃんへの関わり方が変化したように，子どもへの影響がかなり大きいことを肝に銘じておかなければならない。

　自分の担任ではないクラスに入った時に，他児が障害児に対してどのように関わっているかを見れば，その担任が普段どのように障害児と関わっているかがわかってしまうこともある。したがって，自分の担任しているクラスの子どもたちが障害児とどのように関わっているかを見ることは自分の保育を振り返るきっかけになると思われる。障害児に対して，ハサミを使うことが苦手，言葉で上手く説明することが苦手などの部分は事実としてあり，他児に知ってもらうことは必要だが，「いつも注意される子」「何もできない子」とその子自身に対するマイナスのイメージをつくってしまわないように注意しなければいけない。

### 6）Yちゃんの遊びの幅を広げていくいことで，友だち関係を広げていく

　① みんなと一緒の楽しめる活動を経験できるような援助

　Yちゃんはブロックで遊んでいてもその場にいる子たちと関わることはなかった。また，他児がYちゃんの近くにきて使っているブロックに触ろうとすると「やめて」と怒っていた。しかし，気の許せる女の子の3人（Aちゃん，Bちゃん，Cちゃん）に関しては，すぐに怒らずに様子を見ているようであった。その3人はどちらかというと口数が少なく，大人しい印象を受ける子どもで，一緒に遊ぶというよりもYちゃんの遊びに寄り添っているという様子だった。そこで一緒に遊ぶ楽しさを味わうことで，友だち関係を広げていこうと考えた。

　当時，運動会が終わった時期であった。運動会で5歳児クラス（年長）が踊ったダンスに憧れをもっており，「私たちも踊りたい！」という気持ちが強かったので，4歳児クラス（年中）でもそのダンスを踊る取り組みをしていた。Yちゃんは音楽が好きなので，この取り組みになら参加できると思った。Yちゃは担任のすることをしっかり見ていると考え，自由あそびの時間に，担任も一緒になって踊りを楽しむ姿を見せることから始めた。そして，さりげなく

踊りが好きなAちゃん，歌が好きなBちゃんも巻き込む形で展開していった。
　担任とAちゃん，Bちゃんが楽しそうにしている活動はYちゃんの興味を惹きつけたようで，その様子を離れた場所から意識しているのが読み取れた。その取り組みを継続していくと，ある時Yちゃんがその音楽に合わせて歌を口ずさみ，体を動かすようになった。そこで，さりげなく，踊りながらYちゃんの踊っている場所に移動し，気づくとYちゃんも集団の中で踊っているという形にすることにした。Yちゃんはそれを嫌がるかもしれないという心配もあったが，嫌がることもなく一緒に楽しむことができた。これが，Yちゃんにとって，友だちと一緒に遊ぶ楽しさを味わう経験となった。
　② この遊びがしたい！という意欲を柱に友だちと関わるための約束を知る
　この取り組みには「アイドルごっこ」という名前がつき，2カ月以上継続することになり，Yちゃんにとってもこの遊びが楽しみの一つになった。その2カ月間にこの遊びに変化があった。Yちゃんのいる場所で踊りを楽しんでいる時に，担任がさりげなく踊りから抜け出し，観客席をつくり手拍子をするようにした。すると，踊りには参加しなかった子たちも観客として参加するようになった。次第に，子どもたちが自分たちで観客席を用意するようになり，歌う子，踊る子たちもパフォーマーとしての意識が高まっているようで，おままごとの布やスカートを衣装にしたり，ブロックのマイクをつくったり，観客席に向かって投げキッスをしたりという変化も現れた。
　担任はトイレットペーパーの芯を利用したマイクを3つつくって置いておくと，それが人気となり取り合いが起こるようになった。担任が仲介しながら，どうすればみんなで楽しく遊べるか子どもたちと考えた結果，マイクを使う人は事前に順番を決めておくことや歌う人と踊る人と役割分担をすること等の約束を決めた。
　しかし，Yちゃんは毎回マイクを使いたいという気持ちが強く順番を守ることができなかった。そこで，踊る役にはAちゃんがいることを伝えたり，Aちゃんに誘ってもらったりするようにした。それでも，どうしてもマイクを手放すことができないため，お友だちと楽しく遊ぶためには約束を守らなければいけないこと，それが守れないのであれば，遊びに参加することができないと伝えた。すると，「こんな遊びつまらないからもうやらない」と言って遊びか

ら抜けてしまった。担任も「そっか，それじゃあ，約束が守れるかなって思ったらまた戻っておいでね」と声をかけて様子を見守るようにした。
　Yちゃんは納得がいかない様子のままブロックコーナーで遊び始めたものの，みんなが楽しそうにアイドルごっこをしている様子が気になって仕方がなく，ブロック遊びに集中できないようだった。担任はその様子を見守りながら，歌う役の子の良さ，踊る役の子の良さを言葉にして認めるようにし，他児も自分の役に誇りと自信をもって夢中になっていた。タイミングを見てAちゃんに声をかけ，Yちゃんを誘ってきてもらうようにお願いするとYちゃんもしぶしぶ踊り役として参加した。そこで，踊り役としてのYちゃんの良さや順番を待つことができたこと，必ず順番が回ってくることを伝えるようにした。次に順番が回ってくるという見通しが少しずつもてるようになると，順番を待つ時の険しい表情も次第に柔らかくなり，他児が歌って踊っているのを見ながら待つことができるようになった。
　③　一つの遊びをきっかけに次の遊びにつなげていく
　アイドルごっこも「全国ツアー」という名前を付けて，チケットをつくり他のクラスの子どもや他の保育者を呼ぶまでに展開するようになった。担任が司会役を務めたり，ドリンク販売を行ったりするとそれを真似して子どもたちの中でさまざまな役割が生まれた。Yちゃんもチケット回収係やドリンク販売を通して友だちとのやりとりをする楽しさを味わうことができるようになった。
　すると，今まで手をつけなかったおままごとで遊ぶ姿が見られるようになった。おままごとに参加するようになると自然と他児との関わりが増えるようになった。たとえば，母親やお店屋さんになって料理をしているYちゃん。そこに担任が入り，「ハンバーグとオレンジジュースお願いします」と頼むと「少々お待ちください」と言いながら持ってきてくれた。そこに，他児も入ってきて，担任の真似をして「ラーメンお願いします」と注文をするので，Yちゃんもそれに答えて「熱いので気をつけてくださいね」と言いながら持ってきてくれたり，ウェイトレス役をしてくれる子が，Yちゃんに「お寿司とピザお願いします」と頼むとYちゃんも「はいはーい」と調理に取りかかり，でき上がった料理をウェイトレス役の子に渡したり，今まで関わりのなかった子どもたちと関わる機会が増えるようになった。

### ④ トラブルこそ成長のチャンス

　他児との関わりが少しずつ増えるとトラブルも増えるようになった。担任も丁寧にお互いの話を聞きながら仲介してきた。その際にトラブルを起こすことが悪いこととしてとらえられないように工夫した。お互いに「○○という思いがあった」というポイントを強調し，どちらが良いか悪いかということを明確にせず，それぞれの価値観が違うためトラブルになってしまうのであるということを柱にしてきた。

　Yちゃんはおままごとのおたまを工夫してワイヤレスヘッドマイクとして使用するなど発想力豊かだったので，他児から見ると「みんなと少し違う」と映るようで「Yちゃん，おたまの使い方が違うよ！」と注意されることもあった。その時に，「おたまをマイクにすると何が困るのかな？」と聞き返したり，「Yちゃんすごいアイディアだね」と担任が認めたりするようにした。他児にとって，「使い方が違う」＝「悪いこと」と認識している子どももいるので，「危ない使い方をしていたら教えてあげてね」と伝えるようにした。そうすることで，Yちゃんを注意していた子がYちゃんの真似をしてワイヤレスヘッドマイクを使って一緒にファストフードごっこをしはじめる等の変化が見られ，「おもしろいアイディアをたくさんもっているYちゃん」としてとらえられるようになった。

## （3）子ども一人一人に応じる大切さ

　他児との関わりが増えてきた一方で，まだまだ，トラブルも多くあったが，他児がYちゃんを排除するのではなく，Yちゃんの思いや考えに耳を傾けてくれるようになった。トラブルがあった時には，担任として仲介に入らなければならない。しかし，そこでどちらが良いか悪いかという優劣を付けてしまう場面を見ることがある。子どもたちは「大人がこう判断した」ということを手がかりに自分なりに価値観を徐々に形成していく。保育士は相手を傷つけたり，危険なことをしたりすることに対してはいけないことであると毅然とした態度で伝えるようにしてきた。それ以外については，それぞれの意見が出た時も「○○君はそう思ったんだよね」「○○ちゃんはそう考えたんだよね」と優劣をつけるのではなく，まずは受け止め，公平な立場になって仲介してきた。その

上で，じゃあ，この状況では「どうしたら良いかな」と一緒に考え，その場では「○○○○という意見が良いのではないか」と仲介した。

しかし，その場ではAという意見が良くても，違う場面ではBという意見が良い場合もある。そのようなやりとりや経験を通していくことで，「部屋を走ること」＝「悪いこと」や「手伝ってあげること」＝「良いこと」という単純なとらえ方にならないように配慮してきた。これは，文化と同じように，意識しているわけではないけれど，それが当たり前のように行われていくことで，いつのまにかそれが「普通」になるのだと思われる。インクルーシブ保育を実践する上では，子どもたちには，それぞれの意見が違うことが当たり前，それぞれ違ったところがあるのが当たり前という「文化」をつくり，自分とは考えが違うけれど，相手はそう考えているのだなと，（受け入れるとまではいかないものの）受け止めたり，認めたりできるようにしていくことが必要である。そのためには，日々の中で保育者が多様な価値観や考え方を受け止め，認めていく姿勢や言動が求められるのだと思われる。

### 3　重度の自閉症児——園全体での援助

#### （1）新しい環境での姿

> ─ Episode 3 ─
> 重度の障害の子どもに対しても，積極的に受け入れていく園の方針がある。すべてのクラスが複数担任で，職員全体でSちゃんの発達を確かめ合える大切さを紹介したい。

1）Sちゃんの実態

食事については，見たことのないもの・食べたことのないものに対して抵抗があり，泣いたり口に入れても吐き出す姿が見られた。好きな物（肉，豆腐，油揚げ等）は手づかみで食べていた。好きなゼリーのみスプーンを使って食べることが可能である。食べたいものを「やさいの（ゼリーのこと）」「りんご」などと言葉で表現していた。

排泄については，尿意を感じると「出た」と自分から訴えに来る姿があった。

近くに保育者がいないとその場で排尿し，それを触って遊んでいる。

　遊びについては，すべり台や手すりの縁，保育室のピアノの上など高いところに登ろうとするという，こだわりがある。また，ブランコは，保育者の膝に入ってしか乗ろうとしない。

　車や数字の絵本や，雑誌（求人雑誌など文字と写真が付いていて，紙質が薄いもの）を好んでみるので，保育室の本棚に何冊か置いておくことで安心して保育室で過ごすことができる。

　言葉については，1年を通して言葉を使って自分の意思を少しずつ伝えようとする姿も見られるようになってきたが，他方で「出た（尿意を感じた時）」「いちにのさん（自分では乗れないところに乗せて欲しい時）」等，本来の意味とは少し違う使い方をする姿も見られた。

### 2）不安な新学期

　新しい環境が苦手なＳちゃんにとって一番大きな安心感は，隣のあじさい組の担任になっていた昨年の担任の存在だった。不安になると，あじさい組にのぞきに行ったり抱っこをしてもらったりすることで安心でき，また遊び始める姿が見られた。しかし，まだ，この頃はすみれ組の保育室には中々入ることができず，テラスから保育室の様子を気にする姿が見られたので，保育室が見えやすい所に手触りの良いマットを敷き，そこで過ごせるように工夫してみた。また，すみれ組のテラスの隅には手洗い場があったので，そこで水遊びを楽しむことで少しずつ保育室の近くに安心できる場所が広がった。

　不安感の強さからなのか，高いところへのこだわりが強くなり，階段横についている避難用のすべり台の手すりの上に登ったり，チェーンネット一番上に登りそこで仁王立ちをするなど，見ていてひやひやするような遊びが増えてきたので，Ｓちゃんと個別的に過ごしながら他の遊びにも興味がもてるように働きかけた。好きな遊びの一つであったブランコは，保育者の膝に入らなければ乗ることができなかった。保育者自身，日頃のＳちゃんを見ていて自分の力で乗れる気がしてならなかったため，自分で座れるように促していき，後ろから押していった。初めは保育者の膝に乗りたがり泣けてしまう姿も見られたが，押してもらうことで今までとは違うスピード感を味わえることがわかったようで，その快さから「ブランコ！」というと自分で座って遊ぶようになった。

5月になると，前の週から少しずつ保育室で過ごす時間が増え，安心した表情で過ごせるようになってきていた。しかし，その矢先に予想外のことが起きてしまった。ふっと目を離した一瞬の間に，Ｓちゃんの姿がどこにも見当たらなくなってしまった。大好きな滑り台の上はおろか園庭にもどのクラスにもおらず，他の保育者の力も借りて捜した。年長の女子が「Ｓちゃんが屋根の上にいる」と伝えてくれたため見に行くと，手洗い場やカーポートなどをつたって隣接する園長先生のお宅の屋根の上で，笑顔で手を叩いているＳちゃんがいた。慌てて屋根に上り降ろした後，Ｓちゃんが無事で本当によかったと，涙が溢れてしまった。この出来事から，自閉症の行動特徴の一つとして出てくる「高いところが好き」という知識を持っているだけでは，Ｓちゃんの成長の援助にならないことがわかった。

### （2）安心できる居場所づくり

　屋根に上がった日，クラス担任2人（全クラス複数担任制をとっている）で話し合い，保育室の奥の廊下にＳちゃん部屋をつくることにした。Ｓちゃんの好きな手触りマットを敷き，本（今までの本に加えて，写真やグラフのついた理科や社会の資料集），昨年気に入って遊んでいた他クラスから文字ブロックを借りてくるとともに，ＣＤプレーヤーも用意した。さらにＳちゃんの好きな番組の曲を用意した。また，廊下の隅にある棚を活かして，その上に登れるようにし，他の高所に行かないように配慮をした。

　次の日，登園してきたＳちゃんをＳちゃん部屋に連れていくと，棚に登って本を見たり，マットの上でお昼寝をするなど安心して過ごす姿が見られた。Ｓちゃん部屋をつくったことで，登園してくると自分で保育室に入ってくることも増え，高所にこだわることもだんだんと少なくなっていったので，Ｓちゃんにとっての居場所ができたようにも感じた。

　進級当初から「出た」と排尿感を知らせてくれることもあったが，保育者が近くにいないとズボンとパンツを脱いでその場で排尿してしまい，それを触ってしまうこともあった。母親からは「家では完全に自立している。失敗はおむつが取れてから一度もしたことがない」「尿意を感じると自分でトイレに行く」と言われ，どうしてこのような家庭での姿と園での姿に差があるのかに悩んだ。

園ではさまざまな刺激があり，遊びに夢中になっているとトイレに行くことが遅れてしまうということを母親にも伝えた。

そして排泄の失敗の多い時間帯（10：00頃，12：00頃，13：45頃）を見つけ，トイレに誘ったり，活動に入る前に声をかけることで，少しずつトイレで排尿できるようなった。6月のある日，SちゃんがSちゃん部屋から出て廊下の反対側に向かって走っていったので何事かと思い，追いかけると自分でトイレの中に入っていき，追いかけてきた保育者の顔を見て「おしっこ出た」と教えてくた。それ以降自分から行くことはなかったが，Sちゃんが自分の意志を園でも伝えてくれたことがうれしかったとともに，家庭での姿がつながったワンシーンになり，保育者自身の励みになった。少しずつSちゃんとの関係がつながってきているのかもと感じるようになってきていた。

### （3）基本的生活習慣を目標に

Sちゃん部屋ができたことで，そこで過ごしつつ，保育者の様子を見ていて自分から保育室にも入ってくる姿が増えてきた。給食では好きな食べ物を食べる間は，席についていられるようになった。食べたいものは手づかみで食べ，ゼリーのみスプーンを使って食べる。それ以外は保育者が口元に運ぶとしぶしぶ食べた。ゼリーを食べる時器用にスプーンを使って食べる姿が見られたので，手ではなくスプーンですくって食べられるように繰り返し声をかけていくことで，肉や魚，豆腐など好きな物はスプーンを使って自分で食べるようになってきた。ご飯などあまり好んで食べないものも，「お肉と一緒に食べるよ」と声をかけていくことで，少しずつ自分で口にする姿も見られるようになってきた。毎日自分で食べていくことでスプーンですくうことは上手になったが，フォークで刺して食べるということはなかなか理解できないようである。この頃になると，排泄とともに食事といった基本的生活習慣が身につくようになってきていた。

母親に「座って自分で食べている」「少しずつ自分で歩けている」「プールに入ると自分で潜って遊んでいる」「給食でお茶を飲めるようになってきた」「排尿は和式でもできる」などの成長や姿をその都度連絡帳や電話を通して伝えていき，そのことを共有したいと思った。しかし，「家庭では敷地内にある祖母

の家までも怖くて歩かせたことがない」「ほとんど座って食事をしていない」「好きな物以外食べさせていない。食べさせたことのないもの，一度嫌がったものは食べさせていない」「飲み物はスポーツドリンク以外飲ませていない（水の割合は少しずつ増やしているようであった）」「プールは怖くて連れて行ったことがない」「外出先のトイレが使えないと思うので，遠出はしたことがない」等，泣いてパニックになることを怖がって，なかなか新しいことに挑戦できないでいる母親の思いが伝わってきた。保育者は何が母親をそんなに不安にさせているのかは，その時はわからなかった。

　夏の家庭訪問の際，園で和式トイレを使用する時の援助方法や，食事の時の声のかけ方を伝えていくとともに，プールではどのように遊ぶのが好きか，プールから出た後どのようにトイレに行けば失敗しないか等の成功例を伝えていき，保育者は思い切って園で開催している「子育て支援　あそぼう会」の室内プールに誘いかけた。さっそく，その週の「あそぼう会」にSちゃんと母親は参加した。母親は初めは溺れないか，プールの中で排尿してしまうのではないかと不安そうにしていたが，プールで生き生きと遊ぶSちゃんの表情を見て，「楽しかったです」とすっきりした表情で帰った。夏休み明け，「少し遠出して海や水族館に行き，トイレもどこであってもしっかりできました」「プールに行ったり水遊びを毎日しました」と楽しかった思い出を聞くことができた。こうした「あそぼう会」でのSちゃんの生き生きする姿を共に確認することで，母親と保育者の思いが共有できたと感じた。

　しかし夏休み明け，久しぶりに登園してきたSちゃんは，歩くことを嫌がったり排泄の失敗が増えるなど4月の時に戻ったようであった。もう一度4月のように粘り強く繰り返し声をかけていった。すると3週間ほどで少しずつ自分で歩いたり排泄に誘いかけていくことで失敗も少なくなってきた。自力で歩くことにも抵抗がなくなってきたので，園の畑に行く時にはもうバギーを使用せず歩けるところまで一緒に手をつないで歩くようにした。「Sちゃん歩くよ」と声をかけると気に入らなさそうな表情をしつつも，慣れた場所であれば少しずつ歩くようになった。

　この頃からSちゃんの語彙は驚くほど多くなり「おしっこ出る？」声をかけると「出ない（出ない時と遊びたいから行きたくない時がある）」「出た」というや

りとりができるようになったり，眠たくなってくると「寝るか」と言うなど，自分の気持ちを言葉で伝えることが増えた。
　また，1学期から繰り返し朝の身辺処理をしてきたことで，保育者が「ここに入れるよ」と声をかけながらSちゃんの靴箱やロッカー等を軽くたたいて知らせながらいくことで，脱いだ靴を自分の靴箱に入れたり，鞄をロッカーにしまいに行く姿が見られるようになってきた。トイレでパンツとズボンの上げ下ろしや靴の脱ぎ履きなど身の回りのこともできるように声をかけるようにした。排泄，食事に加えて基本的生活習慣がさらに定着しつつあるように感じた。

### （4）行事や生活空間の広がり
　誕生日が8月の夏休み中のため，Sちゃんの家庭は両親そろってお誕生日会に参加した。不安なく安心して過ごせるように手触りマットと教科書をあらかじめ用意していき，落ち着いて過ごす姿が見られた。舞台に上がった頃から舞台の上を歩きまわったりピアノを気にする様子が見られた。ピアノの側に行きピアノの上に乗ろうとしたので，「ピアノの上には乗らないよ」と声をかけていったが，怒ったような声を出したSちゃんの反応に無理に降ろしてパニックになったら…と考えてしまい，ピアノの上に乗ることを止めることがこの場面ではできなかった。しかし，そこにいた先生に降ろしてもらうと，雑誌を舞台まで持っていき舞台の上で雑誌を読みながら過ごした。前もってSちゃんと両親のことを考えた援助をもう少し十分に考えておくべきであったと反省した。
　その日は，給食の配膳中，Sちゃんは保育室横の手洗い場で水遊びをして過ごした。連絡帳等で今好きな遊びを伝えていたことで，お母さんは「これがいつもお聞きしていた水遊びですね！　楽しそうに過ごせているみたいで安心しました」と嬉しそうにSちゃんに寄り添っていた。しかしその横で父親は「そこは手洗い場だからどけ」と言いSちゃんを無理に降ろそうとした。ピアノの一件についても「泣けてしまうこともなく成長しているな，と感じました」と言う母親に対して「ほんと馬鹿野郎ですよね」と言われる等，保育者は両親の間でSちゃんに対する認識やとらえ方に大きな差があると感じた。またそのことが母親のしっくりこない不安感につながっているのではないかと感じた。これまで以上に，連絡帳等でSちゃんの園での様子や関わり方を知らせていくこ

とで，現在のSちゃんの今のあるがままの姿に関心をもってもらい，その一方で両親の思いも知っていこうと思った。

　運動会に向けてはBGMや踊りの曲をSちゃん部屋で流していき，運動会に興味がもてるようにしていった。また，運動会当日も知っている曲が流れることで安心して過ごすことができるようにしていった。踊りの曲（特にソラソラ☆あおぞら）は好きな曲だったようで，保育室で流すと入ってきて，友だちや保育者が踊っている姿をピアノのイスに乗って見ていた。「一緒に踊る？」と誘って保育者が後ろから手をつないで一緒に踊っていった。初めはされるがままだったが，好きな振り（ジャンプ）を見つけると「そらそら　ワン・トゥー・スリー」と歌いながら，保育室のラジカセの所に保育者の手を引いて何度も曲を流すように求めることも増えた。Sちゃん部屋で曲が流れると立ち上がって，自分で体を揺すったりジャンプをして踊るなど，自分でもやってみたいという意欲が見られるようになってきた。この時は要求や意欲を大切にして働きかけていくようにした。

　かけっこは保育者と実際に走るフィールドで手をつないで歩いたり，保育者が少し前に行き見通しをもってそこまで自分で歩けるようにして，場の雰囲気に慣れるようにした。

　運動会当日は，他の子どもより10分ほど早く登園してもらい，保育室の中で安心して過ごせるように準備した。午前中は機嫌が良く，表現あそびや踊り，かけっこも楽しそうに参加することができた。昼食の時間に眠気がきたようで「寝る」と言い仮眠をとり，目が覚めると寝起きがあまり良くなかったようで，泣いて怒ってしまう姿が見られた。

　午後の親子競技の際もぐずる姿が見られ，そのことに対して他の保育者から「Sちゃん今日機嫌よくないんですね」と言われたことがショックだったようで，後日の母親の連絡帳では運動会を友だちの中で参加できたことや成長したことには触れず，いろいろな人に迷惑をかけている，という旨が書かれていた。いつも笑顔で挨拶をされる母親ではあるが，いろいろな思いがいっぱいなのだ。このことから園内のすべての保育者が母親の不安や思いを知っていて細かい配慮をしながら声をかけることが必要だと感じた。

　保育室の中にも興味を示すようになり，自分から保育室に入ってきて，ピア

第8章　障害児保育の実際

ノのイスで製作活動や給食の配膳する様子も多く見られるようになってきた。Sちゃんの好きなメニューの時は保育者がよそっている様子をのぞきに来るので「配ってみる？」と言って手渡し，「○○くんの所に置くよ」と声をかけながらそこまで一緒に行き，置くお盆を軽くたたいて知らせていくと，そこに置くことができた。この頃になると繰り返し保育者の所に来る姿が見られたので，他の子どもと一緒にエプロンを着て，お当番活動にも参加できるように働きかけていった。

　席に座って過ごすことも少しずつできるようになってきたことで，指導形態や製作活動においても友だちの中で参加できるようにしていった。描画活動は，4月当初からなぐり描きのように描くことを楽しむ姿が見られた。クラスの子どもたちの中に入って活動に参加するようになり，丸を描くことに興味が出てきた。「ぐるぐる　まる」と言いながら，楽しむ姿が見られるようになった。また，自由遊びの中で「ぐるぐる　まる　する」と言いに来るなど，お絵描きがSちゃんの中で楽しめる遊びになり，遊びにも広がりが出てきているなと感じさせられる場面であった。

　また，給食の時間にコップのお茶を少しずつ飲めるようになってきた。そのことを家庭に伝え，お茶の入った水筒とスポーツドリンクの入った水筒を持たせてもらうことにした。初めは「飲む（スポーツドリンクの方が飲みたい）」と言うことが多かったが，「3回お茶を飲んだら，スポーツドリンクを飲むよ」「ごちそうさまの前に5回飲むよ」と繰り返し声をかけていくことで，徐々にお茶の味に慣れてきた。他の子どもの中に入って活動できるようになってきたことで，偏食が改善されるようにもとらえられると考えさせられた。

　10月に入ると手をつないで歩くことが習慣となり，室内プールや畑，遊戯室など慣れたところであれば「今からプール行くよ」と知らせていくことで歩いて移動できるようになってた。また片手は保育者とつなぎながら「○○ちゃんと手をつなぐよ」と知らせていくと，友だちとも手をつないで歩くことも少しずつできるようになった。歩くことにも慣れてきた11月の初め，園から歩いて10分ほど行ったところにある畑にイモ掘りに行く際，初めて長い距離をバギーを使用せずに歩くことができた。途中までは抵抗なく歩くことができたが，泣いて「だっこ」と求めてくる姿もあった。「畑まで頑張るよ」と励ましながら

歩ききることができた。

　園では歩く習慣がついてきていると知らせていたたが、家庭では変わらず抱っこで移動していた。これからの自立に向けてと思い、給食後すぐにお迎えに来た母親に歩けるところを実際に見てもらえたらと思い、保育室から門の所まで手をつないで歩いた。途中で「うちの子、こんなに歩けたんですね…」と驚いたように言われた。門の所で別れると、恐る恐る手をつなぎながらそのまま駐車場まで歩いていった。この日から「朝バスを待つ時に、手をつなぎながら列に並ぶことができました」「家電に興味があるようでしたので○○電気に行ってきました」と一緒に歩けたことや、「園でみかんを食べたと聞いたので家でもみかんを用意してみました」「食事の時、家でもお茶を用意するようにしました」といろいろなことに挑戦しはじめる母親の姿が連絡帳に綴られるようになった。

### （5）子ども同士の育ち合い

　保育室で過ごすようになって、一番変わったことは、他の子どもたちへの興味・関心が出てきたことだと感じている。Sちゃん部屋が移動した11月当初は、積み木に乗ったりして機嫌よく過ごしていた。しかし、他児が積み上げるのを見て真似をしはじめたり、他児が何をしているのかのぞきに行き、そこに座りこんで遊びを見たり、同じものを持っていても他児の使っているものに興味をもちそれを持ってくる姿が見られるようになった。初めは関わり方がわからずに保育者に助けを求めに来た子どもたちもいたが、慣れてくると「Sちゃんにはこれをあげるね」といって使っていないものを手渡したり「これはダメだよ、Sちゃんのはこっち」と声をかける姿が見られるようになってきた。またSちゃんも勝手に持ってくるといけないということ（ルールのようなこと）を感じたようで保育者の所に助けを求めに来るようになってきている。「貸してって言うんだよ」と繰り返し声をかけていくと、保育者を貸してほしい物の所までひっぱっていき、「かして」と保育者を通して他児とのやり取りをする姿が見られるようになってきている。

　11月の下旬に初めて一斉に「けいどろ」をした。初めはブランコに乗り一人で様子を見ていたが、「Sちゃんもやる？」と誘いに行くと、保育者と手をつ

なぎ走ることを楽しんだ。他児につかまり「Sちゃん『ろうや』いくよ」と，何人かの子どもたちに囲まれながら「ろうや」まで歩いていくなど，集団の中で遊ぶ楽しさを少しずつ感じられるようになってきているようだ。今まではにぎやかな場所を避ける姿が見られたが，一緒にいられることから少しずつ慣れてきていると感じさせられた。

　3学期が始まると歌と劇遊びの会の練習が始まる。昨年の担任から「舞台の上が大好きで機嫌よく過ごせている」と聞いていたことと，この10カ月間一緒に過ごす中で，周りの状況を見ていないようで，とてもよく見ている姿があったので，しばらくは遊戯室内で自由に過ごし，Sちゃんが興味をもってきたら参加するタイミングをはかるようにしていった。初めての舞台練習では，舞台の上で他の子どもが台詞を言ったり動物になりきる姿に興味をもち，近くに行ってじっと見たりする姿も見られた。また，遊戯室の後ろにあるマットで，他の子どもの様子を見ることを楽しんでいた。1月の後半になると気に入ったフレーズや歌を口ずさんだり，保育者の手を握って「ぺろぺろぺろぺろ？」と決まった言葉を言うことで，「ぺーろぺろ」と言いSちゃんなりに劇に入り踊る姿も見られるようになってきた。

　遊戯室に慣れてくると，後ろのマットの上よりも舞台の裏を走ったり照明を見ながらぐるぐると回ったり，踊りなど興味のあるところは舞台に出てきて参加したりする姿が見られた。また，日々とは違う手伝いに入ってもらっている保育者の膝にのって過ごすこともできるようになった。幕を触ったり幕の開閉に興味をもって，そこに走っていくなど舞台が大好きになった。

　1月のある日，プールあそびをご機嫌で終えた後Sちゃんは保育室に戻らずに「ぶらんこ！」と言い園庭に向かって走っていった。追いかけていくと，ブランコではなく門を自分で開けて，道を挟んである遊戯室に一人で行こうとしていた。園内にまた安心できる場所ができたことに成長を感じつつ，職員会議でSちゃんの変化している姿を伝え，園全体で園外に一人で出て行ってしまわないように気にかけていけるようにしていった。

　園では障害児がいつもと異なる行事当日の非日常の雰囲気の中で行動している姿だけでなく普段の練習の姿を通して子どもの成長や保育者の関わりを見てもらえるようにしている。Sちゃんの母親にも遊戯室での練習の様子を見に来

てもらった。当日，Ｓちゃんはにこにこと機嫌もよく，楽しそうに参加することができていた。その日の夕方電話で母親に「どうでしたか？」と聞くと「他の子は並べていたのにＳはふらふらとしていた」「他の子はすぐにはけたのにＳはなかなかはけずに舞台の上で寝ころんでいた」など他の子どもたちと比べる言葉が，非常に多く聞かれた。年中の３学期になり他の子どもたちが育ってきている中で見たわが子の姿に，また新たな不安要素を生じさせていると感じ，今後は今まで以上にジグザグとした母親の気持ちに寄り添っていく必要性を感じた。

２月の歌と劇遊びの会当日，遊戯室の中に入ると普段の様子と違うことを感じたようだった。しかし普段のように走り回ることもなく保育者に抱っこを求めてきた。保育者が「Ｓちゃん，いくよ」と声をかけていくと，緊張したような表情をしつつもついてきて，自分でみんなの中に並んだり踊りを踊る姿に成長を感じた。また，他の保育者からも，「Ｓちゃん落ち着いたね」と言われ，園全体でＳちゃんの成長を見守っているということを改めて感じた。障害児の成長を全教職員で伝え合い，確かめ合うことの大切さも学んだ。

## 4　基本的生活習慣の確立――要求の育ちの中での社会性の育ち

### （１）入園児の実態

> ― Episode 4 ―
> 　自閉症児Ｑ君が入園してからの１年の成長と指導の方法，特に，基本的生活習慣を確立させることに大きな目標があることを取り上げたい。また保護者を通して他機関との連携の大切さを紹介したい。

　Ｑ君は２歳の時に自閉症の診断を受けた３歳児である。入園前は午睡をしており体力がないため，１学期間は午前保育で降園することを保護者と約束していた。Ｑ君の入園当初の特徴として，排泄が未確立，物や環境からの刺激が強すぎるとパニックになって泣いてしまうこともあり，３秒間も注視できない程度の多動である。言葉が出ず，「Ｑ君」と呼んでも無表情，無反応だった。

　母親は障害を受容しており，入園前には母子通所施設に通園していた。積極

的に児童精神科の診察や作業療法にも通院しており熱心でまめな様子である。

## （2）基本的生活習慣の習得・関わり・指導援助
### 1）居場所づくり

補助の先生とどのように保育していくかを話し合い，まずは安心してクラスにいられるようにすることを目標にし，気分がのらない時には無理にクラスに留まらせるのはやめていた。日によっては活動は違うこともあるが，毎日の繰り返しによって園の流れが徐々にわかるようになり，習慣づいたことで安心できる場になってきた。体操の時など椅子も何もない所に集まって座る時には緑のすべり止めシートを用意し，自分の座る場所を視覚的にわかりやすくした。椅子にシールを貼ったり立つところに目印をつけておいたり，Q君の特性に合わせてこのように視覚的に訴えていくことも有効的だった。

また，活動中にQ君が気に入らないことや体調によっても気分の浮き沈みが激しくあった。活動中も部屋に留まることができなかった時に動きを阻止すると，泣いて怒り，補助の先生の顔を叩いたり髪の毛を引っ張ったりすることが多かった。その場合は，顔と顔を合わせ，目と目を合わせて怒っている表情を見せ，繰り返しやめるように伝えていった。児童精神科の先生からの助言を母親から聞きながら援助指導していくことにした。安心していられる場所を担任と補助の先生でつくりあげていくまでには1学期間ゆったりと支援していくことが必要だった。

### 2）基本的生活習慣の確立
① 園での生活の流れ

朝登園してからの身支度は，すべて一緒に手を添えて声をかけながら，毎日繰り返し行っていた。動作の順序を端的に声かけしながら，「次は○○します」と，今している動作の次のことを前もって伝えていった。必ず一つできたことはすぐに褒めて少しでも自信につなげ，Q君の気分によって今無理そうだったら次のタイミングでと臨機応変に対応していった。

基本的生活習慣はまだ身についておらず，中でも特に保育者間で気になったのが外靴と上靴の区別がつかないことだった。上靴のまま園庭に出て行ったり，外靴のまま部屋の中も走り回ったりしていたため，補助の先生についていても

らった。

　支援の方法として、4月から靴箱の隣に上靴の絵カードを貼り、その場所で脱いだり履いたりしたりするように声をかけていった。まだうまく自分で靴を脱げなかったり、上靴も履けないこともあり、自分でかかとを踏んでいたり、足の甲の所が中の方に入っていて足が入らない時に、自分でできないと投げ出してしまったり泣いて怒っていた。丁寧に、一つひとつの動作でできないことや、援助が必要なことは声をかけて一緒にやり、靴の向きはどっちか、どこを引っ張ったらいいか、マジックテープがどうしたらできるか等、細かい力の入れる所、指先に力が入らない時には支援していった。

　6月頃からは少しずつ突発的に走り回ったりしなくなってきたので、活動中には部屋から出て行かないように出入り口に×の紙を貼るなど視覚的に伝えた。部屋から出て行く時や外靴のまま部屋へ入ろうとする時に、すぐその場でその都度毎日繰り返し声をかけ、脱いだり履いたりするよう導いていった。

　9月頃にはようやく自分で靴の区分を意識できるようになり、自分で外靴のまま部屋へ一歩踏み出してから、止まって気がついて戻ったり、扉の前で立ち止まって自分から靴を脱いだり上靴を履いたりするようになった。初めのうちは左右は違うものの履く向きは合っており、マジックテープを外さないまま足を突っ込んだだけで歩いていても、自分から靴を替えたという思いが見られて、保育者の中では嬉しい姿だった。

　靴の着脱が身についたのはこの時期にようやく自分で靴が脱いだり履いたりできるようになったことや、外靴がマジックテープのついていないスリッポンの形になったことで履きやすくなったこと、手の指先の力もついてきたことも大きく関係していると感じる。同様に朝の支度の中に、鞄のチャックを閉める動作や、出席シールを自分で貼る動作があるが、指の先にも力が入るようになったことで少しずつできる回数が増えてきて、チャックもぎゅっと引っ張って閉めたり、シールも少しはがれている部分を指で持ち、日付けの枠の近くに狙って貼れるようになったり、少しずつ自分でできることが増えてきた。初めはできないことは投げ出してしまっていたが、2学期後半からはできなくても自分で向き合い、できなくても怒らず「やって」と担任に言うようになっていった。

② 食事の面

　9月から週1回ずつ給食を食べて降園するようになり，徐々に回数を増やしていき，1月からは園で3歳児が降園する時間の2時まで過ごすようになった。初回から椅子に座って待つことができていた。

　初めての給食は白米しか食べなかった。また，自分で口に入れる量を調節できず，むせたり苦しそうにしたりしていた。Q君の好きなキャラクターのフォークとスプーンの入った給食セットを出して座っており，他児と一緒に給食を食べることは嬉しそうだった。スプーンやフォークを他の子どものようには使えず，ほぼ使わず手づかみで食べていた。食べこぼしも多く，服は食後に着替えることが多かった。園ではほとんど汁物も一品はある献立のため，手首を動かす角度も一定で動かしており，味噌汁はスプーンですくっているものの，お椀の4分の1の量より少なくなったらすくえないという状態だった。フォークもスプーンもただ握るだけの持ち方だったので，使いづらく持ちにくいような様子だった。

　11月頃になると偏食もなくなり，野菜もたくさん食べられるようになった。好きなもののメニューの時には「もっと食べたい」と自発的に言ったり，保育者のお皿の物を盗食したり，自然におかわりを先に並んでいる子どもに続いてお皿を持ってきて並んだりしていた。自分がしたいことについての言葉が出てきている時期だった。

　支援方法としては，保育者が隣で楽しい雰囲気の中で食べられるようにし，口に入らない大きなものは一口サイズにあらかじめ切っておいた。もちろん，嫌いな野菜なども小さくして食べられるように白米で隠して勧めてみたり，ほんの少しの量から始め全部食べられたことを思いっきり褒めてみたり，あの手この手で食べられるレパートリーを少しずつ増やしていった。また，フォークやスプーンの使い方やお皿を持ったり手を添えるなど，細かく伝えていった。一方，保護者にも食事の様子を伝えていき，もっと持ち手がフラットで柄が太い物や丸いような握りやすい物など低年齢の子ども用で家で使っている物でも構わないと伝えたところ，好きなキャラクターがよいという本人の思いを尊重しているような返事だった。しかし，その後には作業療法に通所の際，作業療法士に相談したようだった。

そして12月には手先の力が入りにくいため、食べる際のフォークやスプーンはぎゅっと握って親指が上を向いている状態だった。そのため作業療法士の助言を得てスプーンやフォークに樹脂で持ち手を付けてくれるということになった。2月頃には指先が全部下を向くような鉛筆持ちになり、前よりもすくう動作が思うようにできるようになり、食べたいものがしっかりフォークでとらえられて食べられる形となり、食べこぼしもほとんどなくなり、食べる時間もとても早くなった。

③ 排泄の面

初めはクラスの子どもたちと同じタイミングでの手洗いや排泄は、人が多くて集中できない場合や気分が乗らないこともあり、他児と時間をずらして個別で補助の先生についてもらっていた。4月からオムツでの登園だったが、Q君が午前のみだと1度も排泄していないこともわかってきたので、夏頃には気温が高いこともありトレーニングパンツでの登園をお願いし、そのままパンツに移行していった。

2学期に入ってからもたまに尿が出たまま遊んでいることもあったが、10月頃には「おしっこ?」と自分から声に出して保育者に伝え、トイレに慌てて連れて行くともう出た後だった等あるものの、尿意を感じはじめ、またそれを自分から言葉に表せるようにまでなっていた。

1月の下旬には朝からトイレに行っても尿が出ず、降園時間の前にトイレに行き、便器の前で1回だけ出たことがあった。その日からその時間に出ることが習慣づいていたが、トイレに行って便器の前に立つのも「嫌だ」と言って、保育者がパンツを下ろしてもすぐにパンツをあげようとして嫌がっていた。初めて出た時にはとても褒めて、Q君も嬉しそうにしていたが、嫌がるのがなぜかわわからず、保護者に聞くと家でも嫌がっていると聞いた。

その時にちょうど児童精神科の受診があり、児童精神科の先生に聞いてもらったところ、本意ではないがたまたまタイミングが合って出てしまっただけで、まだ安心してしようとする心にまで発展していないということだった。排泄の自立はまだ長い目で、あせらず幼稚園卒園までの目標で見ていくのがよいと言われた。

2~3月もトイレに行くのを嫌がり、1日に1回も出ないくらいの日もあれ

ば，降園前の帰りの支度の時間に失敗していることが多かった。したいのに我慢しているのか，膀胱炎にならないかなど考えると，まだオムツの方がいいのかと保護者も迷っていたが，これまでトレーニングパンツで頑張ってきたこともあり，このまま布パンツで過ごしていくことを保護者と話し合って決めた。

すると進級直後の4月下旬には，他児と同じ時間に保育者と排泄に行って便器の前でパンツを下ろすと尿が出ていた。それは降園時間の前だけではなく，給食前の時間でも自分でしっかりとしていた。進級して，少し気持ちの変化があったのか，すぐできるようになっていたことに成長してきた姿が感じられた。

### (3) 社会性の育ち
#### 1) 落ち葉遊びの中で (11月)

砂遊び，水遊び，秋には落ち葉遊びが大好きなQ君。運動会を終えて，自分で砂遊びをはじめ同じ場所に5分くらい留まれるようになった。この頃にはクラスのほとんどの友だちの顔と名前もわかるようになってきていた。そして，お気に入りの友だちにも目が向くようになり，自分から近づいたり，ハグしに行く姿も見られるようになった。友だち意識をもち始めたと感じられる時期にQ君が初めて，園で友だちと物を取り合うという自我の芽生えの場面に遭遇した。

園庭の隅に桜の木が数本ある所があり，どんどん葉が落ちて積もっていた。朝，子どもたちが登園する時間に保育者が掃除をしていた。竹の熊手で落ち葉を集めていると，近くにいたQ君と同じクラスのPちゃんがやってきて「先生，お手伝いするよー」と言ってくれたので，保育者はPちゃんに熊手を貸した。

もう少し離れたところにいたQ君は落ち葉を拾って上から散らす，落とす，落ちてくる葉っぱを見ることを何度も繰り返しして楽しんでいた。やがて，Pちゃんの持っている熊手に気づき近寄ってきて，熊手を貸せと言わんばかりに奪って持っていこうとした。保育者はQ君もやりたいんだな…と思いながらまだPちゃんの関わりを見守っていた。

Q君よりも10cm位背丈が大きなPちゃんは力も強く，熊手を握りしめているものの両手で離さず，Q君もすごい力で引っ張るが，離さないPちゃんの頭をグーでパンチ。この時は，さすがにケガになりそうだったので，止めに入っ

た。保育者「ちょっと待ってーQ君！」と2人を離した。Pちゃんは「Q君やめて‼」と怒って，離さなかった熊手をギュッと持って1歩離れた。Q君はちょっと泣きそうになりながら暴れていた。保育者は「（少し怖い顔で目を合わせて）Q君，パンチしません。（優しい表情と声で）あれ，やりたかったんだねぇ，Pちゃんに貸してって言うんだよ」と諭すとQ君が「貸して！」と泣きそうな震えた声で言った。PちゃんはQ君のこともよくわかっていたので，Q君が来るまでは少しやっていたからと思ったようで，すんなり「いいよ」と言ってすぐ他の所に行って遊んでいた。Q君は少し泣きながらも熊手を持ってまた落ち葉の集まっている所に戻って行った。

　時間にして短いながらも，Q君にとって，友だちとケンカができた貴重な場面だった。今までは人が持っているものを奪うことはなかったし，友だちに手を出すこともなかった。これから友だちに手が出るのではないか，と心配になり補助教諭とも話し合ったが，様子を見ながらだが，突発的に出るものをなるべく防げるように前もって止めていくようにしようということになった。しかし，この頃になると入園当初のような，激しく叩いたり髪の毛を引っ張ったり泣いて怒るという問題行動も減ってきており，友だちに対して叩くことなどは心配するほどなかった。

　2）「待て待て」遊び（3月）

　年度末になると，いつも同じ友だち2〜3人とも一緒に遊べるほどになってきた。その中でも3月になって毎朝やっていた遊びがある。園庭の真ん中の隅に少し山になった上に土管がある。園庭全体を見渡すことができ，ドラえもんに出てくるような，しゃがんだら大人でも通れる土管で，外側はちょうど腰かけられるほどの高さがある。

　保育者が朝の戸外遊びで土管に座っていると，Q君が笑って山に登ってくる。保育者が笑って両手を広げハグするような形をとると，Q君は喜びながら引き返して逃げようとする。それを見て保育者が「待て待てー」と大げさに追いかけると，Q君が山を下りて走り出し，ぐるっと山の周りを1周してからまた上って保育者が座っていた土管にもたれる。保育者も同じように後をついて行き，土管に来ると「おかえりー」と言ってQ君をハグした。Q君はスキンシップも大好きで嫌がらずに喜んでいる。これを何度も繰り返していると，ぐるっ

第8章　障害児保育の実際

と回ってくるのが園庭1周にもなったり，Q君が自分から山のふもとに来て「待て待てー」と言って保育者を誘うようにして逃げていく姿も見られるようになった。

　それを見ていたWちゃんが来て「私も！」と言ってQ君と一緒に走っていく。保育者も相変わらず同じように「待て待てー！」と言いながら追いかけるのを何度も繰り返した。走っている間に木の棒を見つけて立ち止まるQ君に，Wちゃんが「Q君逃げなきゃ！」と声をかけて手を引こうとする。するとQ君は後ろを見て「Wちゃん逃げなきゃ！」と一緒に手をつないで走っていく姿が見られた。そしてそれから，Wちゃんと同じように，もう一人，もう一人と周りの友だちも増えていった。その日だけでなく，次の日も保育者にやりたいと言うかのように朝の支度が終わって外の靴を履き終えると，保育者の顔を見て「待て待てー」と言って笑いながら土管へ走っていく姿が見られた。この遊びは1カ月ほど続き，Q君の他に一緒に遊びに入る子は5，6人になった。

　園庭の真ん中の土管の遊びは少し意図的にしていた。そのきっかけは，Q君は自分よりも小さい子どもが大好きで，朝送り迎えに来ている園児の保護者と弟妹の子どもについて行ってしまい，園の門から外へ出て行ってしまったことがある。それを園長から指摘されたこともあり，いつもここにいるといった安心できる場所（居場所）をつくるといいと思い，保育者が土管に座っていることで遊びに誘って定着していった。

## （4）お互いの共通理解を築く
### 1）保育者間の連携

　担任と補助教諭との互いの共通意識をもつことが保育の中では，その子どもへの支援を左右する。保育中や保育後にしっかり今後の方向性を話し合うことや，瞬時の子どもの様子によってどんな援助や言葉がけをするかによって，その場・空間の子どもたちの雰囲気が変わっていく。他児がQ君を見る目が変わり，一緒に遊びたいと思わせるか，かわいそう，変な子，自分とは違うな等，とらえ方はさまざまだと思う。クラス運営として育ち合う環境づくりは細かい言葉や思いのズレによって成立しないこともあるため，それが一致していたことがとてもいい雰囲気づくりになった。

また，クラス担任と補助教諭だけでなく，学年主任や主任など園の保育者全体でQ君と他児との関係を豊かにしていった。Q君もクラスに居場所を見つけ，活動の合間にも友だちと手をつないで待てるようになった。Q君自信もだんだんと友だちに目が向くようになり自分から関わりを求めていきはじめたところで，言葉はなくてもハグする時に保育者が「〇〇ちゃん好きー」とQ君の気持ちを温かく代弁してあげることで，ハグされた子どももいい気持ちになるよう努めていった。

　そして，次年度への引き継ぎとしては個別の指導計画を引き渡した。Q君自身がどのくらいの時間をかけて何ができるようになっていったかという発達してきた姿を細かく伝え，引き続いて行えることは進級後にも同様に行ってもらい，支援の一貫性を考えて，環境の変化にも対応していけるように伝えていった。

**2）保護者との連携**

　Q君への関わりでは，何よりも保護者との連携は不可欠だった。児童精神科の診察の際には，前もって保護者が園で困ったことがないか保育者に連絡してくれており，医療機関の専門家との橋渡しをしてくれていた。そのため，支援方法に迷いを感じていた保育者も，Q君にとってよりよい支援や働きかけをしていけたと感じる。

　さらに，保護者から毎回作業療法の訓練内容などを連絡ノートで教えてもらっていた。トランポリン等の粗大運動，洗濯バサミを使った遊び，ビー玉をつまんでお皿に入れる遊び，型はめなど指先を使って遊ぶ内容の有効性が多かった。その内容はできる限り保育の一場面で取り入れるよう努めた。小さなペットボトルにビー玉を入れたマラカスのようなおもちゃを用意しておくとQ君自身も馴染みがあり，さっと活動に入れることもあった。積み木を積むことに対しては，2学期の半ばでこれまでにないほど集中して椅子に座っていられた。

　そして，基本的生活習慣など園での様子を保護者に伝えながら，スモールステップから具体的な支援の方法など家庭でも継続してもらうようにした。Q君のペースに合わせて焦らず心と体の成長を見守り，保護者自身も，日々何かができるようになってきたQ君の姿を見てからか，表情も明るくなってきたと感

じる。

**参考文献**
・第1節
津守眞・津守房江『出会いの保育学――この子と出会ったときから』ななみ書房，2008年。
竹田契一・里見恵子編著『インリアル・アプローチ――子どもとの豊かなコミュニケーションを築く』日本文化科学社，1994年。
・第2節
内山登紀夫監修，諏訪利明・安倍陽子編『こんなときどうする？　発達障害のある子への支援　幼稚園・保育園』ミネルヴァ書房，2009年。
両角美映『発達が気になる子どもの保育』(保育のプロはじめの一歩シリーズ③)黎明書房，2008年。
奥住秀之・白石正久編著『自閉症の理解と発達保障』全障研出版部，2012年。
・第3節
伊藤嘉子・小川英彦編著『障害児をはぐくむ楽しい保育』黎明書房，2007年。
伊勢田亮・小川英彦・倉田新編著『障害のある乳幼児の保育方法』明治図書，2008年。
・第4節
小川英彦・川上輝昭編著『障害のある子どもの理解と親支援』明治図書，2005年。
小川英彦編著『気になる子どもと親への保育支援』福村出版，2011年。

---

**学びのポイント**
・個別指導と集団指導の有効性を明らかにしよう。
・健常児と障害児の支援内容の共通性を確かめてみよう。

---

**さらに考えてみよう・みんなで議論してみよう**
・実習(保育所，幼稚園，施設)をする中で，研究保育で行ったあそびについて思い出してみよう。
・園での居場所づくりとは何かについて話し合おう。

# 第9章　障害児の保護者への支援

## 1　なぜ保護者支援が必要なのか──愛着形成と保護者の心の安定

　ボウルビィ（J. M. Bowlby）の愛着理論によると「母親と子どもの間に結ばれる情緒的絆を愛着（Attachment）」と称し，「人間の愛着行動は，生まれてから3歳の終わり頃まで強くみられ，3歳以降では親以外の他者との接触においてかなりの安定感を示すようになる」と説明されている。これらの「愛着理論」や「愛着障害の研究」に代表されるように，親子の信頼関係の構築は，子どもの生きる力や適応性の獲得のために基本となる要素で，青年期，壮年期に至るまで継続されていく心理的要素である。

　保育の現場で「気になる子ども」とされる子どもたちは，発達の個人差や人間関係の構築の困難さによって表面化することが多い。生きにくさを抱える子どもたちにとっては，保護者等の主たる養育者（以下，保護者）との情緒的な関係や自尊感情は必要不可欠であり，保護者との関係性が良好に保たれることは重要である。そのためには，保護者の精神的安定性，特に子どもを前向きに受け入れる精神状態が重要である。特に発達障害児は「被援助指向性」を獲得することが，援助の得られやすさ，適応性の向上につながり，本人の生きやすさ，生活のしやすさにつながることになる。そこで，保護者と子どもの心のサポート，両者の関係性の支援を図るための支援が重要となるのである。両者が良好な関係性になった場合，両者の相互作用もよりよいものとなり，両者の可能性が最大限に発揮され，より成長することができる。

　子どもが生命の危機に瀕したり，家族の不慮の事故が起きたりする等，緊急性の高いケースであればあるほど，保護者の混乱は大きい。家庭が混乱している状況であると，ますます子どもの精神安定が阻害され，生きる力の減少につながり，養育が苦しいものになってしまう。つまり，悪循環に陥ってしまう。

子どもの精神安定と保護者の精神安定の両方ができるようにサポートすることが求められる。その観点からも「障害児の支援は，保護者の支援でもある」ことを念頭に置いておくべきである。

## 2 保護者と子どもの気持ち

### (1) 保護者にとっての子どもの障害のとらえ方の変化

　保育者が障害児を抱える親の心理的なサポートの必要性を感じるきっかけは，子どもが障害児であることを知った際やその可能性を感じた際の親の状況である。その参考になるのは「親の子どもの障害受容の段階説」である。代表的な例は，ブラッハー (J. Blacher) が1984年にまとめた親の障害受容の段階説である。過去の知的・情緒面の発達障害児を抱える障害受容の学術論文を検討し，「最初の危機的反応，混乱感情と反応の継続，適応と受容」[3]の段階であると解説している。障害を知った時に自身の子どもの対する理想との違いによる喪失感と，その気持ちに混乱しつつも，子どもの成長を通して，最終的に落ち着いていく流れである。また，日本では，上田が1980（昭和55）年に「障害の受容とは，あきらめでも居直りでもなく，障害に対する価値観の転換であり，障害をもつことが自己の全体としての人間的な価値を低下させるものではないことの認識と体得を通じて，恥の意識や劣等感を克服し，積極的な生活態度に転ずることである」[4]と述べている。

　また，山崎と鎌倉は，自閉症の母親の事例研究から，障害があることを知った時の「不安」，その受け入れをしようと努力する「闘争」，子どもの障害は避けられないこととして受け入れをする「運命への順応」，子どもの障害をもっと理解しようとする「障害の理解と究明への欲求」，子どものよりよい生活や障害に対する支援を追及する「最適環境の追求」，子どもと自身の生活の安定から，前向きに自身を受け入れる「自己肯定」という展開があると説明している[5]。

　さらに，山本と門間と加藤は，図9-1の通り，自閉症スペクトラム障害（広汎性発達障害）を主な障害とする子どもを抱えた親がその受け入れと受容，さらに気づきの蓄積を経て，子どもとのつながりを感じ，子育てに前向きに取

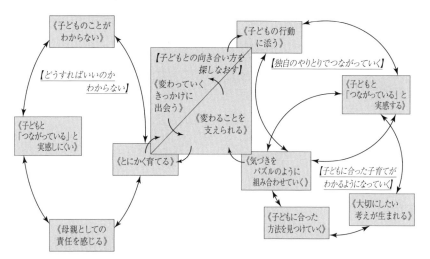

**図9-1** 自閉症を主とする自閉症スペクトラムの子どもをもつ母親の子育てのプロセス
——独自のやりとりで子どものことがわかるようになっていくプロセス

出所：山本真実・門間晶子・加藤基子「自閉症を主とする広汎性発達障害の子どもをもつ母親の子育てのプロセス」『日本看護研究学会雑誌』33, 2010年, 23頁。

り組み，子どもとの関係性の深化とともに適切な子育て方法を身につけ発展させていくことにつながっていることを説明している。

## （2）子どもにとっての保護者の受容とは

　幼児期の子どもの親に対する気持ちの研究は十分ではないが，一番身近な主たる養育者が，乳幼児期の子どもと情緒的交流が少ないことは愛着形成や基本的信頼感醸成に課題があることは言うまでもない。発達障害や情緒障害等の子どもの場合コミュニケーションがうまく取れないことから，主たる養育者が関わることに対して苦しみを感じたり，関わりを避けたりすることや，うまくかみ合わないことで，子どもが親に対して，「寂しさ」「不安感」を感じさせる可能性もある。そこで，親の子どもの受容は，子どもの愛着形成と信頼感の継続，親の受容にとっても重要な要素であると考える。

## 3　支援の実際

### (1) 保護者への直接的支援――「気づきと築きのプロセス」へ
#### 1) 支援の継続性

前述の通り，保護者が障害児の子育てに対して前向きに取り組むまでには，たとえば発達障害児の親の場合，自分の子どもが「気になる子ども」になり，子どもの不適応が目立ち始め，「自分の子育ての仕方が問題であるのではないか」と考える。やがて，発達の遅れや不適応が恒常的になる。その結果，「障害児」と意識をする。不安を抱えながらも，子どもとの関わりの中で気づきがあれば「子どもの状況と，自身の気持ちの受容」ができるようになる。その結果，「障害の理解」と「障害の受容」の努力をし，周辺の人々の支えがあり前向きになることができれば，適切な「親子関係の構築」，子育ての「モチベーションの向上と創意工夫」，相互作用による「前向きな子育ての継続的展開」の流れになると考える。

そのため，保育者は，まずは保護者の不安と心配に寄り添いつつ，子どもの姿から前向きな部分に気づき，エピソードを見出していく。つまり，双方向で前向きな気づきの積み重ねを行う。そして，親子関係の仲介者として，よき理解者として親子関係の健全化とサポート体制の構築と，それらの継続を図ること，つまり「気づきと築きのプロセス」を続けていくことが重要であると考える。

#### 2) 支援のポイント
① 混乱と受容に継続的に寄り添う

不安な気持ちの傾聴を行い，心のサポートを行う。一方で，何が不安なのかの根拠の情報収集を行う。実際は，「不安」そのものの言語化ができないこともあるので，子どもの様子を一緒に観察しながら会話する等，根気よく関わることを大切にする。保護者の不安に対して返答する際，根拠なく無理に「問題ありません。大丈夫ですよ」と無責任な前向きな発言（励まし）をするのを避ける。「ご心配ですよね。一緒に不安を解決していきましょう」というような一緒に学ぶ，共に歩む姿勢をもつとよい。

② 専門的な支援を活用する

　保育者だけで抱え込まないように「専門的な支援」の情報提供を行い，保護者の同意があれば専門機関（児童発達支援センター，児童相談所，市区町村福祉事務所，保健福祉センター等）の紹介と利用の支援を行う。その際，専門機関には傾聴の段階で得た情報も参考として申し送るとよい。なお，この場合，保護者によっては，専門機関の利用を拒む場合があるので，丁寧にその理由を傾聴しつつ，専門機関の専門性が保護者や本人の生きにくさの解決につながることを説明するとよい。

③ 謙虚に学ばせていただくという気持ちをもつ

　障害児の支援と保護者の支援の両立のためには，保護者の信頼関係を構築することが重要である。それに関しては，バイステックのケースワーク原則やカールロジャーズのクライエント中心療法の原則も参考になる。

　そのためには，前述の①に関連しているが，同じようなケース（子ども）があり，参考となる場合もあるが，準備なく一方的に「上から目線な態度」や「知ったかぶり」をしないことである。発達の流れは，環境によって，個人の特性によっても差が生じるためである。また，保護者の子どもに対する感じ方やとらえ方も変化するためである。また，障害の内容や支援方法について保護者がインターネットなどで熱心に学習している場合があるためである。それらゆえに，不安が高まっている場合があるので，不安や，成長，発達の喜びなどの気持ちに寄り添う姿勢で，保護者が得た情報や知識，子どもの姿の説明に謙虚に耳を傾ける姿勢が重要となる。

　なお，そのやり取りの中で，援助方法の提示や，不適切な保護者の対応を止める等，意見・指導的助言をする必要が生じた場合，「私は，◎◎ちゃんに◆◆すると，笑顔になるのでそういった対応をしようと心がけています」「私は，○○ちゃんに●●しましたら，笑顔だったのでとてもうれしかったです」といった，Ⅰ（アイ）メッセージの技法を活用し，「上から目線・指導的な対応」を避けるとよい。

　専門的な助言が必要な場合は，前述の専門機関や保育所等訪問支援の専門スタッフにゆだねることも重要である。

④　保育相談支援技術を活用する

　これまで述べてきた保護者支援の技術は、「保育相談支援技術」というものにあてはまる。その技術とは、ⅰ支持、ⅱ承認、ⅲ解説、ⅳ情報提供、ⅴ助言、ⅵ行動見本の提示、ⅶ物理的環境の構成、ⅷ体験の提供等である。

　以上を踏まえ、これまで述べてきた内容以外に追加するとすれば、保育者の保育施設での実践を踏まえ、㋐保育者が、保育施設で、子どもと保護者が実際に関わる場を設定する、㋑保護者とともに、保育施設で、子どもの障害の特性を踏まえた、「関わり方」や「支援技法」、「支援ツールとその使い方」を伝授する場を設ける、㋒子どもとの「関わり方」や「支援技法」「支援ツール」の共同開発に取り組む、㋓子どもの障害特性に合わせた精神的・身体的負担を軽減するための住環境の提案等、が考えられる。

⑤　ペアレンティング技法とその学習プログラムの提供

　近年、子育て支援センターや当事者団体等において、アメリカ等で開発された、子どもの自発性と社会性向上を目指した子育て技法、つまり、「ペアレンティング」の講座を提供していることが多い。その情報を保護者に提供したり、勤務している保育施設で講座を開いたりする等といったことも重要である。

　特に、心理行動面の発達や安定性に課題（不適応）がある子どもに対しては、「ペアレント・トレーニング」(7)や「コモンセンス・ペアレンティング」(8)の技法が参考になる。それは、場面ごとに適切な行動とそうでない行動を整理し、保護者や保育者が子どもに行ってほしいことを具体的に話して練習し、その行動ができるような条件（強化子）の提示をし、適切な行動が見られたら具体的に誉める、褒美を与えるといった行為を繰り返すこと、で大人と子どもの信頼関係ができ、子ども自身が適切な社会スキルを多く身につけて社会適応や対人関係をよりよく保つ可能性を高める「子どもとの関わり方と子育ての技法」である。つまり、その場に応じた良い行動と悪い行動を分別し、良い行動を伸ばしていけるようにする、自発的にできるようにする、子どもとの関わり方や態度の技術である。その際、行動・言動の理由や背景、行動までの流れや行動のきっかけをとらえ、子どもの心に寄り添えるように心がけることが重要である。

　このようなペアレンティングの訓練を受け、子どもを育てていく中で、保護者は子どもの行動と自分の養育態度、接し方の関係性・法則性を発見していき、

保護者の養育スキルが改善され、その結果、子どもの行動が改善されていくとされている。また、ペアレント・トレーニングを学んだ保護者が子育てのストレスや、抑うつも改善させる可能性があることが報告されている。

### 3）自閉傾向のある子どもと親への支援の事例

E君は、保育者の間で自閉症スペクトラムが疑われはじめた5歳児の子どもである。きっかけは、ある日の主活動の粘土細工の時間に、パニックを起こし、その後落ち着いたかと思えば、うとうとと寝てしまうことが見られた。それ以外にも、主活動中に隣の子どもの言葉の繰り返し（いわゆる「オウム返し」）があること、主活動に使うものではないものをきれいに並べないとパニックを起こすことが、担任保育者や子どもたちの日常会話からわかっていた。

降園時に親御さんの様子を見ると、とても疲れている様子であった。E君の家での様子について聞くと「言葉で言っても通じない」「指示した言葉をオウム返しする」「特定のものや行動にこだわると寝る間も惜しんでこだわり続ける」「それを止めるとパニックを起こし奇声を上げる」という状況であり、母親は「寝る時間が減っている。どのようにしたらよいか困っている」と言った。

そこで、担任保育者は「保育所等訪問支援（児童発達支援センターの保育士）」と連携し、行動見本の提示、物理的環境の構成、体験の提供を行った。担当保育者は、自閉症スペクトラムの特性である可能性を感じたので、療育センターのスタッフからの助言を基にイラストカードを使って、子どもとコミュニケーションをとることにした。

まずは、笑う（うれしい・楽しい）、泣く（悲しい）、怒るというカードを見せ、該当する気持ちを指で示そうとしたが、なかなかついていけなかった。そこで、マグネットの輪っかをはりつけてもらい、それに音声言語を関連づけ、子どもの感情を示してもらい、それにできるだけ寄り添えるように配慮した。

さらに、2カ月かけて、トイレ、着替え、砂遊び、給食等、行動を示すイラストを見せ、今したいことを「輪っか」で示してもらったり、指で指してもらったりして、次にしたい行動をイラストで伝えられるようにした。

この取り組みは、子どもへの指示ができない、関わり方がわからないと悩んでいる保護者と連携し行うことにした。まずは、保育所で使っているカードをもう1セット作成し、E君がカードで感情を示す場面を実際に見て、保護者に

図9-2　イラストカードの例
出所：「みふねたかし作品サイト（いらすとや）」(http://www.millust.com/, 2016年11月30日アクセス) を基に筆者作成。

もやってもらった。さらに、保育所の生活場面に合わせたカードで、着替えとかばんと水筒を取りに行くように指示を出す練習をしてもらった。このように保育所でうまくいったことを、保護者にやってもらうことからはじめ、自宅では、食事、就寝、入浴等の家での生活に関連するイラストも作成し（図9-2参照）、母親に渡し、自宅でも実践してもらった。

その結果、子どもの感情は安定し、カードとともに言葉も付け加えていった結果、「トイレ行きたい」「お腹すいた（食事欲しい）」と意思を指で指し示したり、「食べたいものは何？」と聞くと「カレー食べたい」「ハンバーガー食べたい」「ジュース飲みたい」と声と、「輪っか（もしくは、指さし）」で自分の感情だけでなく要望が伝えられるまでに成長した。

**（2）子どもと保護者・家庭への同時支援──ソーシャルワークの活用**

1）ソーシャルワークの活用の意義

　一見して、年齢不相応に落ち着きのない子どもや、攻撃的な行動が目立つ子どもや引きこもりがちな子どもがいた場合、発達障害が疑われる場合がある。特に、衝動的かつ攻撃的な行動が顕著で、注意欠陥多動性障害の可能性が高い

と思われる場合，保育者は，子どもの特性に保護者や保育者が「合わせる」「適応させる」ということを主眼に置く支援を行うべきである。しかし，その行動がなかなか改善せず，保護者も子どもの特性に合わせた対応ができない場合がある。その場合，子どもの不安定な行動の背景を慎重に探る必要がある。その例として，攻撃的で衝動的な子どもの背景に虐待の経験など家庭での生活状況等の問題点が潜んでいるとする研究報告がある(11)。そのことからも，子育ての主体者としての保護者への子育て支援と，保護者の家庭生活，経済生活面の支援を並行して考えていく必要がある。また，知的障害や発達障害の特性があったり，身体的な障害があったりと，子育てが難しいゆえに保護者のストレスが高まり，保護者自身の社会生活，家庭全体の生活がしにくくなることもあり，これは，子どもにとって良い養育環境とは言えない。

その中で近年，小学校や中学校などにスクールソーシャルワーカーの配置が進んでいる。担任等の教員と「気になる子ども」を発見し，担任と家庭と連携し，子どもが育ちやすい環境にするために，必要に応じて，学級の人間関係の改善と，家庭の状況に即した保護者の生活安定を主眼に置いた支援も行うというものである。保育施設や保育者も，このような視点での家庭と子ども両面の支援を行うという方針をもつことが，障害の有無にかかわらず子どもが安心して育つ環境にすることにつながるといえる。

2）貧困家庭で暮らしている子どもの不安定行動と家庭への支援の事例

年長のAちゃんは，集団保育の時，突然泣き出し，外に出ていってしまう子どもです。一人遊びも5分以上はもたない。突然ものを投げて声をあげてしまうこともある。ある日，散歩の時間の時，Aちゃんはしばらく歩いていたのに，突然怒り出して暴れてしまった。担当の保育者は原因がわからないままであったが，職員会議の結果，一緒に歩く子どものC君が休んだため，他の子どもと歩くよう言葉かけをし，我慢させたためではないかということになった。しかし，C君が保育所に来た時も同じであった。そのような日がしばらく続いていた。保護者にも，送り迎えの時間の際に連絡帳を見てもらうように話しているが，返事が書かれていない。直接話すと，「忙しいのですみません」と言うだけである。

担当の保育者が心配になり，降園後，母子家庭であるAちゃんの家に家庭訪

問を行った。保護者は，午後7～8時の間しか面会するのは難しいということであった。保育者が訪問したところ，コンビニエンスストアの弁当を買い与え，仕事に向かうところだと告げられた。「Aちゃんの様子で気になることがありまして，お母様もお困りではないかと心配になりまして」と伝えたが，「うちの子は，いつも，私が仕事に行っている時は家では一人で自分なりに安定して過ごしているので大丈夫です」と言ったが，Aちゃんは，すぐに泣き出してしまった。母親は「うるさい。仕事で忙しいから静かにして」と叱るだけであった。その後何度か訪問したり，登降園の時に話をしたが，Aちゃんの行動など様子の改善の兆しはほとんどなかった。

　ある日の降園時，Aちゃんと2人で話す機会があった。「ママ怖い。帰りたくない」と言うのである。Aちゃんの肩から背中には，青いあざが見られた。「どうしたの？」と聞くと「ママに夜叱られた」と言った。担当保育者は，園長や主任と協議し，保護者と電話で話をした。保護者が夜遅くまで働いていることがわかり，生活が経済的にも，時間的にも，肉体的にも苦しいこと，Aちゃんが家でも泣いたり，言うことを聞いたりしないので，子どもとの関わりや子育てにも困っていることがわかった。市役所の保育課や児童家庭課の担当者と協議し，生活保護やひとり親家庭の支援制度を活用し，母親やAちゃんの経済面と生活面の支援を行うことになった。

　その結果，母親は生活保護の支給と就労支援，公営住宅の優先入居支援，各種手当の支給を受け，生活を改善していった。最終的には，日中はパートタイム労働をし，帰宅後は親子で過ごせるようになった。「たくさんお話ができるようになった。笑顔で私を見てくれるようになった」と母親は言うようになった。保育所でもAちゃんは笑顔が増え，突然泣いたり，暴れたりすることが極端に減り，友だちとの関係も良くなっていった。

### （3）家庭と地域社会への同時のアプローチ
#### ——地域社会や周辺との関係性構築の支援

#### 1）家庭外とのつながりの重要性

　前項の事例からわかるように，子どもと親の居場所と支援の幅を広げるための支援が重要である。つまり，子どもと親の関係性のほかに，いろいろな居場

所づくりは，重要な要素であると認識することが大切である。

　子どもにとっての心のよりどころが親であるのは，当然ふさわしいことであるが，子どもにとって親だけが関わる相手であるのは，情緒や行動面の障害児の場合，親にとっても，子どもにとっても，問題をエスカレートしかねない状況となる。また，障害児を抱える親にとっては，子どもと一緒にいる時間が長いと，心が疲れてしまうことも少なくない。

　つまり，親と子どもが地域社会において「家庭外」の「つながり」をつくっていくという視点の支援が必要である。多様な人間関係をつくることは，多様な価値観に触れるチャンスとなる。また，子どもにとっても親にとっても，逃げ場をつくることになり，支援者と支援の場のバックアップにもなる。

　また，子育ての経験者や同じ立場の親との出会いが「ピアカウンセリング」や「エルダーとメンター」の獲得，つまり，専門職とは違った，同じ立場・目線での心の支えの獲得とともに，安心感のある状況での子育ての助言，具体的な支援の獲得につながる。

　近年，保育施設の開設に対して，住民が反対運動を起こすという報道をよく耳にする。突然保育施設ができることに対する戸惑い，子どもの声に対する不快感である。一方で，子どもの安全を確保するために，地域社会を分断するような建物にする保育施設もある。しかし，子どもの誘拐，子どもへの暴力等安全面の問題はあるものの，保育施設が地域社会に受け入れられてこそ，人々の多様性を受け入れ，社会性が育ち，困った時に助け合える，危険が迫った時は助けてもらうなど回避することができる「真の安全な安定した社会」が実現するのではないかと考える。そのためには，日常的に保育施設や保育者は地域社会との間で，具体的な活動を通して協力関係を築いておくべきである。

**2）町内会との連携と親子防災運動会の事例**

　ある住宅街にある幼稚園のF君は，こだわりが強く，軽度の自閉症スペクトラム障害の傾向がある5歳の男児である。場面にそぐわない声を嬉しい時や怒っている時にあげてしまい，園庭で声をあげている時は，近所まで聞こえてしまっている。また，この幼稚園の5歳児クラスでは，園庭での自由活動，教室では大きな声で元気よく歌うことを重要視しており，最近，近所から匿名で「うるさい」という苦情が複数寄せられていた。

そこで，F君に対しては，声を出さないように口に×マークが書いてある絵カードで静かにするように示してみたが，こだわり行動になっている時は，なかなか伝わらなかった。また，園庭での活動を減らしたが，その分，自由に体を動かして遊ぶ場面などが減り，F君以外の園児も，いたずらやけんか，突然泣き出す等の不適応行動が増えていった。

そこで，幼稚園教諭の主任は，近所の町内会の代表者とPTAと個別に協議した上で，合同の懇談会を定期的に設けた。お互いの現状と考えを伝え合い，お互いに納得できる保育の一番の方法を話し合い，それを地域住民へ説明し，同意を得る方法を模索した。

定期的に会議を開き対話することで，時間を決めて園庭で活動することとし，その情報を地域へ発信すること，教室内での幼稚園の子どもたちの様子を公開する場を設けることで，園児の大きな声も徐々に地域社会に許容されていった。園児たちを連れて週1回は近所を散歩し，近所の人と会ったら挨拶をするようにもした。しかし，住民の反応はいまだ不十分であった。また，F君のような発達面の障害や課題がある子どもたちもいることも説明し，理解と承認をもとめた。

そこで，町内会の代表者に相談した際，「防災訓練を行うので，先生や親御さんにも呼びかけてください」と依頼があった。そこで，園長と主任教諭は，その訓練に参加し，その際に展示されていた「ぼうさいDuck」という子ども向けのゲームを知り，「次回，『親子防災運動会』を幼稚園で実施しませんか？」と提案した。町内会長は快諾し，防災訓練に参加した住民を中心に準備会をつくり，実施した。園児と親，そして，地域の親子，運営スタッフに地域の高齢者・町内会の役員などが参加し開催された。「ぼうさいDuck」は，イラストと簡単な言葉で構成されたゲームで，場面ごとの挨拶，地域社会での交通安全ルール，安全確保等のカードも追加し，自閉症スペクトラムの年中と年長の園児も補助付きであれば参加できた。また，親子や教諭を含め全員で担架リレー，防災クイズ，おんぶ競争等を行い，子どもから高齢者まで楽しく過ごすことができた。

その後の，地域社会との関係は良好で，近所の人々が自ら園児へ挨拶をしてくれたり，園の行事の運営に参加されるようになった。また，保育の場面の公

開等で,発達障害児たちに対する偏見も減っていったように思われる。

### (4) 保育施設等での運営による支援
#### 1) 統合保育からインクルーシブ保育へ

保育分野では,1970年代から障害児と健常児が共に過ごす保育である「統合保育」に対して国の助成が得られる制度が始まっている。統合保育については,その後の保育所保育指針を含め随時法令が改正され,「集団保育」を「障害児と健常児の混合で行うこと」が明記されるとともに,障害に対応した保育体制の確保について具体的に明記されている。[13]幼児教育の分野でも近年,民間を中心に障害児の受け入れが行われてきている。

また,近年では,ノーマライゼーションやソーシャルインクルージョンの理念の普及と法令化(障害者基本法の成立と近年の理念の強化,障害者権利条約の批准,障害者の当事者運動,障害者差別解消法の実施)等により,幼稚園を含めた保育施設等で障害児の受け入れの義務化が進められている。その中で,障害児教育もインクルーシブ教育の理念が普及してきている。この理念は,統合教育とインテグレーション教育という理念をさらに強化したもので,可能な限り障害の有無を問わず子ども一人一人のニーズに合わせて個別と集団の両側面で,一緒に教育を受ける・行うという方策で,障害児とただ一緒にということではなく,一緒に個別ニーズに合わせた教育を受けることは人権的な配慮,人間社会の当たり前であるという理念に基づいている。その中で,保育分野も「インクルーシブ(インクルージョン)保育」という言葉が使われ,インクルーシブ教育の理念と同じような方針で行う流れになってきている。

このように,制度的には障害児と健常児にかかわらず共に過ごし,関わり合う保育が展開されてきている。根底にある理念である「人間の個性を認め,支え合う社会の構築」につながっていることは言うまでもない。しかし,健常児にはこのような効果を認める一方で,混合保育をすればよいということで,障害児を不用意に受け入れ,個々のニーズに対応しきれないために,集団生活がそもそも不得意であるという発達障害児に対しては効果が確認できないケースがあったりする,[14]障害児の障害の種別によっては子どもの関わり行動ができず,障害児が孤立してしまうことも報告されている。[15]

175

さらに，前述の障害の受容の説明の通り，自分の子どもが保育施設に入園後に障害児であることがわかった場合，その子どもの将来に不安を感じたり，他の子どもとの比較し不安になったり，他の子どもやその保護者からの差別と偏見に恐れたりすることもある。また，もともと障害があるゆえに入園をあきらめることも少なくない。

　そのような「不適応の明確化」等による保護者の「精神的な苦痛」や，「健常児の子どもやその保護者と障害児とその保護者の関係性の課題」を克服するために，①子どもの個々のニーズに対応しつつ集団としての保育も展開するための個別の支援計画を保護者の参加のもとで策定したり，②保育者が障害児と健常児が相互理解し，関わり合えるような機会を提供したり，③子ども同士の良好な関係性を知らせるために保育の状況を障害児の保護者に公開したり，④子どもの障害特性等を説明したり，インクルーシブ保育の意義を説明するために保護者向けの説明会を行ったりすることが重要であると考える。障害の有無にかかわらず保育を展開し，共に分かち合い支え合う保育を展開するためには，子ども，保護者，保育者の交流と連携による相互理解は必要不可欠であると考える。

**2）インクルーシブ保育が特徴になった幼稚園の事例**

　ある幼稚園の十数年前の年中クラスでの出来事であった。4歳児の軽度の言語障害児を受け入れた際，同じクラスの健常児の親から，「障害児を受け入れると，自分の子どもがどのように園児と関わってよいのか困り，子どもが精神的に不安定になり，幼稚園の教育の運営に問題があるのではないか？」という意見が出た。

　その当時は，意見がある親に学年主任やクラス担任がそれぞれ「園の方針であり，保育者はそれを前提に，障害児の理解が進み，お互いの個性を認めることができるよう保育を行っている」という説明で説得をしていた。

　その結果，噂を聞きつけて，障害児の受け入れは，年々増えていき，障害の種別も軽度身体障害，軽度知的障害，自閉症スペクトラムやADHD等多様になっていった。その中で，保護者からいろいろな意見が出てきた。内容は，子どもへの教育が滞るなどの影響を不安視する声，一方で子どもが優しくなったという声，子どもが一緒にいたくないというという声，いじめが起きるのでは

ないか，等であった．

　障害児や問い合わせの増加で，個別の対応では限界があることと，統合保育は園の方針であり，園の特徴と課題の両面の見方が保護者の中にあることがわかったので，6年前に障害児の親，健常児の親と個別に意見を聞いた上で，園長主催でPTA役員の合意のもとで意見交換会を行った．そこでは，統合保育の効果と課題が出された．その結果，基本的には従来通り統合保育を継続し，臨機応変に障害児のそれぞれの特性をクラスの子どもたちに説明しつつ，障害の有無に関係なくクラスの子ども同士が積極的に関わる機会をつくり，子どもたち同士が自然に，お互いに相手への配慮ができるように保育を展開していくこと，並行して子どもの障害の特性を踏まえて，それぞれの子どもの適応性を高める，子どもの得意なことを伸ばしていく保育を実施していくことを決定し，説明を行うことにした．さらに，その効果を見てもらうために，定期的に意見交換会や説明会を行ったり，公開保育を実施したり，可能なら登降園の際に保護者の方に迎えに来てもらい，子どもたちの自然な姿を見てもらうことにした．

　その結果，健常児も障害児の親からも「子ども同士がお互いに理解し合って，自然と障害児に対するフォローができている」「障害児であることを忘れてしまうくらい，自然とお友だちの中に入ることができている」という前向きな意見が多数寄せられるようになった．今や，その幼稚園は，障害児も健常児も関係なく受け入れる園であること，障害児を安心して預けられる幼稚園として，地域からも注目される園となった．子どもたちも，小学校に進学してからも優しさに満ち溢れた子どもに育っているそうである．

## 4　地域における他機関等との「縦横連携」の重要性

　小学校進学後に，授業時間等の時間割，学校生活のルール，学習面の課題と目標の設定に対する適応性などに問題を抱えることを「小1プロブレム」と呼ぶが，その問題を軽減するために，「保育所，幼稚園，認定こども園等と，小学校の連携」，いわゆる「保幼小の連携」が，平成20年代から文部科学省や厚生労働省の呼びかけもあり，全国的に一般化してきている．

　これは，保育所や幼稚園などの保育施設が小学校へ課題がある子どもの情報

や要録等を引き継ぎ・申し送るといった情報交換を行うことで，子どものライフステージの進行に伴う「縦」の連携であり，指導内容の連続性をもたせることであるが，障害児の場合，特に重要な側面をもっていると言える。

「保幼小の連携」は，一般的には，保育施設と小学校の連携を前提としており，いわゆるグレーゾーンの子ども等「不適応性」「精神不安定性」「家庭環境の課題」を抱えている子どもを対象にした情報共有と連携が行われているが，これらの子どもの場合，専門性の強化の観点や，支援体制の盤石化の観点から，さらに加えて「横」の連携を意識することが重要となってくる。すでに，市区町村単位では障害者総合支援法の「自立支援協議会」の参加者に保育施設の代表者を加えた上で，障害児支援の情報交換会を定例化しているところがある。

子どもは日を重ねるごとに，発達・成長し，家庭の状況も変化していく。それに応じて臨機応変でかつ重層的な支援体制を構築することは，保護者にとっても，保育施設側にとっても，そして，進学先である小学校にとっても安心できる体制と言えるであろう。

ただ，臨機応変の連携体制とは，園児が入園してからでは遅いので，まずは，形式的でも申し送り体制を構築し，その上で，保育施設や機関同士が，自ら意識的に連携していくことは重要である。

具体的には，保育施設が障害者総合支援法の自立支援協議会へ参加することはもちろんだが，専門的療育機関，地域子育て支援拠点や利用支援事業所，児童相談所や民生委員・児童委員，市区町村役場（福祉事務所等含む），地域の療育支援団体などと，個別で顔合わせを行ったり独自で連絡会を開催したりする等，緊密な連絡体制を構築し，問題が起きた際に，または起きる直前に連携した対応がとれるように，保護者への相談支援と危機介入・アウトリーチができる体制を構築しておくことが重要である。

そして，利用している機関の種類は，子ども一人一人の個別性が高いため，保育施設とその保育者は，障害児やその保護者が利用している機関を保護者からあらかじめ報告を受け，さらにその機関同士で子どもや家庭の具体的な情報を共有し，臨機応変に対応できるよう，連携と行動の体制を日常的に構築しておき，想定できる範囲で支援方法を検討しておくことが求められる。

なお，厚生労働省は，2008（平成20）年の障害者自立支援法（現・障害者総合

支援法）の改正時に示された，「障害児の一般施策優先，専門施策は後方支援体制強化」(16)が推進される中，「障害児支援の在り方に関する検討会」を設置し，2014（平成26）年7月に報告書をまとめている(17)。そこで提唱されたものの中に，①ライフステージに応じた切れ目のない支援（縦の連携），②保健，医療，福祉，保育，教育，就労支援等とも連携した地域支援体制の確立（横の連携），③支援者の専門性の向上，専門職の確保，等があった。その結果，各機関の連携の下で個別の障害児に対する保育や医療（療育），教育の方針や方法についてまとめた「個別支援計画」を策定した場合，「関係機関連携加算」を行う制度と，保育所等訪問支援をさらに強化するために障害に応じた専門職を派遣した場合「訪問支援員特別加算」を行う制度等が2015（平成27）年度より創設されている。

このような障害児の支援について制度・サービス面の充実化が進められ，保護者のニーズの掘り起こしが進んでいる中だからこそ，保育施設の障害児支援についての日常的な連携体制の構築と，障害児の援助についての専門性の強化は，ますます重要なものとなっている。

## 注

(1) ボウルビィ，J. M.／黒田実郎ほか訳『母子関係の理論新版（改訂増補版）1巻 愛着行動，2巻 分離不安，3巻 対象喪失』岩崎学術出版社，1991年，ボウルヴィ，J.／仁木武訳『母と子のアタッチメント――心の安全基地』医歯薬出版，1996年。

(2) 瀧川由美子「幼少期のアタッチメント形成が青年期に与える影響について――幼少期のアタッチメントの連続性から考える」『奈良文化女子短期大学紀要』34，2003年，41-47頁。

(3) Blacher, J. "Sequential stages of parental adjustment to the birth of a child with handicaps: fact or artifact?", *Mental Retardation* 22(2), 1984, pp. 55-68.

(4) 上田敏「障害の受容――その本質と諸段階について」『総合リハビリテーション』8，1980年，515-521頁。

(5) 山崎せつ子・鎌倉矩子「事例報告：自閉症児Aの母親が障害児の母親であることに肯定的な意味を見出すまでの心の軌跡」『作業療法』19，2000年，434-444頁。

(6) 山本真実・門間晶子・加藤基子「自閉症を主とする広汎性発達障害の子どもをもつ母親の子育てのプロセス」『日本看護研究学会雑誌』33（42010），2010年，21-30頁。

(7) 「ペアレント・トレーニング」とは親業訓練などともいわれ，「親や里親を対象と

した適切な養育技法を教授するプログラムの総称」で,「親が行動原理を使って子どもの問題を扱えるように,親を訓練すること」であるとされている（免田賢・伊藤啓介・大隈紘子・中野俊明・陣内咲子・温泉美雪・福田恭介・山上敏子「精神遅滞児の親訓練プログラムの開発とその効果」『行動療法研究』, 21, 1995年, 25-37頁）。わが国では, ADHD 等の発達障害児に対して, UCLA・NPI のプログラムを基礎とした国立精神保健研究所や奈良県心身障害者リハビリセンターのプログラム, あるいは肥前精神医療センターで開発されたプログラムが普及している。

(8) コモンセンス・ペアレンティングは,アメリカの児童養護施設・情緒障害児施設である Girls and Boys Town で開発されたペアレンティングのプログラムである。虐待する保護者に対してロールプレイや行動見本の提示による経験的・実践的学習を提供し,保護者と子どもとの暴力や暴言,折檻等の虐待的な関わりを少なくし,保護者と子どもの関係を向上させ,子どもの問題行動に受容的・教育的に対処できるようにするものである。また,子どもが社会的に適切な関係性と行動をとることができるようにするもので,子どもの問題行動の背景に視点を当て,その行動をしないようにあらかじめ働きかけることを重要視している。精神的に不安定な施設の入所児童と援助者間の良好な関係性の構築,入所児童の社会自立の実現を目指した援助技法としても普及している（野口啓示『むずかしい子を育てるペアレント・トレーニング』明石書店, 2009年；野口啓示『むずかしい子を育てるコモンセンス・ペアレンティング・ワークブック』明石書店, 2012年；「ボーイズタウン・コモンセンスペアレンティング (CSP)」(http://www.csp-child.info, 2016年4月30日アクセス)。

(9) 温泉美雪「HPST プログラムの構成と効果」山上敏子監修『お母さんの学習室――発達障害児を育てる人のための親訓練プログラム』二瓶社, 1998年, 19-35頁。

(10) 免田賢・伊藤啓介・大隈紘子・中野俊明・陣内咲子・温泉美雪・福田恭介・山上敏子「精神遅滞児の親訓練プログラムの開発とその効果」『行動療法研究』21, 1995年, 25-37頁。

(11) 国立教育政策研究所・国立公衆衛生院「"突発性攻撃的行動及び衝動" を示す子どもの発達過程に関する研究」『「キレる」子どもの成育歴に関する研究報告書』2002年。

(12) 「ぼうさい Duck」とは,日本損害保険協会が作成した防災教育プログラムである。「地震の時は,ダックのポーズ（両手を頭に乗せながらかがみ込む）」「知っている人にあったら,犬のポーズ（笑って右手をあげ,元気に挨拶）」「誘拐されそうになったら,羊のポーズ（大きな声で助けて！と叫ぶ）」という,表面に場面,裏面にポーズと言葉を書いたカードゲームで,カードを見て,声を出して遊びながら学ぶことができる。カードには,災害や日常の危険から身を守るだけではなく,挨拶など日常の習慣について学ぶものも含まれている。

⒀ この通知とは，厚生省児童家庭局長通知「障害児保育事業の実施について」（1974〔昭和49〕年12月）のことである。これは「保育事業の多様化する傾向の中で新たな試みとして心身障害児の福祉の増進をはかるため程度の軽い障害児を保育所に受入れ一般児童とともに集団保育することについて検討する方策として実施することとした」というもので，「試行的要素」の大きいものであった。この通知を引き継ぎ1978（昭和53）年6月には「保育所における障害児の受入れについて」という通知が出された。対象幼児の障害の程度は中程度までと範囲が拡大され，保育の方法に関しては健常児と障害児を混合して行うこと，国庫補助の実施が明確に示された。以降，1990（平成2）年以降の厚生労働省令「保育所保育指針」，1995（平成7）年以降の厚生労働省通知「特別保育事業の実施について」等に引き継がれ，保育士の加配規定や，障害児の受け入れの指針，障害児支援の専門機関や家庭との連携体制等について具体的に示されている。ただし，この項では，余地の関係で通知などの詳細は割愛する。

⒁ 名倉一美・都築繁幸「障害児保育実践の現状と課題」『教科開発学論集2号』愛知教育大学大学院・静岡大学大学院教育学研究科共同教科開発学専攻，2014年，221-228頁。

⒂ 大田光世「統合保育における健常児と障害児の関係行動の変容過程」『情緒障害教育研究紀要』5，北海道教育大学，1986年，29-32頁。

⒃ 具体的には，障害児も可能な限り，保育所や幼稚園，認定こども園等の「一般施策」の利用を優先し，必要に応じて児童発達支援センターや障害児通所支援事業（2011年度までの各種障害児通所施設及び児童デイサービス，および2012年4月創設の保育所等訪問支援）等の「特定施策（現在の専門施策）」との組み合わせによる利用を奨励する施策のことをいう（厚生労働省「障害児支援の見直しに関する検討会報告書」2008年7月22日／内閣府・厚生労働省・文部科学省「資料2 障害児に対する支援について」『子ども・子育て新システム検討会議作業グループ基本制度ワーキングチーム（第7回）資料集』，2010年12月15日／同府省「資料5 子ども・子育て支援新制度の施行と障害児支援の充実について」『子ども・子育て支援新制度説明会資料集』2015年3月10日）。

⒄ 厚生労働省「障害児支援の在り方に関する検討会報告書──『発達支援』が必要な子どもの支援はどうあるべきか」2014年7月16日。

**参考文献**

久保山茂樹・青山新吾編『子どものありのままの姿を保護者とどうわかりあうか』（特別支援教育ONEテーマブック）学事出版，2014年。

杉村省吾編著『発達障害親子支援ハンドブック──保護者・先生・カウンセラーの連携』昭和堂，2013年。

中田洋二郎『子どもの障害をどう受容するか──家族支援と援助者の役割』大月書店，2002年。
ボウルビィ，J.／黒田実郎・大羽蓁・岡田洋子・黒田聖一訳『愛着行動 新版』（母子関係の理論①）岩崎学術出版社，1991年。
ボウルビィ，J.／黒田実郎・岡田洋子・吉田恒子訳『分離不安 新版』（母子関係の理論②）岩崎学術出版社，1995年。
ボウルビィ，J.／黒田実郎・岡田洋子・吉田恒子訳『対象喪失 改訂増補版』（母子関係の理論③）岩崎学術出版社，1991年。
ボウルヴィ，J.／仁木武訳『母と子のアタッチメント──心の安全基地』医歯薬出版，1996年。
柘植雅義監修，本田秀夫編著『発達障害の早期発見・早期療育・親支援』（ハンディシリーズ発達障害支援・特別支援教育ナビ）金子書房，2016年。

---

**学びのポイント**

- 保護者を地域で支える際のポイントを明確化してみよう。
- 保護者の障害受容の段階についてまとめてみよう。

---

**さらに考えてみよう・みんなで議論してみよう**

- ペアレントメンターの役割を調べてみよう。
- 事例を読み合う中で，お互いの感想を出してみよう。

# 第10章　園内での職員同士の協働

## 1　子ども理解のための協働——障害児のもつそれぞれの世界を知るために

　今日，「統合保育」から「インクルーシブ保育」に変化していくべき時代となった。つまり，障害児だけでなく，就学前の性同一性障害で性と身体の不一致で苦しむ子ども，アレルギー，外国籍，被虐待，貧困等の子どもへの適切な関わりも保育には求められるのである。そして，単に障害の特徴を理解し，障害にあった保育の展開だけでなく，保育者が一人一人の子どもの「世界」といえる価値観を理解し，それぞれに応じた保育をし，園児のアドボケーター（代弁者）としての役割を担うことが重要となる。

　では，障害児の理解とは何か。一人一人の特性や特徴を正しく把握することと，発達した面を発見すること。そして，彼らのもつ可能性を最大限に引き出すことであろう。しかし，そのためには，障害児のもつ「世界」を知らなくてはならないのである。自分勝手な行動をする，すぐに暴力が出る，同じことを繰り返す等，障害児の中には手がかかる，理解ができない行動が多い等，保育を展開しようとするにあたって困難な要素は少なくない。

　逆に，あまり手のかからない障害児になると，手のかからない「良い子」として，保育者の関わりが薄くなる場合がある。いずれの場合でも，障害児には障害をもって生まれてきたことによる彼ら独自の「世界」がある。

　言い換えれば，問題視されるような行動，理解できないような行動にも，彼らなりの「理由」があるのである。「良い子」とされる障害児が「良い子」でいるためには，それなりの「理由」があるのである。

　手がかかる自閉傾向の障害児に限定して考えてみると，どうしても部屋でおとなしくしていられないのは，嫌いな「音」や嫌いな「匂い」等，他の園児たちが出すものに過敏であるという理由からのものかもしれない。

軽度の知的障害で他の園児とほとんど同じ行動ができる「良い子」の場合では，他の園児と行動する際に，その子なりに努力をしており，それが自身のストレスになっていることも考えられる。
　こうした障害児の内面を垣間見られたりすると，つまり障害児のもつ「世界」にふれられたと思う機会に出合うと，それまで見えなかった「理由」や「気持ち」が見えてきて，障害児の理解，障害児への保育は大きく変わるのである。
　ただ，こうした発見や気づきには，集団保育であっても個別保育であったとしても，担当保育者の努力だけではかなり難しい。障害児と保育者の関わりを冷静に見守るもう一人の保育者が不可欠である。
　また，一例として，性同一性障害により，男子用園服あるいは女子用園服が嫌で登園したがらない子どもや，性同一性障害への理解不足による配慮に欠けた保育者からの言葉かけや，他の園児からの言動から，トラブルが多発する場合には，冷静に保育を見守り，子どもが発する行動から，子どもの内面を探る，理由を見極めることが必要である。
　保育者不足の状況であり，障害児加配保育士が一人で数人の障害児を担当するような状況で，そのような保育者を確保できないという厳しい現状はある。
　そこで，保育者の協働が重要になる。障害児のそれぞれの特徴・日々の関わりや行動などを，園全体で共有し，担当保育者だけでなく，他の保育者もその障害児について理解した上で，障害児と担当保育者の関わりを意識的に観察するようにして，担当保育者にフィードバックすることで対応することが望まれるのである。ただし，そのフィードバックが担当保育者への否定・攻撃にならないよう注意を払うことも重要である。
　えてして，手のかかる子どもや理解不能な行動を繰り返す子どもと関わる時，保育者には余裕が欠如することが多い。そうなると，どうしても視野が狭くなってしまう。一所懸命自分なりに毎日保育しているにもかかわらず，なかなか好転しない状況に，担当保育者の心は悲鳴をあげることもある。そんな時に，自分の保育を否定されたり攻撃されると，保育者は余計に追いつめられる。焦りやストレスから，人目のない場で，子どもに虐待的な行為に及んでしまうことや，時には退職を決意させてしまうことも起こりうるかもしれない。反対に

担当保育者が保育に余裕をもつことができれば、担当保育者が保育を頑張っていることを認めてもらうことができれば、子どもの内面にも迫っていくことができるし、それが子どもの成長・発達にもつながっていく。

以上のように障害児を担当保育者におしつけるのではなく、園全体で障害児を協働して保育していこうという意識が不可欠なのである。

協働に関わって、「きょうだい」への対応についてふれておきたい。

「きょうだい」とは、障害児・者のいる兄弟姉妹のことである。障害児は「きょうだい」に比べ、家族の中で手をかけ目をかけるべき中心的な存在であるため、「きょうだい」は、幼い頃から自然にあるいはやむを得ず「子どもらしさ」を抑え込んでしまう傾向がある。また、成長するためには欠かせない親への依存体験が欠如してしまう場合も出てくる。障害をもっていない「きょうだい」の世話まではなかなか手が回らない、という親の対応が、将来、「きょうだい」を心因的な問題で苦しめてしまうことになる。

このようなことを防止するために、障害児は保育者が保育し、親と「きょうだい」だけで過ごせる時間を確保する、という場面を設定することも重要である。

## 2　クラス担任と障害児担当保育士との連携

クラス担任は保育場面において、障害児を障害児担当保育士に委ねている安心感があるからこそ、保育計画・指導案に沿った保育を展開することができるのである。

障害児がクラスにいるからこその保育計画・指導案が作成され、それが実践されているかということが重要である。そのためには、クラス担任と障害児担当保育士との綿密な情報交換・意見交換を行いながら、保育計画・指導案の作成段階から協力することが必要であろう。

障害児の存在・成長を視野に入れた保育を実践していくことで、クラス担任は、保育者としての力量が高まっていくし、障害児担当保育士との密度の濃い連携によって、障害児への理解が深まっていくのである。

保育を展開する上で、障害児ができないことに対しては、障害児担当保育士

にまかせればよいといった考えではなく，障害があるにしても，みんなと一緒にやることはできないかと，クラス担任と障害児担当保育士がタッグを組んで模索するところから始めることが重要なのである。もしも，クラス担任の保育が，障害児・障害児担当保育士とはまったく切り離された展開となっていることが常であるとしたら，早急に是正することが求められる。

　クラス担任と障害児担当保育士とが，正規職員と臨時職員・契約職員等，雇用形態が違ったとしても，どれだけ互いの連携がとれているかで，保育の質が変わってくるし，その結果，障害児の成長・発達の保障の度合いが違ってくるのである。

　ただ，保育に関わる当事者だけでチェックするのは難しいというのも事実である。そこで，障害児に関わる専門医や専門職，つまり第三者の専門家に，実際の保育場面を見学してもらって，クラス担当の保育，障害児担当保育士の保育，保育者相互の連携等について指導を受ける機会を意図的，積極的に設けることが重要なのである。

## 3　サポーターの育成

　「インクルーシブ保育」の場面において，保育者だけが障害児に対応すればよいという考えでは，本来の「インクルーシブ」の実現は不可能である。クラスに，障害児のサポーターがいることで，障害児の成長は大きくなるのである。

　では，サポーターとは何か。それは，障害児の障害について，よく理解している仲間のことである。自然発生的にそれに近い友だちができる場合もあるだろう。しかし，サポーターになるべき友だちには，保育者が障害児の特徴をしっかり伝えた上で，障害児とサポーターが互いに育ちあう関係になるように保育者が意識してフォローしていくことが必要である。

　毎日の生活を送る中で，障害児は地域からも地域にいる同年齢の子どもたちからも疎外されやすくなるため，障害児への同年齢のサポーターの存在は，大人との関わりに偏重しがちな障害児の発達にとって不可欠なものである。

　そして，その後のライフステージにおいて小学校・中学校・高等部（高校）に進学しても，常に同様のサポーターがいてくれたなら，彼らと過ごした経験

は，大人になったあと，とても大切なつながりになっていくのである。

　次に，保護者にもサポーターが必要である。それを担うのは，もちろん保育者である。わが子の障害を受け入れるということは，とても重くてしんどいことであるし，親族内からの障害児を産んだという重圧がストレスになっていたり，家族の中で孤立してしまっている場合もある。また，同年齢の子どもたちの成長や発達の度合いとわが子を比べて落胆したり，わが子の将来を見通せずに悲観したりすることがかなりあるので，障害児の保護者にはサポートは不可欠である。そして，そういった保護者の気持ちを読み取り，寄り添い，保育者が協働して取り組むことが重要なのである。

　では，保育者が保護者のサポーターとしてどのようなことを，保育者の協働の中で行えばよいのか。具体的な例の中で考えてみよう。

　障害児の母親が登園時に暗い表情であることが多くなっていると園長が気づいた。園長は，母親に「時間あります？　少し話していきませんか？」と声がけをした。母親が「はい，時間は大丈夫です」と答えたので，子どもを保育者に託して，園長室に母親を招いた。

　園長が母親に，悩み事でもあるのかと尋ねると，「結婚して，この地へ来ました。子どもが生まれて障害があるのがわかって，主人の親からいろいろ言われたりもしました。障害があることを受け入れられるまで，かなりの時間はかかりましたが，主人が支えてくれたので何とかやってこれました。でも，最近，主人の帰りが遅くなって，会話も少なくなってて。とっても孤独で」という話が出てきたのだった。

　園長は，父親に連絡をし，「ありがとう」の一言だけでもいいから声をかけてあげてほしいと伝えた。翌日の登園時，母親はとても明るい表情だった。園長が「どうしたの？　何かいいことでもあったの？」と声をかけると，母親は「昨夜，主人が『いつもありがとう』って言ってくれたのが嬉しくて」と笑顔で答えた。

　これは，園長が保護者のサポートにあたった事例であるが，障害児をもつ保護者のサポーターとして，園全体として見守る必要性を示す一例ではないだろうか。

## 4　園全体での取り組み──事例検討会・個別の指導計画の活用

「気になる子」が取り上げられたり，障害児の出生率が上昇していると言われたりする今日，障害児保育を園全体で取り組むことは，これからの保育のあり方にとって重要であることは言うまでもない。障害児の特徴や障害児との関わり方は千差万別であるし，理解しがたい行動や態度の繰り返しで，保育者が精神的に疲弊してしまうことも少なくない。

保育の場面でいえば，保育者が疲弊すると視野が狭くなってしまって，子どもが起こす問題行動ばかりに目がいってしまう。一旦，視野が狭くなってしまうと，なかなか視野は広がってはくれず，手のかかる子ども・面倒な子どもとしか見えなくなり，子どもが「生きにくさ」を抱えて頑張って生きていることが頭から抜け落ちていってしまうのである。

子どもがすることを問題行動としてしか見えなくなると，子どもを叱りつけることが多くなり，叱られることが多くなると子どもは自信をなくして，何をするのも面白くない，といった悪循環にはまってしまう。保育者の子どもに向ける気持ちも，子どもとの関わり方もますます負の連鎖から抜け出せなくなる。

このような状況を抜け出すためにも，改善をはかるためにも，事例検討会は不可欠なのである。保育者と子どもとのやりとりをエピソード記録等を事例検討会に提示することにより，事例を提示した保育者自身では気づかなかった保育者側の問題点や，保育者の視野が狭くなったことで気づけなくなっていた障害児の成長・発達した面がある程度明らかになることで，悪循環からの光明が見つかることは少なくない。光明が見つかると，狭くなっていた視野が広まり，精神的な余裕も出てくる。そして，あとになって考えると，あれほど思い悩んだけれど，実は大したことではなかったと思えることも多々あるのである。

事例検討会は，欠点探し・アラ探しの場ではない。事例を通して園職員の間で互いに励ましあって保育の質を一段と高めることを目的としているのが事例検討会の本質である。

次に，「個別の指導計画」について，その活用について少しふれておきたい。「個別の指導計画」というと公的文書やかた苦しい書類というイメージをもつ

人が多いのではないだろうか。しかし，「子どもの育ちへの保育者の願い」が込められたものであるととらえるとイメージは和らぐと思う。

　この子どもに，どのように育っていってほしいと願っているのかを園内の職員集団で明らかにして，その目標（短期目標や長期目標）に向かって日々の保育をどのようにしていくのかを，園全体で共有できるようにするものが「個別の指導計画」なのである。前述したが，保育者の視野が狭くなってしまい解決への光明が見えなくなってしまった時には，特にこの「個別の指導計画」を基に，園全体で保育を振り返ることで，今後の方向性がみつかることも少なくない。もちろん，子どもへの保育や保護者との関わりで深刻な問題が起きないためにも，定期的に「個別の指導計画」の点検や見直しを園の中で位置づけて実施していくことが重要である。

　さて，最後に，障害児保育と児童発達支援事業についてふれておきたい。これからの障害児保育にとって，福祉型児童発達支援センター等との連携は欠かせないからである。福祉型児童発達支援センター等の役割の一つに「保育所その他の児童が集団生活を営む施設として厚生労働省令で定めるものに通う障害児につき，当該施設を訪問し，当該施設における障害児以外の児童との集団生活への適応のための専門的な支援その他の便宜を供与すること（保育所等訪問支援）」（児童福祉法6条の2の2第5項）がある。

　今日の保育の現場では，障害児保育が障害児担当保育者による障害児への個別対応という視点でとらえがちである。以上の現状をさらに改善するために，こうした専門機関の訪問支援を積極的に受け入れて，障害児の社会性の発達等を地域や園全体で保障することは，子どもにとっても保育者にとっても有益な場となる。

　障害児保育の質や障害児のいる保護者への支援は，職員の協働・園全体での取り組み・専門機関との連携を充実させることで必ず向上していくものであり，決して保育者一人，クラス担当者だけで抱え込まないようにしてほしいものである。協働とは専門性の発揮であり，補完であることをしっかりおさえておきたい。

**参考文献**

大塚玲編著『インクルーシブ教育時代の教員をめざすための特別支援教育入門』萌文書林, 2015年。

田中康雄『わかってほしい！ 気になる子 自閉症・ADHDなどと向き合う保育』学習研究社, 2009年。

―― 学びのポイント ――
- 園内の先生同士がチームワークを組む必要性を考えてみよう。
- 事例検討会を実施する利点をまとめてみよう。

―― さらに考えてみよう・みんなで議論してみよう ――
- 保育所実習や施設実習等の体験を通して，園内の連携がどのようになされていたかを発表しよう。
- 園内の連携のほかに，地域の連携にはどのようなつながりがあるのか調べてみよう。

# 第11章　幼保小・地域との連携

## 1　発達の連続性を考慮した地域連携

### （1）支援者の視点から見えてくるもの
#### 1）早期発見は早期対応とのセットが重要
① こんにちは赤ちゃん事業（乳児家庭全戸訪問事業）[(1)]

すべての生後4カ月までの乳児のいる家庭を訪問し，子育ての孤立化を防ぐために，その居宅においてさまざまな不安や悩みを聞き，子育て支援に関する必要な情報提供を行うとともに，支援が必要な家庭に対しては適切なサービスの提供に結びつけることにより，地域の中で子どもが健やかに育成できる環境整備を図ることを目的としてスタートした事業である。

当然であるが障害による子育てのしづらさも支援の対象である。この事業を機能させ，継続的に支援していくためには「新生児訪問指導」[(2)]や「養育支援訪問事業」[(3)]とのつながりをもたせた取り組みが重要である。広く一般を対象とした子育て支援事業であるが，訪問拒否のケースもみられる点には留意する必要がある。

② 乳幼児健診[(4)]（1歳6カ月児健診・3歳児健診）

健診というシステムができ始めた当初は，疾病や障害の早期発見や栄養指導等に力点が置かれていたが，現在では子育て支援という社会資源の一つしての位置づけもなされ，健康だけでなく生活全般を見渡す必要性が指摘されようとしている。[(5)]

これまで，課題を抱える家庭が健診に来なかったり，二次健診を勧めても来なかったり，来ても，次なる支援へつながりにくかったりする等の課題もあった。地域の保育者等の協力であそびの広場等でイベントやあそびを実施して，気軽に来られる場づくりに力を入れる取り組みがなされ，そこから療育へつな

ぐようになってきている。親の障害受容がそう簡単にいかないことの背景を理解したサポートともいえる。

　③　親の障害受容

　親の障害受容は社会の障害受容とも受け取れる状況がある。それは，出生前診断の検査を受ける妊婦の増加である。このことを斎藤は「障害児を避けたい」というごく自然な感情が，倫理とは別次元の実用主義（プラグマティズム）へと妊婦を駆り立てた，ともいえる現象であったと述べている。(6)つまり，障害児が生まれて来ることを，多くの親が受容できていない，社会の多くの人が受容できていないともいえる。

　生まれてきてきちんと育てられるか，この子どもが社会でやっていけるかなど社会環境に対する不安も背景にあるのだろうか。そうであるならば，そういった不安を少しでも軽減できる環境づくりが重要と言える。斎藤は「妊婦が，新しい出生前検査に対してインフォームドチョイスができる環境を整えることが大切である。偏りのない情報をもとに選択肢を自己決定出来るよう援助する遺伝カウンセリング体制の確立とその充実が求められる。何れにしてもわが国は障害者と共生するノーマライゼーションを目指しており，出生前検査や診断も社会的セーフティーネットがあってこそ正当に議論される，と考えている」(7)と述べている。

　2）一機関・一個人で抱える弊害――入園と入学時に焦点を当てる

　母子保健は「母子保健法」に基づいて，母性および乳幼児の健康保持，増進を図るための母子保健施策が行われてきている。(8)1994（平成6）年には「地域保健法」が改正され，市区町村の保健センターが位置づけられ，同年に，「母子保健法」も改正され，母子保健サービスの実施主体が都道府県から市区町村へ移行した。保健センター母子担当保健師は健康診査，保健指導，療養介護，医療対策等の母子保健サービスの重要な担い手である。より子どもが小さいうちに，生まれてくる前に，母子と関わるのが保健師であるといえる。生まれる前，生まれてからの，子どもとその家庭の情報は，全家庭が対象である健診，乳児家庭全戸訪問事業（こんにちは赤ちゃん事業）等で関わりのある保健師が実態を把握している。

　そういった点を踏まえると，要保護児童に対して，(9)保育所や幼稚園への入園

時，小学校への入学時にどれくらい保健師から聞き取りをして支援につなげているかも重要である。しかし，このようなことがあまりなされていない状況にある。これまでのことを踏まえず，支援を一からスタートすることは，子どもや保護者への不安を増幅させ，子どもの成長発達を一時停止あるいは後退させてしまうこともありうるので注意が必要である。

### 3）地域の社会資源を知ることからはじめよう

地域には子どもの育ちをサポートするために，どのような機関，施設があるか，どのような人材がいるかを考えてみよう。このような機関や施設，人材のことを地域の社会資源ということも覚えておこう。「保育所保育指針」では子どもの保育と同時に保護者への支援が掲げられており，子どもの保育の充実と同時に保護者への支援をしていくことが必要である。子育てに関わる機関としては，保健師などがいる「保健センター」，保育士，心理，理学療法士等がいる「児童発達支援センター」，児童厚生員のいる「児童館」，保育士のいる「地域子育て支援センター」，ソーシャルワーカーや地域のボランティアのいる「社会福祉協議会」等がある。その他，学習塾，スポーツクラブ等も大きな社会資源である。さらに，今後，「子育て世代包括支援センター」も重要な社会資源となるだろう。ここは，主に，子どもの発達の連続性を考慮した切れ目のない支援，ワンストップ相談，ネットワーク構築と社会資源開発などを行う機関である。「少子化社会対策大綱」（平成27年3月20日閣議決定）及び「まち・ひと・しごと創生総合戦略（2015年改訂版）」（平成27年12月24日）において，おおむね2020年度末までに，地域の実情等を踏まえながら，全国展開を目指すとされている。

## （2）子どもの視点から見えてくるもの

子どもの問題行動は，保育者にとってとても対応が困難なものである。しかし，見方を変えると，実は子どもはもっと困っているということが見えてくる。たとえば，「落ち着きがなく，言うことを聞かない子ども」も，見方を変えれば，「どうしていいかわからず困っているために，動きが多くなっている子ども」ととらえることができる。保育者が子どもの立場になって子どもの見方を変えることで，新たな保育の道筋が見えてくる。

また，保育者があらかじめ用意された答えを，すぐに子どもに教えてしまうことで，子どもが自ら考え，答えを見つけていく喜びを奪うようなこともある。それまでわからなかったことに，主体的に気づけるような働きかけ（援助）が重要である。実際に，保育所などの巡回相談を通してＡ先生に対しては素直なのに，Ｂ先生の前では反発してくる子どもの話を聞くことがよくある。他に，お絵かきをする時は集中できるのに，読み聞かせをしようとするとじっとしていられないという子どもの話も聞く。前者は保育者の働きかけが，後者は保育の活動内容や方法が，子どもの理解につながりにくい状況をつくり出していることが，問題行動につながっていると考えられる。問題行動は子どもが困って，不安な状況にあるともいえる。子どもは安心・安全が保障されてはじめて成長・発達できる。そのためには保育者をはじめとする支援者のあたたかな配慮が必要なのである。

## （3）親・きょうだいという家族の視点から見えてくるもの
### 1）親のピアカウンセリングとレスパイトサービスの必要性[10]

　筆者が関わってきた統合キャンプ「あゆみキャンプ」の調査では保護者にとってのキャンプのメリットを聞いたところ，大きく分けて「子どもの様子を見られる」「他の保護者などとのコミュニケーション」「レスパイトサービス」という回答が得られた。いつも，いつまでも頑張らないといけない保護者とその家族は，まさに24時間365日待ったなしである。

　障害児であるわが子の子育てから解放されて，同じような悩みを抱える親との関わり，すなわちピアカウンセリングや，息抜きができる時間すなわちレスパイトサービスの必要性を伝えてくれる調査結果である。東條の研究が示すように，外に出て多くの人と「いい出会い」をすることによって，障害児の生きる世界が広がり，母親を含めた家族の地域での充実した生活がつくられるのである[11]。また，三木は，さまざまな人と関わる中で障害の本質を理解し，受容し，かけがえのない人間としての価値観への転換が生じると述べている[12]。

### 2）きょうだいの支援の必要性[13]

　家族は子どもと生活を共にする大事なパートナーであり，きょうだいも重要な存在である。統合キャンプ「あゆみキャンプ」の調査では健常児にとっての

メリットとして，大きく分けて「障害児とのふれあい」「障害児をサポートする人との出会い」という回答が得られた。この調査では，きょうだいにとっても，それ以外の子どもたちにとっても，障害児をサポートする仲間との「よき出会いの場」であり，「さまざまな障害について自然に理解する場」であり，これらの体験を通して，きょうだいやそれ以外の子どもたちは「視野を拡大していく」ことができると示されている。

　きょうだいの抱える問題としては，「親が障害児のことで精一杯で我慢を強いられる愛情不足の問題」「障害児がいることでいじめられる経験」「結婚の時障害児がいることでの戸惑い」「進路選択の際，自分のしたいことと親が求めていることとの間での葛藤」「親亡き後の障害のあるきょうだいとの関わり」等が多く挙げられる。きょうだいは，どうしても自分だけの殻に閉じこもりがちである。問題を解決するには親同様多くの人と接し，「きょうだいの視野を拡大」していくこと，同時に無理解による偏見差別をなくすためにも「社会の障害理解」を進めていくことが必要である。

　さらに，さまざまな理由から精神的に不安定になるきょうだいをサポートしてくれる「サポーター（よき仲間）」を見つけていくことも重要である。良好な関係を築いていくことで，きょうだいが親亡き後の障害児の生活に大きな力になってくれることもありうるのである。障害のあるきょうだいにとっても，その方が安心感がもてるはずである。

## 2　保育におけるソーシャルワーク

### （1）ソーシャルワークの重要性

　文部科学省は，2007（平成19）年4月より従来の特殊教育から特別支援教育へ転換し，発達障害の子どもたちへの支援も本格的に開始した。しかし，小学校からの支援が中心であり，幼児期からの特別支援教育の推進は依然として遅れている。発達障害児たちの多くは，保幼小接続に関連する小1プロブレムという課題に直面している。このことを考えると失敗体験を繰り返し，自己肯定感がもてなくなる前に支援する必要性がある。

　2016（平成28）年4月には障害者差別解消法（障害を理由とする差別の解消の推

進に関する法律）が施行された。これからは，障害児への合理的配慮に基づいた「個に応じた支援」がより一層求められる。これまで，違和感なくしてきた障害を理由にした幼稚園や保育所への入園の断りは差別とされるようになる。障害児たちが入園してくるために必要な合理的配慮，あわせていかに特別な支援の中身を充実させ，障害児の最善の利益につなげていくかは大きな課題でもある。『厚生労働白書 平成27年版』の資料編では「各種子育て支援事業の取り組み」を紹介している。子育て支援には，多種多様な取り組みが紹介されている。「訪問支援」は保健センター（保健師），「親や子の集う場」は地域子育て支援センター，保健センター，児童館，「預かり」は保育所，その他の入所型児童福祉施設，「相互扶助」は社会福祉協議会等の民間団体が中心に担っている。これら以外にも，貧困，虐待，発達障害等に対応するために，別の専門機関も子育て支援に携わっている。

　このように多くの機関で，各種の子育て支援がなされている。子どもの最善の利益のために，各機関が互いに連携して支援をしていくことはとても重要である。しかし，現実的にはそれぞれの機関が単独で支援をしており，つながりが見られず，重複する内容を別の機関が同じ地域で同じ年齢の子どもと家族に実施していることも稀ではない。関係機関が互いに連携して子育て支援をしていくことは，子どもとその家庭を多くの地域の目で見守りながら，早期に，貧困，虐待，発達障害等を発見し，自然な形で，専門的機関へつながり，継続的な関わりができる可能性がある。このことは子どもの育つ地域環境づくりであり，ここに保育におけるソーシャルワーク実践の重要性が確認できるだろう。

## （2）ジェノグラムやエコマップを活用した問題の整理[14]
### 1）ジェノグラムとエコマップ

　ジェノグラムとは一般的に「家族関係図」「世代関係図」等といわれている。何らかの問題を抱えている家族の関係を図式化することで，家族全体の状況を視覚的に確認しやすくなる。

　エコマップとは，家族と関わる社会資源との関係性を表すために用いられる方法である。「社会関係地図」「支援形成図」等といわれ，当該家族を取り巻く環境や状況，関係性等について，全体像を確認することができる。

第11章 幼保小・地域との連携

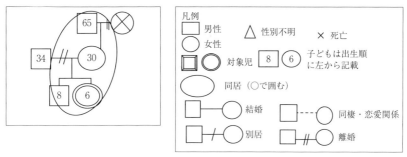

**図11-1 事例のジェノグラム**

注：図内の数字は年齢（歳）を表す。
出所：橋本好市・直島正樹編著『保育実践に求められるソーシャルワーク——子どもと保護者のための相談援助・保育相談支援』ミネルヴァ書房，2012年を参考に筆者作成。

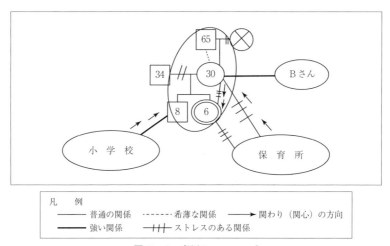

**図11-2 事例のエコマップ**

注：図内の数字は年齢（歳）を表す。
出所：図11-1と同じ。

2）事　例

　多動である年長の女児Aちゃん6歳。この子を担任する保育所の先生は，落ち着きがなく，このまま小学校に上がることを心配していた。母親（30歳）はとてもまじめで，先生に言われたことをしっかりと受け止め，小学校に入るまでに何とかしなくてはと家で子どもに向き合っていた。しかし，子どもが言うことを聞かないとたたきそうになっていた。2歳上の小学2年生の兄は学校の

197

担任から褒められることが多い。母親が相談できる者は家にはいない。父親（34歳）と母親はDVが原因で離婚し，交流はない。養育費も支払ってもらっていない。祖父と母親と兄，Aちゃんの4人暮らしである。最近，頼りにしていた祖母（56歳）が他界した。祖父（65歳）とは幼い頃から関係は希薄である。母親は親友のBさんとは同じくらいの子どもがいることもあり，交流がある。

　事例の文章では見えてこなかったことも，ジェノグラム（図11-1）やエコマップ（図11-2）にすると，つながりや関係性がわかり，子どもとその家庭が置かれている状況が見えてくるので，支援の方向性を考える上でとても重要である。

### （3）幼保小連携におけるソーシャルワーク実践に向けた意義と課題[15]
　　――B市の事例から

#### 1）B市の概要

　B市は5万人程度の小さな地方の自治体であるが，いち早く，地域連携の取り組みを行い，支援が必要な子どもを早期に発見し，支援につなげている。特に，B市は幼保小の接続場面において，全国的に小・中学校を中心に配置されているスクールソーシャルワーカー（以下，SSWr）を活用し，特別支援対象児への支援にも取り組んでいる数少ない自治体である。また，SSWrが就学指導時のみの関わりではなく，3歳児健診に参加する等，保健師との連携を通して支援を行っている点においても特徴として挙げられる。

#### 2）保健師との連携場面

　以下，ソーシャルワーク実践といえる保健師とSSWrの主な連携場面を例に挙げる。

　① 3歳児健診

　保健師は，子どもの発達のつまづきを見て支援につなげることに主眼を置いて活動している。一方，SSWrは保護者とのつながりをつくり支援につなげることに主眼に置いて活動をしている。保健師は子どもという「個への働きかけからスタート」するのに対し，SSWrは子どもを取り巻く環境（保護者）という「環境への働きかけからのスタート」である。

　この違いが多職種が関わる利点といえるが，一方で，双方の子どものとらえ

方の違いにもつながり，連携の際，支援の方向性のズレが出る場合もあり得ることも認識していく必要があるだろう。

② 就学時（年長児）

比較的小さい子ども，すなわち，乳幼児に関わる保健師に対し，就学前の幼児，すなわち，年長児にかかわるSSWrというように役割が分担されている。SSWrは就学支援委員会の中心的なメンバーの一人として，さまざまな観点から情報を収集し，それらを整理・統合した上で，ケース会議を実施し，関係機関と連携しながら必要な支援を行っている。

一方で，保健師は，教育委員会，子ども家庭課，保健センターの三者での全幼稚園，保育所の訪問の中心的な役割を担い，幼少期から，いろいろな専門機関と関わりをもち，さまざまな視点から見ていくことに力を入れている。

### 3）連携における留意点

支援者同士の互いの役割と強みの違いを活かしていくことで，「子ども」と「保護者」に関わる関係者の共通理解に基づいた一貫した支援が生み出だされ，「子ども」と「保護者」に安心感をもたらすことになる。その結果，子どもが園生活，学校生活を生き生きと送る土台ができ，「子どもの最善の利益」につながる可能性は高い。

より早い時期に子どもとその家庭につながるのは保健師である以上，地域のSSWr等のソーシャルワーカーが保健師と連携する意味は大きい。保健師が感じている「保護者の子どもの発達の遅れの受容に応じた支援」「発達の遅れの発見に関して，健診でスルーしてしまう子どもへの支援」等の限界にも光を当てていけるのは関係機関同士の日々の連携である。そのようなことをコーディネートする上で，SSWrのような専門職の存在は必要である。

一方，子どもの発達は連続していることを考えると，乳児期から関わりのある保健師とSSWrが連携していくことで，幼稚園，保育所への入園後の支援の充実，小学校入学へ向けたライフステージ上の支援の充実につながることは明らかである。

SSWrは，人を評価する立場ではないという利点を活かせば，共に悩み，共に考えるという保護者のよき理解者になり，必要な社会資源に子どもとその保護者をつないでいける可能性がある。SSWrがこうした本来の力を発揮するた

めには，就学時の判定をする人と，その相談に乗りながら，その人をトータル的に見て，支援方法を検討していく人を分けることも必要である。相談に乗る立場のSSWrは，就学前の短い時期だけでなく，乳幼児期の健診等の場に関わり，専門職間で共通理解した上で，保護者や子どもと関わることが，地域の連携による支援につながるだろう。また，3歳児健診以外の子育て支援関連の自然な「遊び」の場で子どもとSSWrが関わり，保護者と関係をつくっていく意義は大きいだろう。SSWrが，子どもと保護者のよき理解者となり，地域と連携しながら，乳幼児期から継続して，「発達」を支援できる可能性は大きいと言える。

## 3　地域の社会資源

近年では，障害児に関する連携機関としてクローズアップされている社会資源として，以下の場が挙げられよう。早期発見から療育へのフォロー体制づくり，保護者とその子どもへの支援が必要となってきている。

### （1）保健所・市区町村保健センター

母子保健サービスの実施機関である。保健所は都道府県等に設置され，専門的な母子サービスを担っている。市区町村保健センターは市区町村に設置され，基本的な母子保健サービスを担っている。担い手は，保健師，助産師，母子保健推進委員等である。子育て支援における訪問支援や集う場づくりを提供している。

### （2）児童発達支援センター

障害児の日常生活能力や生活の質の向上を目指した療育機関である。「児童発達支援事業」「保育所等訪問支援事業」「放課後デイサービス事業」等を実施している。スタッフとして，保育士のほかに，心理士，作業療法士，理学療法士，言語聴覚士，ソーシャルワーカー等がいる。

## （3）児童館

児童館は児童遊園とともに児童厚生施設に位置づけられる。屋外型の児童遊園に対して，屋内型の子どもの健全育成の施設といえる。スタッフとして，子どもに遊びを指導する職員である児童厚生員がいる。子育て支援における親子の集う場づくりの取り組みを実施している。

## （4）子育て支援センター

乳幼児を育てている地域の親子が集う場であり，子育ての悩みに寄り添い共に考えてくれる保育者等との出会いの場となりうる。保育士が中心となり，親子の集う場や相談などの子育て支援を実施している。関連のある場として，「子育てひろば」がある。公共の空きスペースや空き店舗等を活用し，地域の家庭の子育て支援活動や相談を実施している。

## （5）社会福祉協議会

地域福祉推進の中心を担う民間の団体である。コミュニティソーシャルワーカーがいる。ファミリー・サポート・センター事業等を実施している。

ファミリー・サポート・センター事業は，社会福祉協議会等が事務局となり，子どもを預かることができる住民と子どもを預けたい住民がともに会員となり，有料で保育するものであり，住民による保育活動といえる。

### 注

(1) 乳児家庭全戸訪問事業ガイドライン（平成21年3月16日厚生労働省雇児発第0316001号，http://www.mhlw.go.jp/bunya/kodomo/kosodate12/03.html，2017年1月8日アクセス）児童福祉法第6条の3第4項に定められた事業。
(2) 母子保健法第11条に定められた事業。
(3) 養育支援訪問事業ガイドライン（平成21年3月16日厚生労働省雇児発第0136002号，http://www.mhlw.go.jp/bunya/kodomo/kosodate08/03.html，2017年1月8日アクセス）児童福祉法第6条の3第5項に定められた事業。
(4) 母子保健法第12条に定められた市町村の事業として1歳6カ月児健診，3歳児健診がある。
(5) 平岩幹男『乳幼児健診ハンドブック』診断と治療社，2014年，11-12頁。
(6) 斎藤仲道「出生前診断の現状と今後の展望」『福岡医誌』104(10)，2013年．

326-333頁。
(7) 同前論文。
(8) 福田公教・山縣文治編著『児童家庭福祉 第4版』ミネルヴァ書房，2015年，75頁。
(9) 要保護児童対策地域協議会においては，保護者の了承なしであっても要保護児童に関する情報を共有することは集団守秘義務として認められている。
(10) 前嶋元「1章-2．キャンプの意義――それぞれの立場から(1) 障害児の保護者にとっての意義」森井利夫監修，秋山胖編著『統合キャンプハンドブック――発達障害児・家族とのあゆみキャンプ25年の実践から』久美出版，2008年，22-25頁。
(11) 東條吉邦「交流教育と地域での生活――自閉症児の発達と教育」『平成8年度一般研究報告書『自閉性障害のある児童生徒の教育に関する研究』』国立特殊教育総合研究所，1997年，55-64頁。
(12) 三木安正「親の理解について」『精神薄弱研究』第1巻第1号，全日本特殊教育研究連盟，1956年，4-7頁。
(13) 前嶋元「1章-2．キャンプの意義――それぞれの立場から――(2) 障害児のきょうだいにとっての意義」森井利夫監修，秋山胖編著『統合キャンプハンドブック――発達障害児・家族とのあゆみキャンプ25年の実践から』久美出版，2008年，25-29頁。
(14) 橋本好市・直島正樹編著『保育実践に求められるソーシャルワーク――子どもと保護者のための相談援助・保育相談支援』ミネルヴァ書房，2012年，151，153-157頁を参考にしている。
(15) 前嶋元「幼児期の特別支援教育充実のための地域連携の必要性とその課題――B市スクールソーシャルワーカーへのインタビュー調査を中心に」『東京立正短期大学研究紀要』第43・44号，2016年，283-290頁。
(16) 社会資源については，「11章1.(1) 3) 地域の社会資源を知ることからはじめよう（193頁）」を参照。

**参考文献**

橋本好市・直島正樹編著『保育実践に求められるソーシャルワーク――子どもと保護者のための相談援助・保育相談支援』ミネルヴァ書房，2012年。
福田公教・山縣文治編著『児童家庭福祉 第4版』ミネルヴァ書房，2015年。
前嶋元「障害のある子どもと共に学び，育ち合う保育」紙透雅子編著『保育の道をめざす人へのアドバイス 改訂版』みらい，2016年，141-168頁。

第11章 幼保小・地域との連携

> **学びのポイント**
> - 幼少期から幼保小の連携や地域の連携の必要性について学んでみよう。
> - 発達の連続から地域の資源について学んでみよう。

> **さらに考えてみよう・みんなで議論してみよう**
> - 自分の住んでいる地域の幼少期からの幼保小・地域連携に関係があると思われる社会資源をできるだけ多く探し,そこでの支援内容について整理しよう。
> - 上記で調べた社会資源同士の連携状況をエコマップに記入してみよう。

# 第12章 専門性向上のための研修
―― スーパービジョン・コンサルテーション

　実際の保育現場ではその都度，どのように解決していくのか悩みながら保育をしていくことになる。つまり，保育の現場に出てからも継続して自己研鑽し，学び続けていかなければならない。特に，発達障害児を保育する保育者は，より専門的知識や技術が求められるため指導上の難しさを抱えやすい。その際に巡回相談やスーパーバイザー等のコンサルテーションを活用し専門家の意見を聞きながら実践に活かしていくこととなる。

　一方で，発達障害児を保育する「保育者の専門性」とは何かと聞かれると，上手く答えられない保育者も多い。そこで，この章では，発達障害児を保育する上での保育者の専門性とは何か，また，その専門性を向上させるためにはどのようにしたらよいかという視点から整理し，実践につながる支援方法を紹介しよう。

## 1　発達障害児を保育する上で保育者が抱える困難性

　発達障害児を保育するにあたって，自分がどのような点で困っているのかを把握しておくことは必要不可欠である。発達障害児の特徴，たとえば，多動傾向である，他害行為がある，コミュニケーションがとりにくい等，抱える困難性はさまざまであるが，これまでの調査や研究からいくつか明らかになってきていることを述べてみる。

### （1）保育者は発達障害児のどのような行動を問題ととらえているのか

　発達障害児の「気になる・困っている行動」に着目した平澤らの研究によると，表12-1のような結果が得られている。その他に池田・郷間らは保育士を対象として研修会において質問紙調査を実施した結果，「気になる子ども」に

表12-1 「気になる・困っている行動」を示す子どもに関する行動目録

| 番号 | 気なる・困っている行動 | 例 |
|---|---|---|
| 1 | 興奮状態・かんしゃく・情緒不安 | 突然怒りだす，イライラする，情緒的に不安定，感情が激しい，など |
| 2 | 他害行為 | 人を叩いたり，突き倒す，噛みつく，暴力を振るう，など |
| 3 | ことばに関する問題 | ことばがなかなか増えない，奇声，大声を出す，独り言，オウム返し，しゃべりすぎる，など |
| 4 | 自傷行為 | 自分の髪を抜く，顔や頭を叩く，頭を床・壁・ガラス戸にぶつける，など |
| 5 | こだわり・癖・常同行動 | 特定の物や人やできごとにこだわる，心配な癖がある，手をひらひらさせたり，体を反復的に動かす，など |
| 6 | 動きに関する問題 | 無気力，動きが少ない，落ち着きがない，激しく動き回る，飛び出し，など |
| 7 | 物を壊す・傷つける | 物を壊したり，傷つける，乱暴に扱う，など |
| 8 | 睡眠に関する問題 | 夜寝ない，昼夜逆転，3日起きていたり4～5日間眠り続ける，など |
| 9 | 食に関する問題 | 異常なほど食べる，食べ物ではない物を口のなかに入れる，食欲がない，極端な偏食，など |
| 10 | 登園に関する問題 | 登園を嫌がる，逃げようとする，拒否する，抵抗する，など |
| 11 | 指示に従わない | 指示に従わない，勝手なことをする |
| 12 | 排泄に関する問題 | 排泄に失敗する，排泄をトイレでしない，失禁する，など |
| 13 | 着衣に関する問題 | 服を全部脱いでしまう，服を破る，など |
| 14 | 器用さに関する問題 | 手先を使うことや，全身運動が苦手，など |
| 15 | かかわりや遊びに関する問題 | 自分の世界で遊び，ごっこ遊びなどで他者とかかわるのが苦手，友達をうまく作れない |
| 16 | 集団活動に関する問題 | 集団活動で勝手に落ち着き無く動き回る，皆とずれてしまう，など |
| 17 | 性に関する問題 | ズボンに手を入れてごそごそする，など |
| 18 | その他 | 音や物を極端に怖がるなど17番までに当てはまらないもの |

出所：平澤紀子・藤原義博・山根正夫「保育所・園における『気になる・困っている行動』を示す子どもに関する調査研究——障害群からみた該当児の実態と保育者の対応および受けている支援から」『発達障害研究』26(4)，2005年，256-267頁。

ついて68.5%（85／124名）の保育者が問題や悩みがあると回答したと報告している。その特徴として，「ことば・コミュニケーションに関する問題」が多く，「行動に関する問題」「社会性・対人関係に関する問題」等が続き，平澤らの調査とほぼ同様の結果であると報告している。そして，保育者は集団活動の中で逸脱した子どもの行動を問題としてとらえていることがうかがわれたと分析している。久保山・齊藤らは「気になる子ども」については「行動面の課題」「集団活動における課題」の回答が多いことを報告している。

半澤・渡邉らの調査から「動きが多い」「集団行動が苦手」「不器用」「勝手な行動が多い」「注意散漫」等の行動を課題して報告している。また，ことばやコミュニケーションに関する問題行動や社会性・対人関係に関する問題行動が上位にあがっている。これらから保育者は発達障害児の集団適応が難しい行動を問題ととらえる傾向にあると言える。

（2）なぜ集団適応が難しい行動を問題ととらえる傾向にあるのか

基本的生活習慣の問題（着脱ができない，オムツが取れていない等）は集団や他児への影響が少なく，発達障害児のペースやレベルに合わせやすいため，困難性は低いと考えられる。一方，保育は集団を通して行われるものであり，複数の大人や他児と関わらざるを得ない状況のため，対象児のペースやレベルに合わせることとクラス全体のペースやレベルも同時に考えていかなければならない。

通常，発達障害児がいる場合，加配保育士が付く場合も多いため，保育者の意識が保育全体を障害児にも適合するように変えるという比重よりも，その子が集団に「入れるように援助する」という比重の方が大きいと考えられる。保育の現場では「多数の健常の中に少数の障害児」という特徴が指摘でき，健常児の生活を基本軸としているため，それからはずれる行動（集団適応が難しい）に対して問題ととらえる傾向にあると考えられる。

（3）保育者が発達障害児を支援・援助する上で抱える困難性

発達障害児の行動に対して，保育者が支援・援助を行う上でどのような困難性を抱えているのかを紹介しよう。

「対応の困難さ」に焦点を当てたものは長澤・太田,後藤・村田・大森,石井,藤原,河内・福澤・濱田,栗原・長谷川ら,池田・郷間ら,尾崎・吉川等の研究があり,その困り感の内容をカテゴリー分けした結果,「保護者に対する困難性」「子どもに対する困難性」「環境や条件における困難性」の大きく3つに分けることができた（表12-2）。これらを見るとその困難性は多岐にわたっていることがわかる。

櫻井は発達障害児を保育する保育者を対象とした質問紙調査から,「一対一の個別支援・援助方法は分かるが,集団の中でそれを生かしきれていない」と答えた保育者が多く,その理由として「他児への配慮と両立が難しい」「集団の中でどのように実施すれば良いか分からない」が多かったと報告している。

### （4）発達障害児を保育する上での保育者の専門性とは

ここまでをまとめてみると,保育者は発達障害児の集団適応が難しい行動に対して問題ととらえており,集団における支援方法において困難性を抱える傾向があると言える。保育現場では,複数の子どもたちに対して保育者一人が一般的である。当然,子どもの年齢によって,子どもに対する保育者の人数は変化するが,基本的には子ども一人に対して保育者が一人という1対1という関係にはなり得ないため,一人の保育者が複数の子どもたちを支援・援助していかなければならない,一斉支援・援助の場なのである。

発達障害児については加配保育士がつくので1対1だと思われるが,障害児施設と保育現場の違いは「多数の健常児の中に少数の障害児」という集団に特殊性を見出すことができる。つまり,「多数の健常児の中に少数の障害児」という集団において支援することができる知識や技術が求められる部分に保育者の専門性を見出すことができる。しかし,「多数の健常児の中に少数の障害児」という集団における支援方法に困難性を抱えているため,十分に専門性を発揮することが難しいという問題が見えてくる。

このような問題を解決するためには,保育者個人では難しいため,保育者たちが協力,援助し合いながら保育者集団として問題に取り組むことが求められるのである。そのためには研修やコンサルテーション等の手段が有効であると言える。

表12-2 発達障害児を保育する保育者の抱える困難性

| 対象 | カテゴリー | 具体的な困難性 |
|---|---|---|
| 子ども | 不安 | ・知識が無いので不安<br>・適切な指導・援助ができているのか不安 |
| | 援助・理解の困難性 | ・障がい特性か個性や経験不足なのか判断が難しい<br>・発達のレベルに合った経験ができていない<br>・問題行動を起こす理由が分からない<br>・具体的な援助や支援の方法が分からない<br>・みんなと一緒に活動するためにどうしたらよいか分からない<br>・集団活動や行事のプログラムを作る時に戸惑う<br>・同じ障がい名であっても個々によって差がある |
| | 疲労 | ・注意と労力がかかる<br>・変化が見られない |
| 保護者 | 共通理解の困難性 | ・どのように伝えたら良いのか分からない<br>・他児の保護者にどのように伝え,理解を求めれば良いか分からない<br>・保育者が問題だと捉える言動を問題だと思わない,受け入れない |
| | 非協力的 | ・協力が得られない |
| 環境・条件 | 連携 | ・相談できる機関・巡回相談などが十分でない<br>・助言が欲しい<br>・園内の連携不足 |
| | 人的・時間的問題 | ・人手不足・加配がつかない<br>・一部の人の負担が大きい<br>・研修会など学ぶ機会が少ない<br>・時間が無い（記録や情報交換など）<br>・対象児や健常児に時間や手をかけてあげる機会が少なくなる |

出所：筆者作成。

## 2 専門性向上のための研修やコンサルテーションの現状と課題

「保育所保育指針」の第7章に「職員の資質向上」が設けられている。この背景として，「保育所の役割や機能が多様化し拡大していく中で，それに対応するべく各保育所が保育の質の向上を更に目指す必要性がでてきたのです」と記されている。「研修の形態としては，職場内研修（OJT），職場外研修（Off-JT），自己啓発支援（SDS）」「研修の方法は多種多様で，講義，演習，質疑応答，グループ討議，ワークショップ，研究発表，事例検討，読書会，共同研究など」があると記されている。また，「職員同士の信頼関係とともに，職

員と子ども及び職員と保護者との信頼関係を形成していく中で，常に自己研鑽に努め，喜びや意欲をもって保育に当たること」と記載されている。

　しかし，保育現場では日々の業務に追われ，自己研鑽が十分にできる状況とは言い難い。さらに，さまざまな研修体制や方法を用いて現場での研修が行われているものの，課題も多いように思われる。ここでは，どのような研修やコンサルテーションが行われており，どのような特徴があるのかを述べてみる。

## （1）研修の種類と所内（園内）・所外（園外）研修のメリット・デメリット

　保育現場ではさまざまな研修を行っている。筆者が行った研修やよく取り組まれている研修を表12−3・4にしてまとめた。

　これらを見てわかるように，それぞれの研修において，メリット・デメリットがある。大豆生田・三谷・高嶋[14]は「長時間保育が一般化し，保育者が園にいる時間より長く子どもがいるのが現状である。人的配置も十分でない状況の中，保育者自身が忙しい状況にあり，ローテーションも複雑化している。そのため，日常的な業務でさえ苦しい状況の中で，園内研修や外部研修の時間を作ることは難しいとの声も多い」と指摘している。さらに原口・野呂・神山[15]は所内での研修は約4割の保育所でしか実施されておらず，所外での研修への参加は9割以上の保育所で実施されていたと報告している。その理由として，複数の職員が同じ時間に集まり，一定時間を確保するのは難しいということに加えて，「所内で研修を実施の難しさには，研修の内容の企画，教材等の準備，講師の確保，研修に要する費用など」を挙げている。

　これらから，保育者は日々の日常的な業務の中で所内（園内）研修を行うことが難しい状況であり，特に，発達障害児に関する研修の場合，専門的知識が必要になる場合が多く，講師の確保や研修の内容の企画，準備も一層難しくなると言える。そのため，専門家が参加する外部研修に頼らざるを得ない状況なのである。馬場・青木・矢野[16]は「保育研修において最も強く求められるものの一つが，具体的に，すぐに保育に活かせるアドバイスである。一般的な発達に関する知識を伝達するよりも，もっと個別的な対処について聴きたい，というニーズは常にある。…（中略）…事例提供者だけが恩恵を受ける，あるいは，似たようなケースが続いて提出され，気になる子どもの全容になかなか届かな

第12章　専門性向上のための研修

表12-3　研修の種類とメリット・デメリット

| | メリット | デメリット |
|---|---|---|
| 本・資料の回し読み | ・回し読みをすることで自分の好きな時間に読むことが出来る。<br>・誰でも企画し、実行することが容易である。 | ・全員が読むまでに時間がかかる。<br>・本を一冊読み終えることが負担となってしまう。<br>・意見交換をする場が無い。 |
| 講義 | ・あるテーマについて共通認識をもつことができる。<br>・新しい知識や自分たちの専門外の内容も知ることができる。<br>・短時間で必要な知識を得ることができる。 | ・講師を探すことが難しい。<br>・講師を呼ぶために費用がかかる。<br>・園内でする場合は、企画者の資料作りなどの負担が大きい。<br>・園外の研修の場合、参加していない保育者へ情報が伝わらない。 |
| ロールプレイ | ・少人数から可能である。<br>・与えられた役の気持ちや受ける印象を体験的に学ぶことができる。<br>・実際に起こりうる場面や、参加者の興味のある場面を取り上げやすい。 | ・恥ずかしがってしまったり、馴れ合いになってしまったりする。 |
| 保育観察 | ・実際の生の保育場面を見ることができるので、その場の雰囲気や子どもたちの様子が分かりやすい。<br>・様々な立場や視点からの意見を得ることができる。 | ・保育を抜けなければいけないので、参加できる保育者が限られる。<br>・見られることを意識して、日常的な保育とギャップが出やすい。 |
| ビデオカンファレンス | ・参加者の空いた時間を利用してビデオを見ることができる。<br>・様々な立場や視点からの意見を得ることができる。<br>・担当者が自分の保育を客観的に見ることができる。 | ・撮影者の保育観によってどの場面を撮影するのか影響されやすい。<br>・切り取られた場面になりやすく、その前後の流れや、周りの様子が分かりにくい。 |
| 事例検討 | ・自分の実際に困っていることや相談したい事例が使える。<br>・様々な立場や視点からの意見を得ることができる。 | ・同じような内容が多くなってしまう。<br>・実際に保育を見ることができないので、状況や様子を知る手がかりが少ない。 |

出所：筆者作成。

表12-4　所内（園内）・所外（園外）研修におけるメリット・デメリット

| | メリット | デメリット |
|---|---|---|
| 所内（園内）研修 | ・個別の事例やケースに対応しやすい<br>・その園の条件を含めた内容で行える<br>・すぐに活かせる具体的な支援・援助方法が期待できる | ・研修の企画・準備等が難しい<br>・企画者の専門的知識が必要<br>・講師の確保が難しい<br>・時間差勤務等で職員が集まらない<br>・日々の業務に追われ時間を作ることが難しい |
| 所外（園外）研修 | ・公務として研修ができる<br>・個人への負担が少ない | ・研修参加者のみに理解されるだけに留まり、職場全体の発展につながり難い<br>・個別の事例やケースへの対応が難しい<br>・知識の教授だけに留まり、各園の条件に合わせて、それらの応用が難しい<br>・研修に出た職員の代替要因が十分に確保されず、現場に負担がかかる<br>・受身になりやすい |

出所：筆者作成。

い、という問題がある」と指摘している。また、栗原・長谷川らは「受身の形式よりも、講義と実技、事例検討方式などのような、自身の理解や課題解決に直結する、積極参加型とでも呼んでよいと思われるようなかたちのものをより強く望んでいる様子がうかがえる」としている。

　保育者はすぐに活かせるアドバイスを求めており、目の前の子どもの個別的な具体的な支援方法を求めているが、所外（園外）研修の場合、講師に対しての参加者が多くなる傾向にあるため、個別の事例やケースへの対応は難しく、受身な形式になる傾向にある。

### （2）コンサルテーションの課題

　保育におけるコンサルテーションとは、保育者を対象に大学教員、ソーシャルワーカー、臨床心理士等の専門家が知識や技術、方法等の提案、アドバイスを行うことを意味し、巡回相談という形式をとることが一般的である。それにより、保育者の悩みや不安が軽減、解決されることがある一方で課題も多い。森・林は巡回相談におけるコンサルテーションの現状と課題を、半構造面接から以下の8つに整理している。

① 専門職の役割，機能の周知と理解（理学療法士に言語発達の質問をする等）
② 設問する園と保育者に関する背景情報の不足（巡回相談の人材や回数が限られ，継続的に園の実践の経過を把握することが難しい等）
③ 園と専門職間の支援に関する見解の違い（現実的な参加方法を提案しても，園側は鼓笛隊をちゃんとやってくれるのかどうかという別の達成目標や問題意識を強く抱いている等）
④ 課題意識の不明瞭さ及び対話不足（とにかくこの子を観てください等）
⑤ 現場の実践に有効活用されるアドバイスの難しさ
　視覚的要素の重要性に言及したところ，教室の壁面が写真だらけになっていた。叱責の体験が蓄積しないように言及したところ，「"○○先生が発達障害の子には注意してはいけない"と言っていた」と，保育者に曲解された等
⑥ 専門職の関与が子どもをめぐる関係性に意図せず及ぼす弊害（保護者にわが子の医療機関の受信や就学先の選択等について「納得させる」手段として，自身の発言の一部が，後日，園側に曲解・利用される等）
⑦ 専門職と現場が「指摘し合う」ことの困難さ（こじれると次に呼んでもらえない等）
⑧ 依存的関係の固定化・対等な協同関係の困難さ（肢体不自由児の介助について「専門家じゃない私がやっていいの？」と質問される，「私たちは素人ですから」と言われる，保育者への一方的な指導が常態化する等）

　これらの課題を解決する考えとして，森・根岸・細渕[19]は「専門家が拙速に"解決策"を出さなくとも，情報整理の枠組み（フレーム）や，検討の道筋（プロセス）を提案することで，現場主体の課題解決が実現する可能性は大きい。自分たちの職場の実態に即した検討スタイルを保育者が体得することで，保育現場には，課題解決のより大きな可能性が開かれると期待される」と述べていることが参考になると言える。
　なぜなら，対象児の問題行動の解釈をどのようにすればよいのかという部分で迷うが，専門家がその手助けをすることで，保育者はその保育所やクラス，

図12-1 専門性を高めあう保育者集団づくり

出所：筆者作成。

対象児等の環境や条件に適応させた対応が可能であるということを示唆しているからである。つまり，あくまで，コンサルテーションは間接的支援であり，一方的に知識や技術を教授してもらいそれを当てはめるだけではなく，保育者自身が対象児の問題行動の解釈の仕方や具体的な対応を考えるプロセスの提案をしてもらいながら問題解決能力を身につけていくことが求められると指摘できる。

### （3）発達障害児を保育する上での保育者の専門性とは

では，前述したことを踏まえた上で，再び，保育者の専門性とは何かを考えていこう。まずは，研修やコンサルテーションはあくまで間接的支援であり，主体は対象児に直接関わるのは保育者であるという点である。そして，研修は所内（園内）研修がよいか所外（園外）研修がよいかという二者択一ではなく，専門家の意見やアドバイス等を聞くことができる所外（園外）研修で得た知識や技術を個別的で現状に合わせやすい所内（園内）研修において語り合える場を設け，同僚性を高めながら具体的な対応策を考えていき実行・修正を繰り返していく。それでも上手くいかない場合，コンサルテーションにおいて，どのような部分で困難性を抱えているのかを明確にした上で相談することが重要である。

つまり，保育者が主体となり，所内（園内），所外（園外）と連携し，自分たちの園やクラスに合わせた形で取り入れ，環境や保育方法を工夫，修正しながら援助することができる点に保育者の専門性を見出すことができる。その専門

性を発揮するためには，専門性を高めあう集団づくりが必要となる。専門性向上や自己研鑽のために研修を増やしていくことは理想であるが現状において時間がないことや職員が集まることが難しい等の課題が多くある。

そのため，実際に実行できる形で専門性を高めあう方法を見出すことが必要となる。その保育者集団づくりの一つの方法として，「保育カンファレンス」を紹介しよう。

## 3　研修やコンサルテーションを上手く活用するための「保育カンファレンス」

園内研修として保育カンファレンスはさまざまな形で行われているが，ここでは，負担が少なく，かつ，取り組みやすく，園内研修を進めるための「はじめの一歩」となる保育カンファレンスの概要を解説する。

### （1）保育カンファレンスとは

保育カンファレンス（以下，カンファレンス）と聞くと難しく聞こえるが，簡単に言えば「ルールのある話し合い」である。おそらく，どの保育施設でも職員会議や保育反省で話し合いは行われているだろう。それを，ルールに沿って進めていこうというものである。

### （2）保育カンファレンスのポイント

#### 1）保育カンファレンスが必要であるという共通認識をもつ

カンファレンスは一人で行うものではなく，複数の保育者によって成り立つものである。カンファレンスを通して保育者同士のコミュニケーションを円滑にし，共通理解の下に協力体制を作っていくことが必要である。保育者は日々の日常業務で精一杯な状況であるため，新たにカンファレンスを行うことは負担が増えることになり，不満や批判が出ることも予想できる。そうなってしまうと協力体制をつくる妨げになってしまう。保育者たちがカンファレスの必要性を理解し，主体的に取り組めるようにしなければならない。

#### 2）無理のない形で取り入れる

カンファレンスの必要性を理解しても，負担が大きくなってしまっては継続

図12-2　保育カンファレンスのイメージ図

出所：筆者作成。

することが難しくなる。カンファレンスは単発的に行うのではなく，継続していくことで効果が発揮される。そのため，負担の少ない形で取り入れるように工夫していく必要がある。

　3）視点やテーマを決める

　生産的で建設的なカンファレンスにするためには，テーマと視点を決めることが重要である。そうすることで，問題点を明確にすることができ，的を射た意見やアドバイスを受けることができる。

　4）意見を出しやすい場にする――批判に慣れる

　職員会議や保育反省の場では，他の保育者の保育に対して批判的な意見や本音が言いにくいものである。特に経験の少ない保育者は先輩の保育者に対して意見や本音を言うことは難しく，「○○という点が良かったです」と褒め合う場になってしまう。しかし，カンファレンスの本質は，良い点だけでなく，問題点について切り込んでいき，問題解決や保育の質の向上を図る機能にある。

　カンファレンスにおいては意見を出すことが善である。時に自分の保育が批判されたと感じることもあるが，自分の意見や考えが違っても，相手はそう考えたのだと受け止める。出された意見は相手に向けて投げるのではなく，場に置いて並べていき，その中から選び取るというイメージ等を共通認識の下に進めていくことが重要となる（図12-2）。

　5）必ず振り返る

　カンファレンスで出たアドバイスが，実践にどのような変化をもたらしたのか効果を検証し，「仮説→実行→検証」のサイクルをつくり，継続していくことに意味がある。このサイクルの中で試行錯誤しながら効果的な援助方法を見つけていくのである。

## (3) 保育カンファレンスの実際

それでは，どのような形でカンファレンスを進めていったらよいのか，実際に筆者が行ったカンファレンスを紹介しよう。

### 1) 保育カンファレンスの必要性をプレゼンする

カンファレンスを通して保育の質の向上が期待できること，また，保育所保育指針においても研修の必要性が書かれていること，専門性が向上し認められることによって，保育者の待遇改善にもつながることを説明した。

### 2) 保育カンファレンスについて簡単に説明する

カンファレンスと聞いて構えてしまう保育者もいたので，お菓子を食べながら意見を出し合う程度の「座談会」の雰囲気ですることが望ましいことや，今までの職員会議や保育反省での話し合いを工夫するだけということを説明し，他の保育者も「これならできるかもしれない」と思えるように工夫した。また，意見を出すことが重要であり，批判に慣れることも説明した。

### 3) 現状において，どのような形でカンファレンスを取り入れるのかを会議で検討

企画者だけが決めるのではなく，他の保育者の意見も聞きながら，現実的で実際に実行可能な形を探っていく。会議の結果以下の形で進めることになった。

① 形式と時間：現在行っているビデオ観察研修の反省会の話し合いをカンファレンスに置き換える（15分）。
② 事前記入用紙の内容：クラスの現状の様子，困っている・相談したいことを記入する。
③ 観察方法：職員全員が見ることができるようにビデオ観察（20分）
④ 意見用紙の内容：全員「良かった点」「改善点・疑問点」の2点を記入する。
⑤ 検証方法：カンファレンスの1カ月後の保育反省の時に変化や気づいたことを報告する。

※カンファレンスに参加できなかった職員は記録を見る形にし，わからない点があれば，カンファレンスに参加した保育者に質問するようにした。

4）計画を立てる

　いつ，誰が担当になるか，カンファレンスの進行役，記録係を決めておく。

5）担当者は事前記入用紙を配布し，他の保育者はそれを読み理解しておく

　担当者は事前記入用紙にクラスの現状の様子，困っている・相談したいことを記入する。他の保育者は事前記入用紙を読み，内容を把握しておく。

6）ビデオ撮影をし，期限までに見て，意見用紙を担当者に渡す

　ビデオを撮影したら，1週間以内にビデオを見て，事前記入用紙をもとに困っている点やアドバイスがほしい点に沿って「良かった点」「改善点・疑問点」の2点を記入し，担当者に渡す。

7）担当者は他の保育者の意見を読み，反省や考えをまとめ，他の保育者に配布する

　担当者は受け取った意見用紙を参考の「良かった点」「改善点・疑問点」を読んで，それに対する返答や自分の考え，反省をまとめる。全員の意見と担当者の反省を記載し，保育者全員に配布する。

8）カンファレンスをし，記録をとる

　担当者は反省や他の保育者の意見について答えたり，保育する上で困っている点や相談したい点について投げかけたりする。他の保育者は担当者の質問や投げかけに答えたり，ビデオで映っていなかった子どもの姿や保育者の援助に加えて担当者の援助の意図等について意見を出し合ったりする。進行役は満遍なく意見を出し合えるように発言していない保育者に意見を求めたり，今まで出た意見をまとめたりしながら進めていく。記録係はそれぞれの発言や意見を記録していく。

9）担当者はカンファレンスで出た意見や考え，アドバイスをもとに保育する

　担当者はどの点について変更していくのか，保育の見直しを行い実践する。

10）カンファレンスの1カ月後に報告する

　カンファレンス後，どのような点について保育を見直し変更，工夫し，子どもの姿にどのような変化があったのか等を振り返って報告する。このような形で進めていき，前述の4）〜10）を繰り返し行っていく。

（4）保育カンファレンスを終えて

　カンファレンスを終えて各保育者に書いてもらった感想は，以下の通りであ

る。
① 項目（「困っている・相談したいこと」「良かった点」「改善点・疑問点」）が明確だったため，意見が出しやすかった。
② カンファレンスといっても，かたい雰囲気ではなく，座談会のような形だったので，人数が少なくても有意義な時間だった。
③ カンファレンスの時間以外でも，子どもの姿や改善点を言い合えることが増えた。
④ 自分にはない視点で見たり，意見をもらったりすることで，深く考えたり，気づきや学びがあった。

これらのように，各保育者はカンファレンスの効果を感じている。カンファレンスに慣れてくると，普段の話し合いの場面が自然とカンファレンスに置き換わることが期待できる。このカンファレンスはどのような研修においても基本となってくるので，基本的なポイントを抑えておきたい。

**注**
(1) 平澤紀子・藤原義博・山根正夫「保育所・園における『気になる・困っている行動』を示す子どもに関する調査研究——障害群からみた該当児の実態と保育者の対応および受けている支援から」『発達障害研究』26(4)，2005年，256-267頁。
(2) 池田友美・郷間英世・川崎友絵・山崎千裕・武藤葉子・尾川瑞季・永井利三郎・牛尾禮子「保育所における気になる子どもの特徴と保育上の問題点に関する調査研究」日本小児保健協会『小児保健研究』66(6)，2007年，815-820頁。
(3) 久保山茂樹・齊藤由美子・西牧謙吾・當縞茂登・藤井茂樹・滝川国芳「『気になる子ども』『気になる保護者』についての保育者の意識と対応に関する調査——幼稚園・保育所への機関支援で踏まえるべき視点の提言」国立特別支援教育総合研究所『研究紀要』36，2009年，55-76頁。
(4) 半澤嘉博・渡邊健治・田中謙・山本真祐子「個別の配慮が必要な園児への対応の現状と課題について——東京都の公立保育所における実態調査から」東京家政大学『人間文化研究所紀要』6，2012年，40-51頁。
(5) 長澤由紀・大田俊己「千葉県内における保育所の統合保育に関する現状と保育者の意識」『教育実践紀要』7，千葉大学，2000年，43-51頁。
(6) 後藤秀爾・村田佳菜子・大森麻美「統合保育における『気になる子』をめぐる実態調査——名古屋市保育所の2006年と2008年の比較データより」(愛知淑徳大学『コミュニケーション学部・心理学研究科篇』10，2010年，1-16頁。

⑺　石井正子「インクルーシブ保育に関する保育者の認識」日本乳幼児教育学会『乳幼児教育学研究』19，2010年，109-120頁。

⑻　藤原里美「特別支援教育実践研究プログラムの開発の試み――幼児教育者を対象にして」『保健の科学』2011年，442-446頁。

⑼　河内しのぶ・福澤雪子・濱田裕子「統合保育が保育士に与える影響――K市で統合保育を経験した保育士へのアンケート調査より」産業医科大学『雑誌』28(3)，2006年，337-348頁。

⑽　栗原輝雄・長谷川哲也・藪岸加寿子・植谷幸子「軽度発達障害があると思われる子どもに対する集団の中での指導について――津市立教育研究所主催の研修会に参加した教師へのアンケート調査から」三重大学『教育実践総合センター紀要』24，2004年，21-28頁。

⑾　池田友美ら，前掲書。

⑿　尾崎啓子・吉川はる奈「私立幼稚園における『気になる子ども』の保育の困難さに関する調査研究――自由記述の分析を中心として」埼玉大学『紀要教育学部』(2)，2009年，197-204頁。

⒀　櫻井貴大「発達障がい児を支援する保育者の躓きに関する研究――知識と実践のズレに着目して」愛知教育大学大学院（修士論文）2014年，59-85頁。

⒁　大豆生田啓友・三谷大紀・高嶋景子「保育の質を高める体制と研修に関する一考察」人間環境学会『紀要』11，2009年，17-32頁。

⒂　原口英之・野呂文行・神山努「保育所における特別な配慮を要する子どもに対する支援の実態と課題――障害の診断の有無による支援の比較」障害科学学会『障害科学研究』37，2013年，103-114頁。

⒃　馬場禮子・青木紀久代・矢野由佳子「保育における心理臨床研修のあり方――保育場面に生じる問題と対処の行方」安田生命社会事業団『研究助成論文集』37，2001年，224-230頁。

⒄　栗原輝雄・長谷川哲也・藪岸加寿子・植谷幸子「軽度発達障害があると思われる子どもに対する集団の中での指導について――津市立教育研究所主催の研修会に参加した教師へのアンケート調査から」三重大学『教育実践総合センター紀要』24，2004年，21-28頁。

⒅　森正樹・林恵津子「障害児保育巡回相談におけるコンサルテーションの現状と課題――幼稚園・保育所における専門職の活動状況から」埼玉大学『紀要』14，2012年，27-34頁。

⒆　森正樹・根岸由紀・細渕富夫「臨床発達心理学的観点に基づくコンサルテーション技法の考察――幼稚園・保育所における障害児保育巡回相談に着目して」埼玉大学『教育学部教育実践総合センター紀要』35，2012年，59-66頁。

**参考文献**

本郷一夫編著『障害児保育』建帛社,2008年。
森上史朗・渡辺英則・大豆生田啓友編『保育方法・指導法の研究』(新・保育講座⑥)ミネルヴァ書房,2001年。
2010(平成22)年度文部科学省委託「幼児教育の改善・充実調査研究」『保育者研修進め方ガイド——地域の子どもの健やかな成長のために』ベネッセ次世代育成研究所,2011年。

---

**学びのポイント**

- 自分が研修やカンファレンスで取りあげたいテーマをいくつか挙げて整理してみよう。
- 現在(今年度または昨年度)行っている研修を所内(園内)研修,所外(園外)研修に分けて,書き出してみよう。さらに,職員会議や保育反省の進行や報告のスタイルを書き出してみよう。
- それらの問題点を整理しよう。

---

**さらに考えてみよう・みんなで議論してみよう**

- その中から,何か工夫ができるポイントをいくつか書き出してみよう。
- テーマを決めた話し合いをしてみよう。
- 実際に今行っている研修やコンサルテーションに工夫を加えてどのような変化があったのか,何が変化をもたらしたのかを書き出したり,報告してみよう。

# 第13章　ライフステージをふまえた特別支援教育

## 1　特別支援教育の理念

　特別支援教育への制度転換については，文部科学省の「今後の特別支援教育の在り方について（最終報告）」，それを受けた中央教育審議会の「特別支援教育を推進するための制度の在り方について（答申）」等を経て具体化された。

　最終報告は，新しい障害児教育の方向性に関して，「障害の程度等に応じ特別の場で指導を行う『特殊教育』から障害のある児童生徒一人一人の教育的ニーズに応じて適切な教育的支援を行う『特別支援教育』への転換を図る」と記述されている。また，同最終報告は，それまでの特殊教育を「障害の種類や程度に対応して教育の場を整備し，そこできめ細かな教育を効果的に行うという視点で展開されてきた」と評価した上で，情勢の変化に対応した新たな制度を構築する必要があるとしている。その情勢とは，①特殊学級，養護学校，通級による指導を受けている者が増加している。②通常の学級においてもLD（学習障害），ADHD（注意欠陥多動性障害），高機能自閉症により特別な教育的支援を必要とする者への対応が求められている。③盲・聾・養護学校に在籍する者の障害の重度・重複化が進んでいること等が挙げられよう。

　以上の経過をふまえて，2006（平成18）年6月15日に「学校教育法等の一部を改正する法律案」が可決・成立して，特別支援教育は2007（平成19）年から実施されることとなった。そこでの文部科学省が定義する特別支援教育の理念は，2007（平成19）年4月に出された「特別支援教育の推進について（通知）」（19文科初第125号）に端的に表現されている。少し長くなるが，以下，引用する。

　「特別支援教育は，障害のある幼児児童生徒の自立や社会参加に向けた主体的な取組を支援するという視点に立ち，幼児児童生徒一人一人の教育

的ニーズを把握し，その持てる力を高め，生活や学習上の困難を改善又は克服するため，適切な指導及び必要な支援を行うものである。また，特別支援教育は，これまでの特殊教育の対象の障害だけでなく，知的な遅れのない発達障害も含めて，特別な支援を必要とする幼児児童生徒が在籍する全ての学校において実施されるものである。さらに，特別支援教育は，障害のある幼児児童生徒への教育にとどまらず，障害の有無やその他の個々の違いを認識しつつ様々な人々が生き生きと活躍できる共生社会の形成の基礎となるものであり，我が国の現在及び将来の社会にとって重要な意味を持っている。」

その特徴は以下の3点になろう。
第1に，幼児児童生徒という文言が示しているように，幼児期・学齢期・青年期といったライフステージにわたる支援をしていくことである。
第2に，従来の知的障害，肢体不自由，病弱・身体虚弱，弱視，難聴，言語障害，情緒障害に加えて，知的な遅れのない発達障害も含めて，対象を拡大したことである。
第3に，共生社会の形成を目指すことから，障害のない子どもたちにとっても意味をもつものである。
つまり，特別支援教育とは，単に障害児をどう教えるか，どう学ばせるかに終始するのではなく，対象とする「特別なニーズをもつ子ども」が，どう年齢とともに発達していくのか，その過程において，本人の主体性を尊重しつつ，できる援助の形とは何かを考えていこうとするところに新しい観点があるといえよう。

## 2　特別支援教育を行う体制の整備と取り組み

特殊教育に代わって登場した特別支援教育を推進するための基本的な考え方，留意事項等が示されたのが「特別支援教育の推進について」の通知である。障害のあるすべての幼児児童生徒の教育の一層の充実を図るため，新しい試みが以下に示したものである。

## 第13章 ライフステージをふまえた特別支援教育

「① 特別支援教育に関する校内委員会の設置

　各学校においては，校長のリーダーシップの下，全校的な支援体制を確立し，発達障害を含む障害のある幼児児童生徒の実態把握や支援方策の検討等を行うため，校内に特別支援教育に関する委員会を設置すること。

② 実態把握

　各学校においては，在籍する幼児児童生徒の実態の把握に努め，特別な支援を必要とする幼児児童生徒の存在や状態を確かめること。さらに，特別な支援が必要と考えられる幼児児童生徒については，特別支援教育コーディネーター等と検討を行った上で，保護者の理解を得ることができるよう慎重に説明を行い，学校や家庭で必要な支援や配慮について，保護者と連携して検討を進めること。特に幼稚園，小学校においては，発達障害等の障害は早期発見・早期支援が重要であることに留意し，実態把握や必要な支援を着実に行うこと。

③ 特別支援教育コーディネーターの指名

　特別支援教育コーディネーターは，各学校における特別支援教育の推進のため，主に，校内委員会・校内研修の企画・運営，関係諸機関・学校との連絡・調整，保護者からの相談窓口等の役割を担うこと。

④ 関係機関との連携を図った「個別の教育支援計画」の策定と活用

　長期的な視点に立ち，乳幼児期から学校卒業後まで一貫した教育的支援を行うため，医療，福祉，労働等の様々な側面からの取組を含めた「個別の教育支援計画」を活用した効果的な支援を進めること。

⑤ 「個別の指導計画」の作成

　幼児児童生徒の障害の重度・重複化，多様化等に対応した教育を一層進めるため，「個別の指導計画」を活用した一層の指導の充実を進めること。

⑥ 教員の専門性の向上

　特別支援教育の推進のためには，教員の特別支援教育に関する専門性の向上が不可欠である。したがって，各学校は，校内での研修を実施したり，教員を校外での研修に参加させたりすることにより専門性の向上

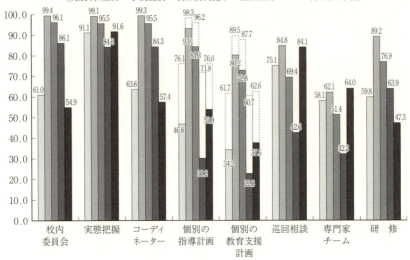
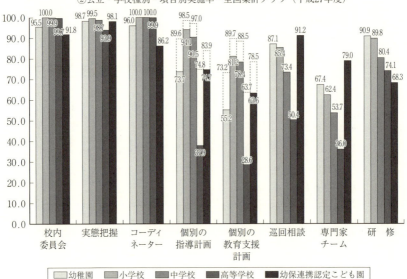

**図 13-1　幼小中高別にみた特別支援教育の推進状況**

注：点線箇所は、作成する必要のある該当者がいない学校数を調査対象校数から引いた場合の作成率を示す。
出所：文部科学省「平成27年度特別支援教育体制整備状況調査結果について」。

第13章　ライフステージをふまえた特別支援教育

に努めること。
⑦　進捗状況について
　図13-1は，上記の2015（平成27）年度の進捗状況を幼稚園，小学校，中学校，高等学校別に比較したものである。（文部科学省「平成27年度特別支援教育体制整備状況調査結果について」）調査対象の学校数は幼稚園11,213校（国立49校，公立4,075校，私立7,089校），小学校20,327校，中学校10,421校，高等学校4,981校である。

　①の国公私立の合計での幼稚園，小学校，中学校，高等学校，幼保連携認定こども園別に示した実施率をみると，小・中学校に比べ，幼稚園と高等学校における体制整備は依然として課題となっている。
　特に，「個別の指導計画」と「個別の教育支援計画」は，かなりの差がみられる。「個別の指導計画」にあたっては46.8％，「個別の教育支援計画」にあたっては34.2％の実施率しかない。さらに，「校内委員会」の設置や「コーディネーター」の指名についてもかなり差がある。
　②の公立の幼稚園，小学校，中学校，高等学校別に示した実施率をみると，「個別の指導計画」と「個別の教育支援計画」については，やはり小・中学校に比較して実施率に差がある。ただ，他の項目にあたっては，①ほどに顕著な差は見られない。
　このことから，私立幼稚園での特別支援教育の進み具合が遅れていることが明らかになっていると指摘できよう。

## 3　接続期での特別支援教育

　特別支援教育の理念の一つに，ライフステージにわたる支援がある。ここでは，幼児期から学齢期への円滑な接続をしていく必要から，「小1プロブレム」「実態把握（子どもの見方）」「個別の指導計画」「個別の教育支援計画（プランづくり）」について取り上げてみる。

## （1）小1プロブレムの理解
### 1）集団生活の適応に時間を要する子ども

　現代の子どもたちは，少子化の影響できょうだいが少ない，遊び集団が限られている，同世代の子どもと遊ぶ機会がかなり多い等の状況に置かれている。以前に比べると，子ども同士の関係が限定的になったり，希薄化したりすることで，互いの気持ちを伝えたり，話し合ったりといった社会性を身につける機会が少なくなっている。

　そのため，我慢する，主張する，周りの子どもたちの様子を見て行動する等の自己コントロール力が十分に育たないままに入学期を迎えることが考えられよう。

　昨日までの園では，自分の好きな遊びに夢中になれた生活，時間に追われることなく，比較的ゆったりとしたペースであったのが，小学校では，時間になったら席に着き，決められた時間まで座っていなければならない生活へと一変する。このような幼児教育機関と小学校との生活スタイルの違いが，子どもたちを混乱させているという見方ができよう。

　したがって，小1プロブレムについては，集団生活の適応に時間を要する子どもといったとらえ方がポイントになってくる。

### 2）発達障害があり特別な支援を要する子ども

　集団生活の適応に時間を要する子どもの中には，発達障害のある場合もある。聞く，話す，読む，書く等，生活を中心とした言語活動から学習で必要な言語活動へと質的に変化する時期である。このような新しい学習が始まった頃に発見される発達障害がある。幼児教育機関から小学校へと，生活形態や学習内容が大きく変わることをきっかけにして，発達障害の行動特徴が現れるケースがある。発達障害も含めて障害に対する学校，保護者の理解不足により適切な支援がなされないと，本人の自己肯定感が育ちにくく，不登校等の二次障害に陥ってしまうこともある。

### 3）互恵性の立場からの連携

　就学前と就学後の幼保小の連絡会議を開催して，子どもの抱える困り感や支援方法を話し合うことが必要である。互恵性からして，それぞれの立場を尊重しつつ，長期的な視点で教育できるように互いの教育観について伝え合い，理

解を深めることが肝要である。

　集団生活の適応に時間を要する子どもにしろ，発達障害があり特別な支援を必要とする子どもにしろ，どちらも担任だけではなく学校体制で対応策を考えていく。管理職同士の連絡はもとより，コーディネーター，養護教諭，担当保育士や教師等が支援チームをつくっていくのも一例である。

### （2）実態把握――全教職員による共感的な子どもの見方の共有

　障害児の理解については本書では第1章で述べた通りである。ここでは，実際の保育場面において，困り感のある子どもを丁寧に見ていく全教職員の子ども観の共有を取り上げる。

---
**Episode**

　「今日は，跳び箱をしよう！」先生のかけ声に，年中組の子どもたちが，われ先にと準備を始める。多くの幼児が一列に並び，次々と跳び箱を跳び越えていく中，A君は，教室の隅にある平均台に逃げるように走って行った。窓の外を眺めるが，ちらちらと友だちが跳ぶ様子も見ている。

　すると，保育者はA君に「（A君は）みんなが何しているのかな，よく見ているんだよね」「ほら，よーいドン，ピョン！って跳んだね」と語りかけていた。しばらくすると，突然，A君が列に向かって走り出し，一度跳び箱を跳んで，保育者の元に戻ってきた。「ピョン！って跳んだね」と保育者が微笑むとA君もホッとしたような笑顔になった。その後，A君は何度か跳び箱に向かっていった。

---

出所：「接続期における特別支援教育」（www.pref.yamagata.jp/ou/kyoiku/……/chapter5-1.pdf，2016年11月15日アクセス）。

#### 1）丁寧に見ていく

　この場面をめぐっては，「一人一人の違い」の受け止め方である。保育者は「A君が跳び箱を跳ばない」で終わらず，「跳び箱を跳ばずに何をしているのかな」「多くの子どものすることをちらちらと見ているのはどんな思いが隠されているのか」という行動の意味や周囲の状況を理解しようと努めている。すると，A君は「みんなといっしょに行動できない子」ではなく，「みんなのすることも気になっているがどうしたらいいかわからず，困っている」「突然周りで何が起こったかを把握できずに困っている」というA君の困り感に気づくこ

とができる。A君の困り感に寄り添い，A君が見ている場面を言葉にしてあげたことで，A君は活動に対する見通しをもつことができ，自分から参加できたのである。それは，「できる，できない」「したか，しないか」という見方だけではなくということになる。

困り感を全教職員で共有し，支援のあり方を定期的に検討する場が校内（園内）委員会である。特別な支援を必要とする子どもへの対応にあたっては，担任一人が抱え込むことなく，全教職員で一丸となって行っていくことが重要である。担任の気づきや相談に基づき，対応を検討する校内（園内）委員会を開催したり，研修会を開催したり，保護者も含めた外部との連絡や連携を行うといった段取りをするのがコーディネーターである。

 2）動的に見ていく

実践を進める中では，保育者が子どもに働きかけて得られる動的な実態把握という見方が大切になってくる。アセスメントとして，氏名，性，年齢，行動特徴，家族構成，障害の有無，既往歴，その他といった事項を予備知識として入手していくことはもちろんのことである。実態は1回把握したらそれでいいというものではない。

保育の中で変容した子ども像が次の保育に活かされてくるという，フィードバック機能をもつ連続的なものと見ることができるのである。実態把握に可変性がなくなるということは，保育の硬直化につながることにもなり得る。発達途上にある，発達しつつある，ニーズをもっているという動的な理解は保育の進行に大きく左右すると考えられる。

 3）個別の指導計画・個別の教育支援計画

個別の指導計画とは，障害児一人一人の教育的ニーズに対応して工夫され，学校における指導計画や指導内容・方法を盛り込んだものである。一般に，単元や学期，学年ごとに作成されており，それに基づいた指導が行われる。

個別の教育支援計画とは，一人一人の教育的ニーズに応じた支援を効果的に実施することが必要である。そこで，乳幼児期から学校卒業後までの一貫した長期的な計画が必要となる。そのため，学校が中心となって個別の教育支援計画を作成する。作成にあたって，医療・福祉・労働等の関係機関と連携するとともに，保護者の参画や意見を聞くこと等が求められている[1]。

第13章　ライフステージをふまえた特別支援教育

　前者の個別の指導計画については，保育者は，自分の目で子どもをよく観察しその特性を見極めたり，同僚と子どものことについて語ったりしながら，その子どもに合った支援をしていく必要がある。その際，次の留意点が考えられる。

① 担任からの対象児の困り感の相談をもとに，校内（園内）委員会で対応を検討する。
② 少しがんばればできそうなところに目標を定め，手立ての工夫について共に考えながら，個別の指導計画を作成する。
③ 支援後の子どもの行動を複数の保育者で見て，効果と課題を随時話し合う。
④ 個別の指導計画には，子どもの変容や評価及び次の支援の方向性も記載していく。

　参考として，クラス名，年齢，氏名，性別，作成年月日，現在の状況（保護者の願い，生活面・社会性・学習面，長所，支援の方向性），指導計画（年間目標）と主な指導場面，学期の取り組みとしての指導計画（学期目標）と方法（具体的な手立て・場面），子どもの変容（評価），次学期の方向性，備考がスタンダードな書式である。
　個別の指導計画を作成するにあたり，保育計画（年間計画，月案，日案等）や実践記録，関連する書類を見直し，日常的に活用しやすいような書式がポイントとなる。
　この個人別の目標が指導案の中で明示されたり，単元や本時の目標という記載欄で整理されたりしていくことが欠かせない。つまり，せっかく立てた個別の指導計画が日々の実際の取り組みの中でいかに活用されているかが問われなければならない。労力を費やした指導上のプランづくりに終わってしまって，支援に直結しないことだけは避けたいものである。後者の個別の教育支援計画については，保育所保育指針や幼稚園教育要領で示されている「関係機関と連携した支援のための計画を個別に作成する」に相当する。その際，次の留意点が考えられる。

① 特別な教育的ニーズのある子どもを対象に、保育者同士の全園体制で継続的に支援するために作成する。
② 必要な項目を記入し、すべての項目に記入する必要はない。
③ 支援を進めていく中で、随時必要な加除修正を行う。
④ 担任の負担が大きくならないように校内（園内）委員会で実施する。
⑤ 保護者と共通理解することが大切である。
⑥ 関係機関との連携を図る。
⑦ 情報は慎重に取り扱い保管する。
⑧ 個別の教育支援計画を基に教育課程を編成して一貫性のある支援にする。
⑨ 実態把握及び目標・内容等の設定：（P〔Plan〕）、指導及び支援の実施：（D〔Do〕）、評価：（C〔Check〕）、目標・内容等の改善：（A〔Action〕）というプロセスの中で、きめ細かな支援をする。

参考例として、全国に先駆けて幼保小中一貫教育プロジェクトに取り組んでいる愛知県阿久比町の個別の教育支援計画「きらきら」を取り上げる。

計画に記載されている内容は、施設・機関一覧表、作成・活用同意書、プロフィール（氏名、性別、生年月日、住所、電話・メールアドレス、家族構成、生育歴）、健康・診断・手帳、医療・専門機関との関わり、服薬の記録、療育・相談の記録、支援ネットワークである。また、子どもの様子（生活習慣、興味・関心、コミュニケーション、困っていること・気になること、特に配慮のいる状況とその対応）、成長の記録（保護者の願い、身の回りのこと、言葉、人との関わり、遊び、次年度への引き継ぎ事項）、小学校・中学校をめぐる支援ネットワーク、小学校・中学校における子どもの様子、成長の記録などを記入できるファイルとなっている。

特別な教育的ニーズは教育、福祉、医療などの色々な観点から生じうるものである。これらのニーズへの対応は各分野でそれぞれに独自に展開できるものもあるが、類似しているもの、不可分なものも少なくない。したがって、保育という側面から対応をするにあたっても、学校、医療機関、保健所・保健センター等の面からの対応の重要性も踏まえて、関係機関の連携協力に十分配慮することがポイントとなる。

## 4 教育内容での幼保小の接続

　文部科学省の『指導計画の作成と保育の展開』によると，幼児期の教育と小学校教育の円滑な接続の意義は，①教育の目的・目標，②教育課程，③教育活動，の3つである。

　教育の目的・目標では，教育基本法の理念に基づき，学校教育法において連続性・一貫性をもって構成されている。教育基本法第11条において，幼児期の教育の目的は「生涯にわたる人格形成の基礎を培う」ものとされている。これを受け，学校教育法第22条では，幼稚園教育の目的として「義務教育及びその後の教育の基礎を培う」ことが，「幼児の健やかな成長のために適当な環境を与えて，その心身の発達を助長すること」と並んで位置づけられている。

　教育課程では，連続性・一貫性を前提として発達の段階に配慮した違いをとらえることとなる。目標に関する位置づけの違いが挙げられている。それは，幼児期の教育では「〜を味わう」「〜を感じる」などのように，その後の教育の方向づけを重視するのに対し，小学校教育では「〜ができるようにする」といった具体的な目標への到達を重視するという違いである。

　また，幼児期には3つの自立で①学びの自立，②生活上の自立，③精神的な自立を養うことが必要とされる。小学校低学年の教育では，3つの自立とともに，学力の3つの要素で①基礎的な知識・技能，②課題解決のために必要な思考力・判断力・表現力等，③主体的に学習に取り組む態度の育成につながっていくと踏まえられる。

　教育活動では，学びの芽生えの時期から自覚的な学びの時期への円滑的な移行していくことが求められる。幼児期の教育が遊びの中での学び，小学校教育が各教科等の授業を通した学習という違いがあるものの，両者ともに「人との関わり」と「ものとの関わり」という直接的・具体的な対象との関わりの中で行われるという共通点をもつことは，両者の円滑な接続を考える上で重要な視点，手がかりとなる。

　以上は，障害児を含めたすべての子どもを対象にした昨今の文部科学省の指針であるが，以下には知的障害児を念頭に置きながら，幼児期と学齢期の円滑

```
┌─────────────────────────────────────────────────────────────────┐
│   ┌──────────────┐                        ┌──────────┐          │
│   │ 生きる力の基礎 │ → → →                   │ 生きる力  │          │
│   └──────────────┘                        └──────────┘          │
│   幼 児 期 の 生 活    ──→    児 童 期 の 生 活                    │
│                                                                 │
│   あ そ び（学びの芽）  ──→    教 科（自覚的な学び）              │
│                                                                 │
│   ・健康，からだづくり         ・生活科（合科的な指導）            │
│   ・リズム，うた                                                │
│   ・ふれる，えがく，つくる     ・基礎教科（体育，音楽，図工）      │
│   ・ことば，かず                                                │
│                ＊運動・操作機能（全身運動―手・足の運動）          │
│                ＊表現・言語機能（身体のしなやかさ）              │
│                           （音・リズムによる表現）              │
│                           （描画や制作活動）                    │
│                           （イメージの高まり）                  │
│                           （話しことばから書きことばへ）         │
│                                                                 │
│   保育所や幼稚園          ──────→        小学校                 │
│     これからの育ちや学びを見通して    これまでの育ちや学びをふまえて│
└─────────────────────────────────────────────────────────────────┘
```

**図13-2** カリキュラムの構築への視点――知的障害児を対象にした場合の生涯学習という視点（私案）

出所：愛知教育大学附属幼稚園『研究紀要』43, 2014年。

なカリキュラムの接続に向けた視点を私案として示す。

　図13-2は，発達や学びの連続したカリキュラム（生涯学習という視点）である。幼児期，学齢期を問わずにこの両発達段階においてはいかにして子どもの生きる力を保障するかを考慮して，カリキュラムが編成されなければならない。幼児期においては，発達に応じて生きる力の基礎を形成する時期と位置づけられよう。幼保小一貫して生きる力の形成をはかる，幼児期では小学校以降の教育の基盤となるように，基盤を充実させることによって，その接続を確かなものとすることができると考えられる。

　2010（平成22）年11月に文部科学省から出された「幼児期の教育と小学校教育の円滑な接続の在り方について（報告）」では，幼児期の遊びを通した学びの芽が，次第に学齢期の教科を通した自覚的な学びへとつながっていくことを指摘している。

　一例として，愛知教育大学附属幼稚園では，この学びの芽を，①表現の工夫，②運動技能の習得，③努力する姿勢，④思い付く力（発想力）の高まり，⑤自

然認識の深まり，⑥実感を伴った問題の解決，⑦数や量と測定についての認識の深まり，⑧言語表現力（話す力）（話し合う力）の高まりにあると実践から導いている。

　ここでは，学びの芽とは学ぶということを意識しているわけではないが，楽しいことや好きなことに集中することで，さまざまなことを学んでいくことになる。一方，自覚的な学びとは集中する時間の中で，自分の課題を受け止め，計画的に学習を進めていくことになる。さらに，前述した文部科学省の報告からは，発達や学びの連続性を保障するための体系的な教育の必要さも読み取ることができよう。

　知的障害という特性を考慮すると，幼児期では，①健康・からだづくり，②リズム・うた，③ふれる・えがく・つくる，④ことば・かずに関わるあそびが重要であると考えられる。本書の第7章で音楽あそび，運動あそび，造形あそびを取り上げた理由もここにある。

　ところで，学齢期特に第1学年では，生活科を中心とした合科的な指導，特別支援教育では生活単元学習を行うといった工夫をすることにより，学校生活への適応や緩やかな移行がなされる必要がある。さらに，幼児期での表現に関する内容との関連を配慮すると，学校教育側の特別支援教育のこれまでの長い実践の中で確認されてきた基礎教科（体育，音楽，図工）というとらえ方が欠かせない。学齢期ではこの3つの基礎教科を核にして，やがては国語や算数への広がり，しいては社会や理科へといった教科の系統性を大切にすべきである。

　換言すると，全身運動―手・足の運動を通して発達を促すために，最も基礎的な機能である運動・操作機能を使うことが重要となる。表現・言語機能との関係を重視して，身体のしなやかさ，音・リズムによる表現，描画や制作活動，イメージの高まり，話しことばから書きことばへの駆使は，認識の発達にとって不可欠な要素である。知的障害児にとって，人との関わり（自分や他人，集団との関わり），ものとの関わり（身の回り，自然との関わり）を通して，直接的，具体的な関わりから段々と抽象的な概念（物事の法則性等）を認識していく手立てを講ずるのがポイントである。

　以上の見解をまとめてみると，次のような指摘にもなろう。幼児期で行われてきたあそびを通して総合的に学ぶような指導形態を小学校第1学年の授業に

取り入れ，工夫されたカリキュラムを作成し，実施すれば，円滑な接続を図ることが可能になると考えられる。子どもにとって円滑な接続とは，無理なく小学校の生活や教科の授業に慣れていき，意欲をもったり，自信をもったりして学齢期の生活を送ったりすることである。

　また，学級や園と学校に自分の居場所があり，安心して取り組むことで，一段と生きる力が助長されることになる。園がこれからの育ちや学びを見通す場ならば，小学校はこれまでの育ちや学びを踏まえる場といえそうである。幼小の教育においては，一方が他方に合わせるということではなく，小学校学習指導要領に基づく教育内容の広さを理解した上で，幼児期の教育がなされる必要がある。先に取り上げた個別の教育支援計画とあわせて，障害児がどのような保育・教育内容，方法で育ってきたのかを幼児期と学齢期の関係者間で情報共有することが，子どもの最善の利益につながる。ここに生涯発達・ライフステージでの支援を推進していく根本的な考えがある。

**注**
(1) 文部科学省初等中等教育局特別支援教育課パンフレット『特別支援教育』分割版（後半）。

**参考文献**
阿久比町『個別の教育支援計画　きらきら』。
小川英彦「授業評価・システムの教授学」湯浅恭正・冨永光昭編著『障害児の教授学入門』コレール社，2002年。
小川英彦『幼児期・学齢期に発達障害のある子どもを支援する——豊かな保育と教育の創造をめざして』ミネルヴァ書房，2009年。
小川英彦「発達障害幼児と幼小の連携」愛知教育大学附属幼稚園『研究紀要』43，2014年。
「接続期における特別支援教育」(www.pref.yamagata.jp/ou/kyoiku/../chapter5-1.pdf)。
文部科学省「特別支援教育の推進について（通知）」2007年4月1日。
文部科学省「平成26年度特別支援教育体制整備状況調査結果について」
文部科学省『幼稚園教育指導資料第1集　指導計画の作成と保育の展開（平成25年7月改訂）』2013年。

第13章 ライフステージをふまえた特別支援教育

**学びのポイント**
- 2007（平成19）年から特別支援教育に転換したが，それまでの特殊教育との違いをまとめてみよう。
- 幼児期と学齢期の接続の目的を明らかにしよう。

**さらに考えてみよう・みんなで議論してみよう**
- 小１プロブレムの実態について発表しよう。
- 学齢期の特別支援教育の教育課程について調べてみよう。

# 第14章 保健・医療・福祉・教育との関連からみた障害児保育

## 1 保育・医療・行政と家庭の連携・協力で子どもの育ちを支える

　本節では，障害児の発達を支援するにあたり必要な環境設定を考えるための要因を，3つの視点から整理する。

### (1)「支援期間」と「支援範囲」の視点

　障害児の発達支援を「支援期間」と「支援範囲」の2つの軸で考えた場合，支援期間については，当該児の乳児期から幼児期，学童期，青年期，成人期以降までの各発達段階に即して，支援のあり方を長期的な視点で検討することが重要である。また，支援範囲については，当該児の生活拠点となる家庭を基本として，治療・療育を受ける場，日中活動の場や社会参加の場，余暇の場をもつことができるよう，空間的・物的・人的環境の整備に向けて社会全体で支えていくことが大切である。

　図14-1に，障害児の発達支援スパイラル（以下，支援スパイラル）の概念を示した。この支援スパイラルとは，障害児の加齢に伴うライフステージの移行と，その移行によって交代する保育・教育，行政，医療，療育施設等の支援担当者が螺旋状につながる発達支援システムの一つの形態である。支援スパイラルがもつ理想的な機能としては，当該児が必要とする時に必要な支援を求めることを可能とするセーフティネット機能である。保育者や保護者等が子どもに何らかの発達課題を発見した場合には，早期に居住地域の支援スパイラルに導くことが，当該児の生きづらさの軽減，ひいてはQOL（生活の質）の向上につながる。

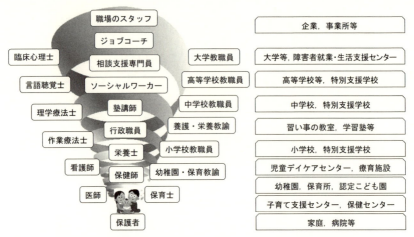

**図 14-1** 障害児の発達支援スパイラルを構成する支援者と支援の場
出所：筆者作成。

### （2）インクルーシブ保育・教育の視点

インクルーシブ保育（幼児教育を含む）とは，障害児を包み込む集団において，保育者が障害児を差別することなく，当該児に必要な支援，すなわち合理的配慮の提供を行った上で同一空間にて保育を実践し，当該集団のすべての子どもが互恵的に学び合えるよう追求する保育形態である。

インクルーシブ保育・教育は，特別な教育的ニーズに応じた教育，及びインクルーシブ教育を提唱した1978年ウォーノック報告書を発端とし，同報告を基盤とするイギリスの「1981年教育法」の制定を機に発展を続けている。1981年教育法以降，1994年の「サラマンカ宣言」ならびに「特別なニーズに関する行動のための枠組み」によって「インクルージョンの原則」「万人のための学校」が表明され，OECD（経済協力開発機構）や UNESCO（国際連合教育科学文化機関）等の国際機関が先導して研究を進める中，その理念に賛同する国々がインクルーシブ保育・教育の実現を目指し推進している。

UNESCO は特別なニーズ教育の対象に「移動民族や先住民の子ども」及び「学校と家庭での使用言語が異なる子ども」を含めているが，これらの子どもは日本の特別支援教育の対象には含まれていない。わが国の現状をみると，保育・教育現場では，外国人の子女や，日本語以外の言語を母語とする子どもが

在籍しており，その中でも外国人集住地域では，外国人子女の園児数が過半数を占める保育所もある。この状況を鑑みると，障害に加えて，多文化・多言語への理解と配慮をも行う「インクルーシブ保育・教育」の視点をもった実践が，今後の日本ではますます必要となる。

## （3）障害・疾病の「発症時期」「発症頻度」と「発見の場」の視点
### 1）周産期・新生児医療で発見される障害/疾病

周産期とは，妊娠22週から生後7日未満までの時期にあたる。新生児とは，出生後28日を経過しない乳児である（母子保健法第6条の2の定義「『乳児』とは，1歳に満たない者をいう」）。子どもの障害やそれにつながる疾病には，周産期医療で発見されやすいものから，幼児期あるいは就学後に発症するものまで多岐にわたり，病態も多様である。本項では，その中でも特に保育者が職場で出あう可能性の高い障害・疾病を挙げる。

① 出生前に発見される障害・疾病

出生前段階で生じる身体的な先天異常あるいは先天奇形の頻度は，アメリカの研究では小さな異常を含めると新生児の約7.5％，重篤な異常は新生児の約3〜4％でみられるという。わが国では，先天異常が新生児の約5％に，生命保持や生活に支障が生じる可能性のある重篤な先天異常（大奇形）については約1〜2％にみられるとされる。先天異常は，心臓・消化器系・筋骨格系・神経系・生殖器系・眼など，体の臓器のどの部分にも生じる可能性がある。それらの発見の場については，出生前診断にて明らかになる場合もある。

② 出生直後に発見される障害・疾病

出生直後に発見される疾病，神経学的後遺症と密接に関連する「新生児仮死（頻度は成熟児の0.2〜0.4％）」は，出生1分後からアプガースコア（呼吸・心拍数・皮膚色・筋緊張・反射）によって評価され，さらにサーナットが提唱したHIE（低酸素虚血性脳障害）の重症度分類を用いて，意識レベル・神経筋コントロール・原始反射・自律神経機能・痙攣発作・予後について評価される。新生児仮死の重要な合併症の一つである低酸素虚血性脳障害（頻度は先天異常を除く正期産児の0.04％）は，胎児期や出産時に脳の血流と酸素の供給が減少して脳虚血に陥ったことを原因とする疾患であり，脳性麻痺の一因となる。このHIE

は，出生24時間以内に大脳皮質機能障害，脳幹障害，筋緊張低下等の症状が現れるほか，MRIでも病変が認められることから，出生当日から治療が開始される。新生児仮死は初期治療が重要視されており，後遺症が現れるか否かは1歳頃までに明らかになる場合が多いという。

③ 出生前あるいは出生直後に発見される障害・疾病【ダウン症候群】

21番染色体が3本あることで発症するダウン症候群は，出生前検査で診断される場合がある。従来の羊水検査等に加え，2014（平成26）年から2つの出生前検査手法が導入された。その一つである"NIPT"は陰性的中率が99.9％以上で，妊娠10週以降，原則35歳以上の妊婦に受診資格がある。また，出生直後の診断については，医師や看護師が新生児の特徴的顔貌等の外表所見から示唆を受け，核型分析によって確定する。

ダウン症候群の新生児の約40％で先天性心疾患が，約30％に先天性十二指腸閉鎖・狭窄症の合併疾患がみられる。その他，先天性食道閉鎖症，輪状膵，腸回転異常症，鎖肛などを合併することもあり，合併疾患の頻度は約50％といわれている。

④ 出生後，数日間に発見される障害・疾病【聴覚障害】

外表所見からは診断しづらい障害であっても，聴覚障害については新生児聴覚スクリーニングによって出生後数日内に発見することが可能である。難聴の頻度は1000人に1人程度とされる。聴覚障害は，早期発見によってコミュニケーションの形成や言語発達の面で大きな効果が期待できることから，全新生児を対象とするスクリーニングの実施が推奨されている。

2）幼児期以降に発見される障害・疾病

周産期医療では発見しづらい障害の例として，Neurodevelopmental Disorders（神経発達障害）があり，MR（知的障害），ASD（自閉症スペクトラム障害），ADHD（注意欠陥多動性障害），コミュニケーション障害，運動障害，SLD（特異的学習障害）等がこれに含まれる（DSM-5：精神障害の診断と統計マニュアル第5版）。発生頻度は，MRが約1〜2％，ASDが約1％，ADHDが約3％，SLDがアルファベット語圏で3〜12％との報告がある。また，コミュニケーション障害，運動障害，SLDを合わせて約10％との報告もある。

一方，2006（平成18）年度に実施された小児科医による疫学調査では，鳥取

県の5歳児健診（1015名）で9.3％，栃木県の5歳児健診（1056名）で8.2％の軽度発達障害の出現頻度を確認した。当該児の半数以上は，3歳児健診では何ら発達上の問題を指摘されていなかった。同疫学調査では，軽度発達障害を「軽度発達障害を学習障害（LD），注意欠陥（現在は，注意欠如）／多動性障害（ADHD），高機能広汎性発達障害（HFPDD），軽度精神遅滞（MR）」と定義している。

こうした障害・疾病の発見の場としては，1歳6カ月健診もしくは3歳児健診で保健師が発達の遅れに気づくケースや，保育者が園での子どもの気になる行動に気づくケース等がある。これらの気づきから，保健師が保護者に保健センターの親子教室への参加を打診したり，医療機関の発達外来等への受診を勧めたりする形で子どもの発達支援スパイラルにつなげている。

## 2 保育所・幼稚園の対応

### (1) 保育所での障害児保育
#### 1) 保育所での障害児保育の変遷

保育所における障害児保育については，1974（昭和49）年の厚生省児童家庭局長通知「障害児保育事業実施要綱」により，それまでの方針とは異なり，統合保育が制度化された。これは，障害児保育の歴史に残る大きな節目となった。1978（昭和53）年にはこの要綱が廃止され，かわりに国は「保育所における障害児の受入れについて」の通知を出した。同通知では，受け入れ対象については障害の程度の軽い幼児から中程度の幼児への拡大が図られた。また保育者については「障害児の入所に当たっては障害児の保育について知識・経験等を有する保母（現在の保育士）がいること」が方針に盛り込まれた。以降，昭和55年通知「保育所における障害児の受入れについて」（平成10年3月31日で廃止），平成7年通知「特別保育事業の実施について」，平成10年通知，平成12年通知と改正が加えられた。これらの制度に基づき，児童福祉施設に該当する保育所では，障害のある乳幼児の中で，「軽度から中程度の障害があり，保育に欠ける子ども」が主な対象として受け入れられてきた。

### 2) 医療的ケア児の保育

重度の肢体不自由児，知的障害児，重症心身障害児等や医療的ケアを必要とする子ども（以下，医療的ケア児）については，現在もいまだ保育所の利用事例が非常に少ない。「医療的ケア」とは，医師の指導の下に，保護者や看護師が日常的に行っている経管栄養，喀痰吸引，酸素吸入等の医行為である。この状況に対応するため，2014（平成26）年に東京都内で障害児のための保育所が設立された。同園は，認可保育園と同様の保育料で利用でき，長時間保育にも対応している。職員には保育士に加えて看護師や作業療法士等が配置され，遊びを中心とした療育が実施されている。

医療的ケアを保育所で行うには看護師の配置が必要となるが，保育所への看護師の配置状況については，高野陽ら（2002）の全国調査によると，保育所全体の17.7%であった。つづいて全国保育園保健師看護師連絡会が表明した「保育所保育指針の改訂にあたっての保育園看護職からの意見」では，2007（平成19）年時点で約5000人の看護職が保育所に配置されているとした上で，保育所職員の最低基準として看護職と栄養士の配置を求めた。このように，保育所の看護職配置の機運が高まる中，東京都の障害児のための保育所の設立を契機に，今後は重度障害や医療的ケア児をも受け入れ可能とする保育所が全国に広がることが期待される。

### （2）幼稚園での障害児保育

幼稚園における障害児保育の発展に向けては，文部科学省が2003（平成15）年答申「今後の特別支援教育の在り方について（最終報告）」にて「特殊教育から特別支援教育へ」を掲げ，その中で「LD，ADHD，高機能自閉症の児童生徒を視覚障害，聴覚障害，知的障害等の児童生徒と分けて考えることなく，一人一人の教育的ニーズに応じて特別の教育的支援を行うという視点に立ち，教育的対応を考えることが必要である」と提示した。

また同時に，特別の教育的支援を必要とする対象児童生徒数の増加及び対象となる障害種の多様化という量的・質的変化に対応するための制度の見直し，教育システムの再構築，指導面で高い専門性を有する人材の養成等の取り組みの必要性についても示した。この答申を端緒として2007（平成19）年に特別支

援教育制度が開始され，今年度は11年目にあたる。日本の特別支援教育については，2012（平成24）年に文部科学省が「共生社会の形成に向けたインクルーシブ教育システム構築のための特別支援教育の推進（報告）」にて「共生社会の形成に向けて，障害者の権利に関する条約に基づくインクルーシブ教育システムの理念が重要であり，その構築のため，特別支援教育を着実に進めていく必要がある」と示した。すなわち国が推進してい

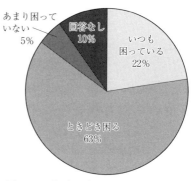

図14-2 「園児の気になる行動の対応に困っていますか」（n=139）
出所：2015年，保育者への調査を基に筆者作成。

る特別支援教育は，「インクルーシブ教育システム構築のために必要不可欠なもの」との位置づけである。文部科学省を管轄省庁とし，学校教育法に定められた学校の一つである幼稚園では，私立園の割合が高く各園独自の課題を抱えながらも，前述の制度の下で特別支援教育が推進されつつある。

特別支援教育制度の開始以前には，障害のある幼児が幼稚園に通園することは少なかったが，近年では多くの園で診断名の有無にかかわらない「気になる幼児」が在籍しているのが特徴である。

### （3）気になる子どもをめぐって
#### 1）気になる子どもの担当状況と保育者の困り感

「気になる子ども」とは，保育者が子どもの実態を観察する中で，診断名の有無や療育手帳の取得状況にかかわらず，「行動や言動等に顕著な特徴をもつ子ども」「発達が気になる子ども」の総称である。筆者は，2015（平成27）年度に現職幼稚園教諭及び保育士（以下，保育者）を対象に「気になる子どもの担当状況」について質問紙調査を実施し，139名の保育者から回答を得た（図14-2）。その結果，2015年度に気になる子どもを担当している保育者は120名であった。これは，全回答者の約86.3％にあたる。また，「園児の気になる行動の対応に困っていますか」の質問には，「いつも困っている（31名）」と「ときどき困る（88名）」と合わせて，約119名（約85.6％）の保育者が困り感を

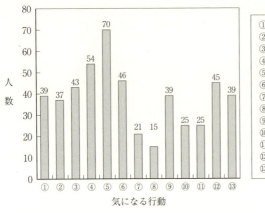

図14-3 「園児のどんな行動が気になりますか」（n=139）複数回答
出所：図14-2と同じ。

もって保育していることが明らかになった。

### 2）気になる子どもの困り感

保育者が困り感をもつ一方で、園生活の中で幾度も行動を注意されたり、やりたくないことを指示されたりすることが多くなりがちな当該児の立場からいえば、園のスケジュールやルールに即して行動することができず、あるいは他児とうまく関わることができずに困っている、ということになる。これを踏まえて保育者は、乳幼児が自分の心情を言葉で適切に説明する能力が未熟であることを念頭に置き、当該児の困り感を推察する姿勢を忘れずにいたい。

図14-3に、筆者による保育者アンケート（2015年、n=139）で、保育者が挙げた園児の気になる行動を整理した。最も多く挙げられた行動は、「集団活動時間に他事をする（70名、約50%）」であった。「保育者の話を聞かない（54名、約39%）」「室内活動中に教室から出る（46名、約33%）」がそれに続く。これらの行動表出がみられる背景には、当該児なりの理由があり、それがわかれば個別の指導計画が立てやすくなる。その理由とは、当該児の認知特性や身体的特徴といった発達上の課題と、家庭や地域の生育環境等の特徴が複雑に絡み合って構成される背景要因である場合が多い。

昨今、多くの保育者は、前述のような気になる園児の行動の背景要因を把握することに困難を抱えている。その一方で、園児は当該行動をせざるを得ない

身体的・精神的状況におかれている。

## 3 医療・療育の対応

### (1) 周産期・新生児医療の進歩による成果とそれにともなう課題

わが国の周産期医療の進歩は目覚ましく，2012（平成24）年の周産期死亡率は2.6（出産千対）であり，諸外国と比較して最も安全なレベルの周産期体制が整っている。高度な医療を必要とする低出生体重児（出生時体重2500g未満）の出生割合については，1975（昭和50）年（約5.1％）を境に増加の推移をたどり，2013（平成25）年では9.6％となっている。表14-1を見ると，30年余りの期間に，極低出生体重児の出生割合が約2倍に，超低出生体重児の出生割合が約3倍に増加していることがわかる。

1996（平成8）年，当時の厚生省は人口100万人に1カ所の総合周産期母子医療センターの設立を目指し，周産期医療対策整備事業を開始した。同事業では，MFICU（母体胎児集中治療室）を設備してハイリスク妊婦を管理することと併せて，NICU（新生児集中治療室）の整備を進めた。2005（平成17）年に48施設（32都道府県）あった総合周産期母子医療センターは，2008（平成20）年11月時点で75施設（45都道府県）へと増加した。また，地域周産期母子医療センター数（NICUを有する病院）は，2005（平成17）年の188施設（26都道府県）から，2008（平成20）年11月時点で236施設（39都道府県）へと増加した。このような経緯で，数十年前には救えなかった生命が，わが国の周産期医療の進歩によって現在では救うことができるようになってきた。

しかし一方で，課題もある。MFICUの病床数の推移は，1996（平成8）年の66床から2005（平成17）年には473床へと増加した一方，NICUの病床数については，1996（平成8）年の2519床から2005（平成17）年の2341床へと減少した。2007（平成19）年の記録では，総合周産期母子医療センターで母体（49例）及び新生児（41例）の搬送受け入れができなかった。その理由については，約8割の総合周産期母子医療センターにおいて，NICUの病床利用率が90％を超えていることから，9割以上のセンターが「NICU満床のため母体・新生児の搬送受け入れが困難」と挙げた。

表14-1 わが国の低出生体重児の出生割合の推移

|  | 出生数 人 | 低出生体重児 (2,500g未満) | 極低出生体重児 (1,000-1,499g) | 超低出生体重児 (1,000g未満) |
| --- | --- | --- | --- | --- |
| 1980（昭和55）年 | 157万6,889 | 約5.2% | 0.38% | 0.09% |
| 2013（平成25）年 | 102万9,816 | 約9.6% | 0.77% | 0.30% |

出所：厚生労働省「人口動態統計」を基に筆者作成。

### （2）周産期・新生児医療の進歩の後に生じた課題

わが国の周産期・新生児医療の進歩により，数年前には救えなかった生命の多くが，現在では救えるようになった。2009年に人工呼吸管理を要する乳児が医療機関を退院した事例は，2006年の2倍に増加した[3]。しかし，子どもの生命が救われたことに対する保護者の喜びは，当該児の NICU 退院後の在宅介護生活の中で，大きな身体的・精神的負担感へと移行する事例が少なくない。医療的ケア児は，臥位（寝た状態）で過ごすことが多い子どもや，歩いたり走ったりすることができる重症心身障害児等，さまざまな特徴を有する。現状では，経管栄養や喀痰吸引等の医療的ケアを必要とする乳幼児を預かる保育施設や福祉サービスは未だ非常に少ない。そのため，当該児の大多数は保護者による24時間365日体制の看護を受けて，在宅生活を余儀なくされている。

## 4 行政の対応

### （1）母子保健関連施策

母子保健関連施策には，保健事業と医療対策がある。医療対策については，周産期・新生児医療や小児救急医療体制の整備等があることを第3節で述べた。したがって本項では，保健事業について概説する。

出産前の保健事業としては「母子健康手帳交付」（母子保健法第16条），「妊婦健康診査」「母親学級・両親学級」「保健師・助産師等による訪問指導」等がある。そのうち妊婦健康診査（母子保健法第13条）については，2013（平成25）年4月の時点で公費負担によって14回程度，全ての市区町村で実施している。出産後の保健事業には「低出生体重児の届出」「新生児訪問事業」「乳児家庭全戸訪問事業（こんにちは赤ちゃん事業）」「予防接種」「1歳6カ月児・3歳児健診

(母子保健法第13条)」等がある。厚生労働省の「地域保健・健康増進事業報告」によると，2013（平成25）年度の1歳6カ月児健診の受診率は94.9％，3歳児健診の受診率は92.9％であった。また，妊娠の届出以降，子どもの幼児期までを通じては，養育支援訪問（要支援家庭への支援）が行われている。

妊娠・出産・子育てに関する相談窓口として，市区町村レベルでは保健センターや地域の子育て支援拠点がある。一方，都道府県レベルでは女性健康支援センター，保健所，福祉事務所，児童相談所等がある。

### （2）未受診妊婦と児童虐待

児童虐待とは，児童に対するネグレクト，あるいは身体的，心理的，性的虐待である（児童虐待防止法第2条）。公費負担による妊婦健康診査の制度があることは前項で述べたが，それを活用しない妊婦が存在する。未受診で出産を迎えることは，母体の健康リスクを高めるだけでなく，子どもへの虐待にもつながるとの報告がある。

大阪産婦人科医会は，未受診妊婦を「受診回数3回以下」あるいは「受診しない期間が3ヶ月以上」のいずれかに該当する者と定義し，2009（平成21）年～2013（平成25）年の未受診妊婦1,146名について調査を実施した[4]。その結果，未受診妊婦は母子の約7割に病的問題を引き起こすハイリスク妊娠であることがわかった。未受診妊婦の周産期死亡率は2009（平成21）年で19.7（出産千対），2010（平成22）年で26.8となり，全国の周産期死亡率4.0と比して母体死亡が多かった。

一方，新生児については，2010（平成22）年の低出生体重児が26％（2009〔平成21〕年全国の低出生体重児9.6％），早産児が26％（2009〔平成21〕年全国の早産児9.6％），NICU入院児が27.8％を占めた。未受診妊婦の子どもの83％は母乳で哺育された。13.1％の子どもは退院後に母親と分離され，乳児院等で生活することになった。母と退院した子どものうち21％は援助者がない，もしくはパートナー以外の友人を頼る形態での保育環境に置かれた。児童虐待の既往もしくは危惧があるとされる例は5.4％，乳児健診の未受診もしくは子どもの体重増加が認められない例が6.75％あった。また，退院後の乳児死亡も報告された。

未受診妊婦の67％が入院中にソーシャルワーカーの介入を受け，26％が助産

券の手続きをした。助産券とは，居住地の市役所・区役所を窓口として，妊産婦の世帯の経済状況に応じて出産費用を補助する助産制度（児童福祉法第22条）による措置である。しかし，一部には「原則として出産予定日の30日前まで」とされる申込期限の規定により，出産後であることを理由に行政の窓口で助産券の申請を拒否された事例報告もある。このように，支援制度があるにもかかわらず，時機を失したためにその恩恵が受けられない親子も存在する。

　以上のことから未受診での出産は，ハイリスク妊婦（妊娠経過や出産時に何らかのトラブルが生じるリスクが高い妊婦）の発見の遅れによる母体の健康リスクを高める行為である上に，胎児へのネグレクトでもあるともいえよう。しかし，個別に抱えるさまざまな事情への対応に追われ，母子へのリスクを知らないまま出産日を迎える未受診妊婦は多い。こうした未受診妊婦の発見と妊娠期からの継続支援が，現在の行政の課題である。

## 5　福祉領域の対応（日中活動支援）

### （1）障害児の日中活動の現状

　障害児の日中活動の場としては，保育所や幼稚園，認定こども園，特別支援学校幼稚部の他に，療育センター，児童発達支援等がある。療育センターや児童発達支援の利用児には，週に5日間利用する子どもや，1カ月あるいは週に1～2回程度利用し，その他の日は在宅で保護者から養育を受ける子ども，また保育所等との併行通園をしている子ども等がいる。

#### 1）療育センター

　療育センターの通園形態には，母子通園のみ実施している施設や，母子通園から単独通園へと移行する施設，単独通園のみ実施している施設等がある。したがって保護者は，就業状況や家庭事情等によって子どもの通園形態を選択し，利用することになる。療育センターの療育内容については，理学療法士・作業療法士・言語聴覚士等の専門職が，日常生活における基本的な動作の指導や集団生活への適応訓練，ことばの訓練等を行う。また，家族に向けては，障害児の養育に関する研修や，先輩保護者との交流の機会を提供する等の方法で支援している。

2）児童発達支援

児童発達支援を実施する施設では，障害児を預かり，利用児に安全な生活の場，及び家族以外の人々と関わって遊ぶ機会を提供する。遊びの内容については，折り紙や工作遊び等の室内活動や，散歩・川遊び等の戸外活動等，施設により多様である。また，近隣の保育所や児童養護施設の子どもとともに遊ぶ，あるいは保護者の学習会を開くなど，地域との関わりがもてるよう活動内容を工夫している施設もある。

児童発達支援は，幼稚園や特別支援学校幼稚部に通う子どもにとっては，アフタースクールの時間帯や長期休暇中の保育の機会となっている。また，受入れ体制の未整備を理由に保育所等への入園許可が得られなかった「医療的ケア児」にとっては，児童発達支援は家族以外の人との関わりが得られる貴重な日中活動の場となる。

医療的ケア児を受け入れる児童発達支援は，現在のわが国では非常に少ないため，ここで先駆的な2つの事業を紹介する。社会福祉法人が運営する東京都内の施設では，10時30分〜15時30分の時間帯に0歳から6歳までの医療的ケア児を預かり，利用児が職員や他児とのコミュニケーションを通じて遊び，生活する場を提供している。同施設には看護師，理学療法士，保育士，介護士等の専門職が協働で子どもに関わると同時に，近隣の小児科医院とも連絡を取り，医療・看護・福祉が連携して取り組んでいる。

また，NPO法人が運営する宮城県仙台市内の施設では，0歳から18歳までの重症心身障害児を対象とした児童発達支援を行っており，未就学児に向けては9時30分〜14時30分の時間帯で保育を提供している。同施設では，看護師や介護士等が子どもに関わり，入浴や送迎の要望にも対応している。

(2) 障害児の日中活動の課題

障害の有無にかかわらず，子どもは家族との関わりを基礎に，家族以外の大人や子どもと関わりを通じて社会化していく。すべての子どもの社会化の機会を保障する視点でみた場合，現状とのギャップはどのようになっているのだろうか。

文部科学省の全国調査「特別支援学校医療的ケア実施体制状況調査結果」に

よると，医療的ケアが必要な児童数は，2011（平成23）年5月の1万9303名から2013（平成25）年5月の2万5175名へと，2年間で5872名の増加がみられる。また，全国医療的ケア児者支援協議会の推計によると，東京都には未就学の重症心身障害児が約1600名存在する。

その一方で，2014（平成26）年度学校基本調査によると，全国の特別支援学校幼稚部に通う医療的ケア児数は28名とされ，その数は医療的ケア児数と比して著しく少ない。福祉領域においては，本節(1)2)で紹介した2つの児童デイサービス施設では，いずれも1日5名を定員として医療的ケア児を預かっている。医療的ケア児とその家族の双方に貴重な時間と機会を提供する児童発達支援事業は，必要性が高いにもかかわらずその数が非常に少ない現状から，今後の増設が課題となる。

## 6　インクルーシブ保育・教育の推進——これからの障害児保育の方向性

### (1) 多様性を尊重する保育

今後のわが国では，障害だけでなく，多文化・多言語への理解と配慮をも行う「インクルーシブ保育・教育」の視点をもった実践がますます必要になることについては前述した（本章第1節(2)）。現在，わが国では多様な歴史的背景や文化的特徴をもつ民族が共生している。保育者が園で出会う子どもとその家族は，前述の歴史的・文化的特徴に加えて，皮膚や髪・瞳の色等の外見的特徴や，宗教もしくは信条・良心（倫理性の強い思想）といった心理的特徴，職業・地位等の社会的特徴及び家庭の経済状態等がそれぞれ異なる。このように多様な特徴をもつ子どもたちが，保育所，幼稚園等で幼児期から集団生活による学びを経験することは，将来の社会を共に支えていくための強靱な基盤となる。

保育者は，これまで長きにわたり社会の変化に即して子どもや保護者の要望に応えてきた。今後，日本が推進するインクルーシブ保育・教育の実践には，一人一人の子どもとその家族の多様性（diversity）の尊重が不可欠であり，保育者にはその姿勢と行動が求められる。

## （2）医療的ケア児に向けた支援レベルの向上

　2015（平成27）年12月，厚生労働省は，医療的ケア児の大部分が在宅生活を送っている現状（本章第3節(2)）を踏まえて必要な法律を改正し，医療的ケア児や家族への支援強化方針を決めた。<sup>(6)</sup>厚生労働省の専門家会議は，必要な支援につなげるための相談窓口の充実，当該児に対応できる専門の医師や看護師等の人材育成を進めるほか，当該児が福祉サービスを利用しやすくなるように新たな仕組みをつくるべきだとする「障害者を支援する法律の見直し案」をまとめた。今後は，医療的ケア児とその家族のQOL（生活の質）の向上に向けた支援策の検討が進められていくことになる。

　国が前述のような施策を進める中で，医療的ケア児の保育については今後，訪問保育や児童発達支援，保育所，幼稚園等での受け入れが進められていくことになろう。その際には，これまで以上に医療・行政・福祉・保育・教育職の連携・協働が不可欠となる。そして，本章第1節(1)で述べた「発達支援スパイラル」を，各地域で構築していくことが重要となる。

**注**

(1) 高野陽「保育所における保健・衛生面の対応に関する研究」厚生科学研究費補助金（子ども家庭総合研究事業）総括研究報告書，2002年。

(2) 全国保育園保健師看護師連絡会「保育所保育指針の改訂にあたっての保育園看護職からの意見」2007年（http://www.mhlw.go.jp/shingi/2007/08/dl/s0823-6g.pdf, 2016年2月15日アクセス）。

(3) 田村正徳『重症新生児に対する療養・療育環境の拡充に関する総合研究　平成20～22年度　総合研究報告書』厚生労働科学研究費補助金　疾病・障害対策研究分野成育疾患克服等次世代育成基盤研究，2011年，2頁。

(4) 大阪産婦人科医会「未受診や飛込みによる出産等実態調査報告書」2014年。

(5) 文部科学省「平成26年度特別支援学校等の医療的ケアに関する調査結果について」（http://www.mext.go.jp/a_menu/shotou/tokubetu/material/__icsFiles/afieldfile/2015/03/27/1356215_1.pdf, 2016年2月15日アクセス）。

(6) 「第1回子どもの医療制度の在り方等に関する検討会　議事次第」2015年9月11日　第88回社会保障審議会医療保険部会資料5（http://www.mhlw.go.jp/file/05-Shingikai-12601000-Seisakutoukatsukan-Sanjikanshitsu_Shakaihoshoutantou/0000097108.pdf, 2016年2月15日アクセス）。

**参考文献**

厚生労働省社会・援護局障害保健福祉部「社会保障審議会障害者部会（第78回）議事録」2015年。

障害者政策委員会「議論の整理――第3次障害者基本計画の実施状況を踏まえた課題」2015年。

Anupam Ahuja, Mel Ainscow, Alphonsine Bouya-Aka Blet, et al. Guidelines for Inclusion: Ensuring Access to Education for All. UNESCO. 13., 2015.

---

**学びのポイント**

- 「保護者の願い」を念頭に置き，保育，医療，行政の各現場で生じている問題を整理しよう。
- 上で整理した問題から，課題と具体的な解決策を探ろう。

---

**さらに考えてみよう・みんなで議論してみよう**

- 保育，医療，行政，保護者のそれぞれの立場から，「子どもの最善の利益を考え，発達を保障するために自分にできることは何か」を考えてみよう。
- 「インクルーシブ保育を推進するために必要な保育者の専門性とは何か」を考えてみよう。

# あ と が き

　編者は，20年余りにわたって，保育士養成校で教鞭をとってきた。この20年余りの間における障害児保育をめぐる最も大きな転換点は，2007（平成19）年4月に新たに制度化された特別支援教育の実施である。保育所や幼稚園は多様なニーズをもちながら，その一つである「特別なニーズのある子ども」への対応に追われるようになっている。

　自治体によっては，加配保育士や支援員がなかなかつかない状況で，園の先生たちが四苦八苦されていることを耳にする。厳しい保育・教育条件の中で，懸命に子どもたちのために努力されている姿に頭がさがる思いである。

　本書において，育ちにくい社会，育てにくい社会について述べた。しかし，目の前にこれからのわが国を背負っていく子どもたちがいる。その生き生きした子ども像こそを創造していくのが保育・教育の本質である。

　ところで，障害児の教育や福祉の分野では，これまで幾人かの先駆的実践者が実践の中から名言を生み出している。たとえば，小林提樹は「愛はすべてをおおう」を，近藤益雄は「のんき　こんき　げんき」を主張し，今日まで語り継がれているという歴史がある（小川英彦『障害児教育福祉の歴史——先駆的実践者の検証』三学出版，2014年）。これらの名言は，障害児たちを支援していく者にとって，このような姿勢こそが発達をいっそう促していくことになると確信させるものである。

　本書は，拙い内容なので，読者の皆様の忌憚のないご批評，ご指導をいただければなにより幸いである。それを今後の糧とさせていただき，さらなる精進を重ねたいと考えている。

　最後になったが，企画から刊行に至るまで多大な協力と励ましをいただいたミネルヴァ書房編集部の音田潔氏に深く感謝申し上げる。

　　2017年2月

　　　　　　　　　　　　　　　　　　　　　　　　　　　　編　者

## 索　引
（＊は人名）

### あ行

愛育研究所　16
愛着理論　163
足腰の力　7
アスペルガー症候群　35, 37
アセスメント　42
遊びの場　200
あそび（学びの芽）　234
アタッチメント　100
アドボケーター　183
アプガースコア　241
＊石井十次　54
＊石井亮一　55
異常児保育室　17
1歳6カ月児健診　248
遺伝か環境か（氏か育ちか）論争　78
居場所づくり　144
イメージ　123
意欲　139
医療的ケア　244
　　──児　244, 251, 253
色水　116
インクルーシブ保育　137, 175, 183, 240
インクルージョン　11
＊ウィニコット，D. W.　100
＊ヴォルフェンスベルガー，W.　10
運動会　128
絵カード　154
エコマップ　196
絵の具　116, 117
＊エリクソン，E. H.　83, 100
円環的理解　96

園内研修　210
エンパワメントアプローチ　45
大津方式　26
＊岡野豊四郎　57
岡山孤児院　54
　　──12則　55
音を通した人間関係　113
音楽あそび　111
音楽活動　111
音楽表現活動　111
音質　115
音量　115

### か行

外部研修　210
カウンセリングマインド　107
＊カーク，S. A.　19
学習障害　→LD
柏学園　57
＊柏倉松蔵　57
課題解決　212
家庭学校　56
家庭指導グループ　18
加配保育士との連携　132
過敏性　115
からだづくり　121
環境閾値説　79
環境構成　136
感受性　112
鑑賞　116, 117
感情の交流　7
間接的支援　214
棄児養育米給与方　53

257

基礎教科　235
気づき　112
　——と築きのプロセス　166
気になる行動　246
気になる子ども　245
基本的生活習慣　5, 145, 152
　——の問題　207
義務制　18
救護法　58
教育可能性　19
教科（自覚的な学び）　234
共生社会　224
きょうだい　185
共通理解　200, 215
興味　135
傾聴　132
健常児　123
現場主体　213
高機能自閉症　35
校内委員会　225
広汎性発達障害　134
口話法　16
国際障害分類　→ICIDH
国際生活機能分類　→ICF
弧女学院　55
子育て世代包括支援センター　193
コーディネーター　225
言葉がけ　120
ことばの訓練　250
子ども　73
　——観　74
　——の最善の利益　199
　——の内面理解　133
個別の教育支援計画　2, 31, 225, 230
個別の指導計画　2, 31, 188, 225, 230
困り感　246
コミュニケーション能力　111
コモンセンス・ペアレンティング　168

今後推進すべき児童福祉対策について　23
コンサルテーション　205
コンピテンス（有能性）　85

さ　行

作業療法　153
座談会　217
サラマンカ宣言　11, 68, 240
3歳児健診　248
ジェノグラム　196
シェマ（スキーマ）　82
支援目標　131
自我の芽生え　157
自己肯定感　121
自己中心性　93
自然素材　116
肢体不自由児通園施設　25
実態把握　225
質的転換期　84
質的変化　80
指定保育所方式　23
児童家庭支援センター　65
児童館　201
児童虐待　35, 249
　——防止法（旧）　58
児童憲章　61
児童権利宣言　66
児童厚生施設　64
児童自立支援施設　65
児童手当法　60
児童デイサービス事業　21
児童の権利に関するジュネーヴ宣言　66
児童の権利に関する条約　67
児童発達支援　251
　——事業　21, 30, 252
　——センター　30, 65, 200
児童福祉法　58
児童扶養手当法　59

索　引

児童養護施設　64
自閉症　49
　——スペクトラム　37
社会資源　193, 200
社会福祉協議会　201
就学支援委員会　199
自由契約施設　20
周産期医療　241
周産期死亡率　247
充実期　76
集団生活　131
集団適応の困難　207
集団の教育力　6
恤救規則　54
出生前診断　192, 241
順序性　75
小1プロブレム　228
障害　4
障害児施設と保育現場の違い　208
障害児通園（デイサービス）事業　21
障害児入所施設　65
障害児保育　243
　——事業実施要綱　9
障害者差別解消法　195
障害者の権利に関する条約　69
障害受容　164, 192
障害と発達の相関性　5
小グループ　127
＊聖徳太子　53
職員の資質向上　209
食事　125
助産券　250
助産施設　63
助産制度　250
事例検討会　188
進化論　74
神経発達障害　242
進行性筋ジストロフィー　37

心身障害児総合通園センター　26
心身障害児通園事業　20
　——実施要綱　8
人身売買禁止令　54
新生児仮死　242
新生児集中治療室　→NICU
身体機能　130
身体表現　129
伸長期　76
信頼関係　122, 134
＊スキャモン，R. E.　77
スクールソーシャルワーカー　171, 198
スタンプ遊び　117
砂場　116
生活　4
　——空間　147
　——上の自立　233
　——体験　7
　——動作　→ADL
　——発表会　128
精神的な自立　233
精神薄弱児通園施設　25
生態学的モデル　87
性同一障害　184
世代間連鎖　107
積極参加型　212
セーフティネット機能　239
創造性　112
想像力　112
ソーシャルスキルトレーニング　29
ソーシャルワーク　196
育ち合い　150

た 行

対象化　132
ダウン症候群　36, 242
滝乃川学園　55
「多数の健常児の中に少数の障害児」という集

259

団　208
　堕胎禁止令　53
＊田中正雄　57
　多様性　252
　多様な価値観　142
　地域連携　198
　着脱　126
　注意欠陥多動性障害　→ADHD
　聴覚障害　242
　長時間保育　210
　直線的理解　95
　筑波学園　57
　手遊び　129
　定型発達児　85
　低酸素虚血性脳障害　→HIE
　低出生体重児　247
　適応訓練　250
　適応行動の困難　5
　適応能力　137
　手指の操作性　7
　手指の発達　111
　統合　75
　　――保育　9, 243
　特別支援学校幼稚部　252
　特別支援教育　30, 195, 223, 244
　　――の推進状況　226
　　――の推進について　223
　特別児童扶養手当等の支給に関する法律　59
　特別ニーズ教育　11
＊留岡幸助　56
　トラブル　141

　　　　　　な 行

　難聴幼児通園施設　25
＊ニィリエ, B　10
　二次障害　106
　ニーズ　3
　日中活動　251

　乳児院　64
　乳幼児健診　191
　乳幼児全戸訪問事業　191
　認知特性　246
　妊婦健康診査　248
　粘土　118
　脳性麻痺　36
　脳卒中　37
　ノーマライゼーション　10

　　　　　　は 行

　排除　141
　排泄　125
　ハイリスク妊娠　249
　ハイリスク妊婦　250
　発達　4, 73
　発達課題　81
　発達支援スパイラル　239
　発達障害　28, 224
　発達障害者支援法　62
　発達段階　81
　発達の最近接領域　87
　発達や学びの連続　234
　　――性　235
　話しことば　6, 126
　バリア　45
＊バルテス, P. B.　79
＊バンク-ミケルセン　10
　万人のための園　12
　万人のための学校　240
　反応性愛着障害　35, 40
　ピアカウンセリング　194
＊ピアジェ, J.　82, 93
　非言語コミュニケーション　113
　非定型発達児　85
　批判的な意見　216
　広島教育治療園　57
　敏感期　77

索 引

フィンガーペインティング　117
輻輳説　79
振り返り　138
＊フロイト, S.　84
分化　75
文化　142
分離保育　8
ペアレント・トレーニング　168
併行通園　28
保育園看護職　244
保育者の協働　184
保育者の主体性　214
保育者の専門性　205
保育所等訪問支援　189
保育所における障害児の受け入れについて　24
「保育所保育指針」　1
保育の質の向上　209
保育問題研究会　16
保護者支援　163
保護者の受容　165
母子及び父子並びに寡婦福祉法　60
母子生活支援施設　64
母子保健関連施策　248
母子保健法　60
母体胎児集中治療室　→MFICU
保幼小の連携　177

ま　行

学びの自立　233
＊三木安正　16
未受診妊婦　249
盲学校及聾唖学校令　15
問題解決能力　214

や　行

役割分担　139
要求　130, 133

幼児グループ　20
「幼稚園教育要領」　1
要保護児童　192
幼保小の接続　233
「幼保連携型認定子ども園教育・保育要領」　2
豫科（予科）　15

ら・わ行

ライフステージ　224
リズム　120
　――感　111
リハビリテーション　45
リビドー　84
療育機関との連携　130
療育センター　250
リレーごっこ　122
臨界期　77
ルール　121
　――のある話し合い　215
レスパイトサービス　194
＊ワトソン, J.B.　78
わらべ歌　129

欧　文

ADL　46
ADHD　38, 62
DSM-5　37
HIE　241
ICD-10　37
ICF　44
ICIDH　43
LD　39, 62
MFICU　247
NICU　247
SST　→ソーシャルスキルトレーニング
ZPD　→発達の最近接領域

261

## 著者紹介 （所属，執筆分担，執筆順，＊は編者）

＊小川英彦（おがわひでひこ）（編著者紹介参照：第1章・第13章）

田中　謙（たなかけん）（日本大学文理学部准教授：第2章）

野村敬子（のむらけいこ）（中部学院大学短期大学部社会福祉学科准教授：第3章）

川上輝昭（かわかみてるあき）（名古屋女子大学文学部特任教授：第4章）

池田幸代（いけだゆきよ）（道灌山学園保育福祉専門学校講師：第5章）

林　牧子（はやしまきこ）（愛知教育大学幼児教育講座准教授：第6章）

麓　洋介（ふもとようすけ）（愛知教育大学幼児教育講座講師：第7章1）

藤田雅也（ふじたまさや）（静岡県立大学短期大学部こども学科准教授：第7章2）

浦野　忍（うらのしのぶ）（名古屋芸術大学保育専門学校専任教員：第7章3）

水野恭子（みずのきょうこ）（岡崎女子大学子ども教育学部講師：第8章1）

櫻井貴大（さくらいたかひろ）（岡崎女子短期大学幼児教育学科講師：第8章2・第12章）

永田治子（ながたはるこ）（学校法人蓑川学園竹の子幼稚園教諭：第8章3）

北野明子（きたのあきこ）（名古屋柳城短期大学附属三好丘聖マーガレット幼稚園教諭：第8章4）

葛谷潔昭（くずやきよあき）（豊橋創造大学短期大学部幼児教育・保育科准教授：第9章）

伊藤貴啓（いとうたかひろ）（名古屋芸術大学人間発達学部教授：第10章）

前嶋　元（まえじまげん）（東京立正短期大学現代コミュニケーション学科准教授：第11章）

高尾淳子（たかおあつこ）（同朋大学社会福祉学部非常勤講師：第14章）

編著者紹介

小川英彦（おがわ・ひでひこ）
　1957年　名古屋市生まれ。
　1983年　名古屋市教諭（特別支援学級と特別支援学校の担任）。
　1996年　岡崎女子短期大学幼児教育学科。
　2003年　愛知教育大学幼児教育講座（現在に至る，教授）。
　2011年～2012年　愛知教育大学附属幼稚園（園長，兼任）。
　著　書　『新しい養護原理』（共著）ミネルヴァ書房，1997年。
　　　　　『子どもの援助と子育て支援』（編著）ミネルヴァ書房，2001年。
　　　　　『子どもの福祉と養護内容』（共著）ミネルヴァ書房，2004年。
　　　　　『よくわかる特別支援教育』（共著）ミネルヴァ書房，2008年。
　　　　　『幼児期・学齢期に発達障害のある子どもを支援する』（編著）ミネルヴァ書房，2009年。
　　　　　『特別支援教育の現状・課題・未来』（共著）ミネルヴァ書房，2009年。
　　　　　『基礎から学ぶ社会的養護』（編著）ミネルヴァ書房，2012年。
　　　　　『特別支援教育のための子ども理解と授業づくり』（共著）ミネルヴァ書房，2013年。

　　　　　　　　　　　　　　基礎から学ぶ障害児保育

　　　　　2017年 4 月10日　初版第 1 刷発行　　　　　　　　　　〈検印省略〉
　　　　　2019年12月30日　初版第 2 刷発行
　　　　　　　　　　　　　　　　　　　　　　　　　定価はカバーに
　　　　　　　　　　　　　　　　　　　　　　　　　表示しています

　　　　　　　　　　　編 著 者　　小　川　英　彦
　　　　　　　　　　　発 行 者　　杉　田　啓　三
　　　　　　　　　　　印 刷 者　　坂　本　喜　杏

　　　　　　　　発行所　株式会社　ミネルヴァ書房
　　　　　　　　　　　607-8494 京都市山科区日ノ岡堤谷町1
　　　　　　　　　　　電話代表　(075)581-5191
　　　　　　　　　　　振替口座　01020-0-8076

　　　　　ⓒ小川英彦ほか，2017　　　冨山房インターナショナル・清水製本

　　　　　　　　　　　　ISBN 978-4-623-07991-9
　　　　　　　　　　　　Printed in Japan

## 基礎から学ぶ社会的養護

加藤孝正・小川英彦 編著

Ａ５判／256頁／本体2500円

## 特別支援教育のための子ども理解と授業づくり

湯浅恭正・新井英靖・吉田茂孝 編著

Ｂ５判／176頁／本体2400円

## 特別支援教育の現状・課題・未来

冨永光昭・平賀健太郎 編著

Ａ５判／338頁／本体2800円

## 幼児期・学齢期に発達障害のある子どもを支援する

小川英彦 編著

Ａ５判／200頁／本体2400円

## よくわかる特別支援教育

湯浅恭正 編

Ｂ５判／232頁／本体2400円

―― ミネルヴァ書房 ――
http://www.minervashobo.co.jp/